U0722039

★ 庆祝中国共产党成立100周年 ★

赵树理纪念文集

ZHAOSHULI JINIANWENJI

武健鹏　主编

山西出版传媒集团　山西人民出版社

图书在版编目(CIP)数据

赵树理纪念文集 / 武健鹏主编. — 太原:山西人民出版社,2023.4

ISBN 978-7-203-12549-5

Ⅰ.①赵⋯ Ⅱ.①武⋯ Ⅲ.①赵树理(1906 —1970)—纪念文集 Ⅳ.①K825.6–53

中国国家版本馆CIP数据核字(2023)第008921号

赵树理纪念文集

主　　编:	武健鹏	
责任编辑:	吕绘元	
复　　审:	刘小玲	
终　　审:	武　静	
装帧设计:	智慧景潮	

出 版 者:山西出版传媒集团·山西人民出版社
地　　址:太原市建设南路21号
邮　　编:030012
发行营销:0351-4922220 4955996 4956039 4922127(传真)
天猫官网:https://sxrmcbs.tmall.com 电话:0351-4922159
E－mail:sxskcb@163.com　发行部
　　　　 sxskcb@126.com　总编室
网　　址:www.sxskcb.com

经 销 者:山西出版传媒集团·山西人民出版社
承 印 厂:山西智慧景潮包装印刷有限公司

开　　本:787mm×1092mm　1 / 16
印　　张:24.75
字　　数:320千字
版　　次:2023年4月　第1版
印　　次:2023年4月　第1次印刷
书　　号:ISBN 978-7-203-12549-5
定　　价:98.00元

如有印装质量问题请与本社联系调换

庆祝中国共产党成立100周年

《赵树理纪念文集》编委会

主　任：武健鹏

副主任：赵魁元　王　毅　刘泽宇

成　员：王晓艳　宋喜俊　裴余庆

　　　　段文昌　潘　登　张小刚

　　　　王百灵

中国赵树理研究会第六届全国会员代表大会召开

2021年12月26日,中国赵树理研究会第六次全国会员代表大会以山西晋城主会场、线上分会场相结合的形式召开。山西作协党组书记、主席杜学文,中国作协社联部副主任李晓东出席会议并讲话,晋城市委常委、副市长、市委宣传部部长武健鹏致辞。中国作协社联部社团管理处处长、二级巡视员丰玉波,山西作协驻会副主席李骏虎,晋城市文联党组书记、主席刘泽宇参加会议。

杜学文在讲话中希望中国赵树理研究会要深入学习贯彻落实习近平总书记在中国文联十一大、中国作协十大开幕式上的重要讲话精神,自觉承担起举旗帜、聚民心、育新人、兴文化、展形象的使命任务,努力挖掘赵树理的思想内涵,创作出更多优秀的精品力作,进一步丰富人民群众精神文化生活。

李晓东表示,中国作协十大刚刚结束,在中国文学工作者们学习习近平总书记在开幕式上重要讲话的氛围下,中国赵树理研究会第六届全国代表大会的召开,意义重大。这次大会能更好更深入地学习习近平总书记重要讲话精神,凝聚广大专家学者,对促进赵树理研究事业的发展,推动社会文化传播建设都有非常重要的作用。

武健鹏在致辞中表示,此次大会的召开是晋城市文艺界的一件大事喜事,对繁荣文艺创作、开拓文艺新境界,具有重要而深远的意义。希望与会代表能够讴歌时代、观照现实、记录历史,用独特视角、优美文笔,把太行一号文旅康养、乡村振兴融合展示好,把百里沁河生态画廊、"多彩花海"美丽画卷呈现好,把全方位推动高质量发展生动实践书写好,以高度的文化自觉,描绘时代变化,激发奋进力量。晋城市也将一如既往地支持中国赵树理研究会的工作,始终高擎山药蛋派文学旗帜,联合海内外更多力量,把赵树理文学传统传承好、弘扬好。

会上,丰玉波宣读了中国作协《关于同意召开中国赵树理研究会第六届全国会员代表大会的批复》,中国赵树理研究会第五届理事会会长赵魁元做第五届理事会工作报告和财务报告。大会审议通过了第五届理事会工作报告、财务报告和修改后的学会章程,并以无记名投票的方式选举产生中国赵树理研究会第六届理事会理事90名。

随后召开的中国赵树理研究会六届一次理事会上,以无记名投票的方式选举产生常务理事30名,杨占平当选为会长,傅书华、赵勇、萨支山、罗岗、阎秋霞(女)、裴余庆、朱凡(女)当选为副会长,阎珊珊(女)当选为秘书长。

杜学文

李晓东

武健鹏

丰立波

李骏虎

赵魁元

杨占平

傅书华

关于赵树理研究的一些思考(序一)

杜学文

近年来,关于赵树理的研究似乎又多了起来,出版、发表了许多相关的研究著作与论文。同时,也开展了许多相关的学术活动。之所以如此,我以为与时代的文化思潮密切相关。

首先,是民族复兴进入了一个崭新的历史阶段。人们对中国文化的传统、生命力的关注日见增强。在文学界,诸如赵树理这样有着鲜明民族特性的作家也进一步受到了学界的关注。当然,对类似的如孙犁、汪曾祺、沈从文等作家的关注度也比较高。这就是说,人们仍然希望从传统中发现中华文化的魅力,以铸造新时代中国文学的崭新品格。

其次,是文学自身发展的要求。这就是新时期以来的中国文学已经走过了近半个世纪,出现了极为重要的变化。这种变化首先表现在改革开放以来汲取外来艺术资源的优长,推动了中国当代文学的发展,但也出现了一些亟待解决的问题。比如,如何在继承传统的基础上借鉴外来元素的问题;如何增强文学自身的表现力与审美吸引力的问题;如何表现中国社会急遽变革现实的问题;在现代化进程日见深化的同时,如何对待人的现代性、社会的多样性,以及人与自然、社会、他人之间的关系等,均需要寻找新的出路,而赵树理产生重要影响的时代,也正是中国进入改天换地的变革时代。当时的新文

1

学也面临类似的问题。从赵树理的心路历程、创作追求等方面可以为今天的文学提供镜鉴。

当然,也还有一些具体时间节点的原因。这就是恰逢新中国成立70周年、中国共产党成立100周年等,人们对在中国现当代发展进程中曾经产生重要影响的作家的研究,是对历史的一种回顾。由此可以看到中国,以及中国文学发展的某种规律性,而作为最早体现党的文艺方针产生重要影响的作家赵树理,自然是不能回避、受人瞩目的。

不过,近年来关于赵树理的研究也没有形成极度关注的现象,没有成为某种热门话题。这似乎显现出学界的理性。与传播手段发生变化之后的炒热门现象相比,赵树理研究仍然在学术与理性的轨道上徐徐而行。一方面不断有新的研究成果出现,另一方面又波澜不惊、静水深流,显现出一种正常的学术状态。这应该是令我们欣慰的。尽管不是这方面的专家,但我更想强调的是,对赵树理的研究仍然有非常广阔的领域。

人格与修养层面的研究

这一层面主要讨论赵树理作为作家的个人性。如他出生于什么样的家庭、什么样的时代,接受了什么样的教育与文化影响,形成了怎样的人格,以及个人的追求是什么等。在这方面人们已经做了大量卓有成效的研究,可谓成果迭出,特别是对赵树理的生平经历、创作成就有非常详细的梳理,但我以为,还需进一步深化,主要是要进一步探讨赵树理生活的社会文化背景及其对赵树理的影响,以及在这样的背景下形成了怎样的人格追求。

首先,是其家庭背景的影响。赵树理的祖父赵中正、父亲赵和清是读过书且有一定文化积累的农村"知识分子",对传统文化濡染较深。虽然不一定适应时代的变革,但对赵树理产生了重要影响。同时,我们注意到,赵树理的家庭属于没落的富裕家庭,需要自食其力,有一定的生产结余,但又常受有权势者欺压盘剥,并日见凋零。这样的社会文化背景对赵树理影响很大、刺激很大,使他逐渐认识到需要改造社会、改造文化。我以为这一点是非常重要的,否则就难以解释他为什么对新文化、新社会充满了向往,为什么对农民充满了热爱。

　　其次,是赵树理接受的文化影响。大致是传统文化、民间文化、新文化或革命文化与外来文化几个方面。传统文化与民间文化自不必说,人们的讨论比较多,需要强调的是新文化与外来文化。赵树理在读书期间接受了新文化的影响,特别是在山西省立第四师范与新青年王春、常文郁,以及后来的史纪言、王中青等接触较多。在他们的影响下,赵树理参加了相关的社会文化活动,并在1927年入党。这时赵树理才21岁。从年龄来看,应该是比较小的党员;从党的历史来看,也属于早期党员;从具体的时间节点来看,是蒋介石在上海发动反革命政变的时刻。清党活动甚嚣尘上,党组织受到了极大的冲击。李大钊、陈延年、赵世炎、萧楚女等党的早期领导人先后被捕牺牲。山西虽然地处内陆,但阎锡山也蠢蠢欲动,在次年发动清党。在这样的时刻入党,应该是一种具有牺牲意义的选择,可以看出赵树理追求新生的决绝。当然,他也在阎锡山的清党中被捕,后因没有实证被释放,开始了数年的流浪生涯。最后还是找到了组织,在1937年重新入党。先后两次入党,显现出赵树理参加革命的坚定性。他不仅是一位接受新文化影响的进步青年,也是一位有坚定信仰的革命者。这一认知对我们研究理解赵树理的创作至关重要。

赵树理也并不是仅仅了解传统文化,事实上他受外来文化的影响也很大。他的文学创作,起步是与新文学运动一致的。这说明他并不是一个保守的传统主义者。不论其思想、行为,还是创作,都是与时代风气相呼应的。他最早的小说如《白马的故事》《悔》等完全是现代派手法,有非常细密的心理描写,不注重情节,不强调叙述,也不刻意表现人物的外在行为,但是人们对赵树理早期创作的这种特点关注不够,从而也影响了对赵树理的研究。很多人简单地认为赵树理只会讲一些老百姓喜欢的故事,并由此而轻视赵树理。实际上并不是赵树理不会写这种所谓的"艺术"作品,而是他自觉地、主动地转变了创作手法。这种转变的原因主要是他敏锐地发现了新文学自身存在的脱离大众审美的问题,感到没有大众的参与文学将失去意义。这并不等于他没有接受外来文化,实际上据知情者言,赵树理对国外许多作家非常熟悉,常与人讨论他们的创作。胡乔木、周扬均先后为他开了书单,向赵树理推荐国外名著。当然,这并不能认为赵树理肯定阅读了这些作品,但可以肯定的是,赵树理并不是一个简单的只了解民间、只喜欢传统的作家。

从赵树理个人的成长来看,作家当然是他最重要的身份。今天我们之所以讨论赵树理,就是因为他的创作,但是我以为赵树理对"作家"的身份并不一定看重。他更看重的是作为"他者"的以农民为主体的人民,以及作为"我者"的党员身份。在赵树理身上,这二者是统一的。"我者"是为"他者"服务的,要改变其社会地位的,或者赵树理本人就认为自己是属于"他者"的,二者之间并不存在区别和差异。从其个人经历来看,他只有在组织中才能真正找到自己的人生位置,而这个"组织"正是代表了中国人民根本利益的共产党,否则他就会居无定所、迷茫流浪,甚至极度压抑以至于投湖寻死。这既是一种外在的人生经历，也是一种内在的精神状态。所以，只要是有利于人民、有益于工作的事，他都会不遗余力、不计得失地去做。从其创作来看，他最重要的作品都是为解决工作中的问题而创作的。不是为名或利，也不是为证明自己是作家的"为艺术而艺术"。他希望通过创作来引起人们的重视以改进工作，创作是他开展工作的一种方法、手段。这样的话，赵树理应该是更看重自己的党员身份。这一点，从其经济收入来看，也可以做一点旁证。不可否认，在早期赵树理通过写稿获取收入来改善生活，也不可否认赵树理有不错的稿费收入，但在相当长的时期内，主要是根据地时期，赵树理是没有稿费的。这可以从贝尔登与赵树理的谈话中了解到。新中国成立时，赵树理到了北京，收入应该更稳定、更多些，但他为了让农民读者能够买得起书，宁愿去稿费低的出版社出书。他也是中国极少放弃了工资、不报销差旅费的作家，回山西时又把自己在北京买的住房捐献出来。他不仅自己常常深入农村，还动员女儿到农村当农民。这就是说，在赵树理的心目中，他首先是一位从事党的工作的工作人员，而这种工作就他自己言，主要是文学创作。他并不认为农民如何落后，甚至认为农民是最亲近、最重要的人。由此来看，赵树理的人格品性是非常高尚的。

列举以上事例，只是想说，我们对赵树理外在的、显性的行为和言论研究得比较多，而对其内在的、隐性的精神品格研究还有很大的空间。

社会与政治层面的研究

一般来说，研究者对这方面关注比较多，但仍然存在不平衡或不够的问题。具体而言，就是对与赵树理有关的事件研究比较多，而对赵树理所处的社会背景关注得比较少;对涉及的政治人物、政治事件研究得比较多,而对这种政治现象出现的社会历史原因关注得比较少。人们多研究赵树理的出生、经历,这反映出对相关社会背景的关注,但少有把赵树理放在更广阔的时代进程中讨论,如赵树理成长的时代与中国新文化运动之间的社会背景。如果不把赵树理放在中国特定历史时期社会文化形态剧烈转型的背景中来讨论,其意义就会被隐匿、遮蔽。赵树理之所以能够积极主动地接受新文化、新思想,是时代使然,亦是他个人的经历、教育使然,具有历史的必然性,而赵树理又是一个自觉地对新文学进行改变并产生了极为重要影响的作家,仅此而言,意义就非同一般,不是普通作家能够达到的。所以,强调社会文化背景,可以拓展我们观照中国现当代文学发展规律性的视野,并发现其中更具历史必然性的内容。20世纪20—30年代,赵树理从流浪迷茫、失去组织关系到终于重回组织,成为中华民族抗日救亡运动中的一名战士,正是赵树理人生与创作思想转变的关键时期,但仅仅了解赵树理个人的经历是不够的,应该把赵树理置于世界反法西斯战争的大背景中考察他的思想、行为与创作。中国抗战的胜利与广大进步作家的努力是分不开的,其中当然也包括了赵树理这样的作家。抗日战争期间,众多作家、艺术家进入敌后或来到前线,直接参与对敌斗争,创作了大量的唤醒民众、激励斗志的优秀作品。在各根据地,建立了种类繁多、名目不同的文化机构,包括书店、剧团、报刊社、学校、出版机构等,成为夺取抗战胜利的重要一翼。赵树理的成长与这样的时代密不可分。世界法西斯战争中其他各国也多通过发挥文化的力量来凝聚力量、鼓舞士气、反思历史。其中出现的重要作家与赵树理之间有无异同,是否有某种规律性的东西存在,这样的研究空间还是非常大的。

赵树理的创作与政治之间的关系非常紧密，这也是对他进行评价的一个极为重要的方面。应该说，他个人的影响、评价、地位及创作均受政治形势的影响。在这方面已经有很多的研究成果，但总体来看，从更广阔的视野进行讨论得还不够。更多的研究可能比较关注赵树理个人的思想与行为，对国家的整体变化、中心任务、政策目的、文化形态，以及国际形势等还关注不够，或者说严重缺乏；对在这样的背景下中国文学的整体状况与身在其中的赵树理的特殊情况之间的关系重视不够。如赵树理的横空出世，成为20世纪40年代初期极为重要的创作现象，其社会政治与思想文化背景是什么？谈践行《在延安文艺座谈会上的讲话》（以下简称《延安讲话》）精神的创作成果是非常重要的一个方面，但仅此还是不够的，应该将赵树理的创作置于更广阔的社会政治背景之下来讨论。至少要认识到，1942年，中国的抗战进入了最为艰难的时刻，世界反法西斯战争也面临巨大考验。德军进攻苏联，日军偷袭珍珠港，并发动太平洋战争，双方的相持博弈十分胶着。在东方，日军不断扩兵，据说达240万，其中130万在中国战场。同时，在华北地区推行"治安强化运动"，对各根据地进行残酷"扫荡"。八路军、新四军兵力减少，根据地面积缩小，财政经济极度困难。面对困难，中央做出一系列决定，包括加强党的建设的伟大工程，从理论上阐明中国现实任务与共产党的使命、共产党人的修养，开展大生产运动与根据地建设，整顿党的作风等。如果从这样的历史背景下来看待当时的文艺创作，就会更加明晰延安文艺座谈会为什么要召开，针对的现实问题是什么，当时中国面临的紧迫任务、急需解决的重要问题是什么。相应地，文艺界为当时的抗战发挥了什么作用，存在什么问题，而赵树理在这样的社会政治背景下提供了什么等。如果对这些问题没有深入的研究，就无法揭示出赵树理出现的现实必然与重要意义。新中国成立后,赵树理创作了大量优秀之作。从个人创作而言,应该说保持了之前一贯的追求,可谓硕果累累,但其个人境遇起起伏伏,直至"文化大革命"期间被迫害致死。对这一现象的研究,同样缺乏大的视野。这就是对新中国建立之后所处的国际大背景与国内大环境对文艺创作的影响缺少研究。在中国真正从传统社会向现代社会转型的历史机遇中,中国急切地需要完成从农业社会向工业社会的跃升。同时,社会主义建设自身就是一个前无古人的创举,有许多新现象、新问题需要解决,而中国所处的国际环境、自身的社会经济条件极其艰难。在这样的历史条件下,存在社会主义建设的探索性,以及需要加快建设步伐的急迫性,出现了政策的不适应、工作的错位等现象。表现在文艺领域,还存在一些作家、艺术家对中国所处国内外环境,以及中国面临问题的认知不清晰、不正确的问题,特别是存在政策的反复与不适应的问题,以及执行者个人的偏差等问题。在这样复杂的社会政治环境中,赵树理就成为一个极具代表性的存在。

文化审美层面的研究

对赵树理的研究也不能仅仅在文学层面进行,应该从更丰富的文化层面切入。这主要是因为他的创作不仅仅具有文学价值,还表现出突出的文化贡献。如果忽略了这个方面,就会影响我们对赵树理的判断,也将影响对中国现代文学的判断。

首先,赵树理的创作表现了中国传统社会的原生文化形态及其变革。所谓"原生文化形态"就是中国传统农耕社会千百年来形成的生产生活方式,以及建立于其上的社会伦理结构与文化。就赵树理而言,这一点在中国作家的创作中他是极为突出的。我们在赵树理的作品中依然可以看到中国传统社会比较完整的生产生活形态,包括家庭关系、乡村社会组织、生产方式与生产关系等。更重要的是,赵树理为我们描绘出传统社会中的文化样式,如在传统社会中关于家庭婚姻的意义、社会伦理关系中的情感方式、行为选择的文化心理依据、价值判断的文化意义等。我们在他的作品中几乎可以了解到中国传统社会的一切——外在的与内在的。同时,赵树理并不是简单地呈现某种传统,而是敏锐地发现并描写了传统中的变化——在时代潮流激荡下中国传统社会滋生出的新的活力,以及仍然具有生命力的传统意义。他塑造了一系列的新旧人物形象,在这些人物身上,非常生动而又典型地表现出了传统与现代交织的复杂情形,以及发生的变化与历史必然性。在《小二黑结婚》《李有才板话》等作品中,我们不仅读到了爱情故事,不仅看到了落后的文化行为的无意义,也更鲜明地看到了新的社会文化的成长与价值,隐喻着一个更具人性的、更符合人的基本权益的、更尊重人的时代的来临。在《三里湾》《登记》等作品中,我们也看到了中国正在发生的一方面是改天换地的,另一方面却是艰难的、缓慢的、细微的,但无不表露出积极向上的变化的必然趋势。

其次,赵树理对中国现代汉语的完善与净化做出了极为重要的贡献。新文化运动一个至为关键的问题就是书面语言的变革——从文言文向白话文的转变。这种转变具有历史意义,是中国走向现代化的必然选择。尽管文言文有自身难以取代的优势,但其自身存在的模糊性、求简特色等与现代社会的科学性、准确性等要求有巨大的差异,由此也影响了人的思维方式、行为方式。如果不完成书面语言的现代转换,就会制约社会生活的各个方面,但是书面语言的现代转换也不是一个简单的过程。将人们的书面表达转换成类似于口头表达的方式，存在很多需要探索实践的问题。在新文化运动的初期，人们进行了各种各样的探讨，包括钱玄同等人激进的废除汉字，采用拼音文字的倡导；包括世界语的推广实验等，但最具成效的实践是文学创作中白话文的运用。不过，这也是一个不断完善的过程。一种是受文言文的影响较深，在书面表达上仍然存在某种佶屈聱牙、生涩难解的现象，可视之为"类文言"现象；一种是过度白话，力图表现出不同于文言文的语言特点，有"硬白话"的问题。当然，还有一种是简单模仿欧式语言的结构与表达方式，疏离了汉语自身的表达规律，可谓"仿欧式"语式。历史地看，这些问题都是汉语书面语言转化过程中的努力，必须认识到其存在的积极意义，但就汉语自身的发展来看，需要使白话文进一步完善、提升、净化。在这样的过程中，赵树理的贡献是非常突出的。这就是他在充分尊重汉语自身语言规律的基础上，积极化用民间口头语言中最具表现力的部分，使汉语音节、习惯、意味、隐喻等自在特色的生动性与表现力得到强化与提升，使现代汉语更典雅、更生动，更具规范性与吸引力。当然，这一历史性任务并不是赵树理个人完成的，而是由更多的现代汉语实践者共同完成的，但这里我们强调的是属于赵树理个人的具有独特意义的贡献。

再次，赵树理的创作推动了新文学民族化、大众化的实现，形成了风格鲜明的具有时代意义的审美范式。新文学运动以来，中国文学发生了巨大变化。这首先表现在文学的样式，特别是语言方面，就是用人们口头使用的白话取代曾经的文言文作为书面语言，但其核心的变化是内容，也就是密切表现社会生活，特别是普通民众的生活，倡导科学的、民主的价值观念，这在李大钊、陈独秀、胡适等人的论述中均有详细的表述，如何表现却是一个不断变化的过程。由于新文学运动的思想资源主要是欧美文艺思潮,前期受欧洲现实主义文学的影响较深,后期受欧美现代派文学的影响较大,表现出一种普遍借鉴欧美外来文学观念与手法的现象。毫无疑问,这种变化具有革命性,是中国新文学对旧文学的革命,但是仍然存在有效转化不够等问题,特别是新文学作品仅仅局限于文人圈子之中,与更广泛的大众脱节,或者说还没有被更广泛的人民大众接受。在这样的情况下,新文学面临一个十分重要的使命,就是在完成了对旧文学的革命之后,如何实现民族化、大众化的问题。赵树理的创作在初期是按照欧美现代派的手法进行的,但是当他把新文学经典作品读给家乡父老时,发现他们对这样的作品并不喜欢,这使他深受触动。在太谷县任教时,他发现当地的老百姓更喜欢诸如《七侠五义》这样的作品。这使他意识到,应该用民众喜欢的形式来表现具有时代意义的内容,作品才能受到大家的喜爱。由此他决心改变创作方法,确立了要进"地摊"而不是上"文坛"的创作思想。

赵树理本身对传统艺术包括戏曲、评书、小说、快板等十分熟悉,对民间艺术如说唱、传说、歌舞等也同样熟悉。同时,他对北方农村的民情风俗、伦理关系、语言特点、物候节令等也非常了解,能够自如地如庖丁解牛般地化用这些文化元素。这自然使赵树理的创作与普通民众的生活、情感,以及熟悉的审美方式等融为一体。在赵树理的创作中,表现出鲜明的地域情调、民族特色、大众需求,受到了广大读者,特别是普通民众的欢迎。赵树理的创作产生了极为广泛的影响,有力地推动了新文学民族化、大众化的实现,形成了适应时代要求的人民群众喜爱的审美范式,即以传统审美形式承载时代内容,表达时代精神。在内容上,密切关注社会现实,特别是人民群众的利益、愿望、奋斗;在语言表达上,充分汲取民间口语中具有活力的、生动丰富的部分,予以提炼净化,形成极富表现力的现代书面语言;在作品结构上,强调叙述与情节,以引人的故事吸引读者;在描写上注重人物形象的塑造,不仅要表现人物的性格特点,还要体现时代精神,重视能够刻画人物性格、推动情节进展的细节描写等。延安文艺座谈会召开之后,赵树理是最早创作了体现《延安讲话》精神作品的作家,是创作了众多相关作品的作家,也是产生了最重要影响的作家。在《小二黑结婚》发表之后的数年内,陆续出现了戏剧如《白毛女》《兄妹开荒》《逼上梁山》《赤叶河》;小说如《吕梁英雄传》《新儿女英雄传》;诗歌如《王贵与李香香》《漳河水》等一大批优秀作品,显现出中国新文学的崭新气象。

传播影响方面的研究

赵树理作品的传播极为广泛。这也需要我们研究讨论他的作品在根据地内外,以及新中国成立前后,乃至在国外的传播与影响。大致来说,新中国建立之前,赵树理的作品不仅在根据地,也包括国统区等地都受到了非同一般的重视。在抗日战争、解放战争,以及新中国建立后的不同历史阶段,赵树理都是一个非常重要的话题。其作品的印刷、发行、流传,以及被收入课本、选本,改编为各类艺术形式如戏剧、电影、连环画等,呈现出途径不同、形式多样的传播状态。其覆盖面、影响力是十分突出的,甚或是绝无仅有的。赵树理也是中国作家中产生极为广泛国际影响的作家,据说至少有40多个国家和地区翻译出版了他的作品,尤以苏联、日本等国为最。就中国现当代作家而言,其作品传播的广泛程度能与赵树理比肩者并不多,可以说赵树理是中国现当代最具国际影响力的作家之一。那么,赵树理的作品是如何传播的,为什么会产生如此巨大的影响,还缺少研究。

一个毋庸讳言的事实是,赵树理的作品借助了一些有影响的人物的推荐。如《小二黑结婚》的发表与彭德怀同志的推荐是分不开的,周扬曾把赵树理的小说带到国统区,推荐给郭沫若、茅盾、邵荃麟、朱自清等人,据说他们都写了评论文章予以肯定。这推动了赵树理的小说在上海、香港、重庆等地的发行,但这只是问题的一个方面,最重要的还是要回到作品本身,研究特定时期的出版、宣传、推荐与发行机制,去当时的社会文化环境中去找答案。在这方面,我们还有很多的工作要做。

与此相联系的一个问题是,赵树理的影响如何? 如果我们认为赵树理的出现为新文学民族化、大众化的完成,以及对新文学某种极为重要的审美范式的形成做出了重要贡献,就可以从中国文学,特别是新文学的整体面貌、品格等层面来讨论其影响。这当然是一个非常重大的课题。还有一个层面就是赵树理对某种创作现象、具体作家作品的影响,也有很多可进一步探讨的空间。我们知道,赵树理是山药蛋派文学的旗手。此外,马烽、西戎、束为、孙谦、胡正等都是这一流派的代表性作家。山药蛋派如果从赵树理开始的话,至少延续了三代作家。实际上其影响更大,其地域也并不仅仅局限于山西,周边地区都有以山药蛋派为归属,或学习借鉴山药蛋派的作家。直至今天,在赵树理离开我们半个多世纪后,仍然有很多人讨论自己与赵树理,以及山药蛋派之间的联系。如果从流派层面来看,山药蛋派是中国文学史上最具典型性和影响力的文学流派。不同于其他流派,仅有几位作家,或者只限于同一代作家,山药蛋派是至少有三代作家的文学流派;也不同于其他流派,只在某一特定时期出现,当这一时期过去后,这个流派也就消失了,其中的代表性作家也可能不再表现出曾经的特点,但是山药蛋派具有时间上的韧性。如果从赵树理开始创作算起的话,山药蛋派至今已有近百年的历史。即使是从1943年算起,也有大约80年的历史。其中的重要作家,一生的创作都表现出同样的追求、风格。即使其中有的人介入了其他体裁的创作,也往往表现出浓郁的山药蛋派特色,如赵树理同时也进行戏曲创作,马烽等也进行电影创作,后来者如义夫、杨茂林等也有电影等作品。山药蛋派虽然是一个文学流派,却已大大溢出了文学的边界,但是并不能说山药蛋派是一个在审美追求上僵化、保守的流派,而是一个逐渐演变的流派。它并不排斥创新,实际上山药蛋派的出现就是创新的结果。因为它打破了新文学的固有范式,呈现出新文学应该具备的更鲜活、更亲切、更具生活意义的一面。山药蛋派也不排斥个性,体现出共性鲜明但个性也同样突出的创作现象。如赵树理,其作品体现出浓郁的地域风情,但孙谦的作品比较讲究情节的曲折性,有一种"类探案"的特色,他们之间的不同是非常明显的。这是一个在保持基本特色的基础上不断新变的群体,是一个保持了共性却显现出个性的流派。即使是赵树理本人,也有很多变化。如《灵泉洞》就有评书的特点,后期的《实干家潘永福》等就有纪实的特点。马烽与西戎、孙谦等人之间也有明显的区别。被归入晋军的一代作家,在其创作的早期,基本上都受山药蛋派的影响,但是后来表现出明显的个性。即使如此,仍然有一些人保持了非常明显的山药蛋派特色。

非常重要的问题是,在中国文学,特别是新文学以来的创作中,赵树理受谁的影响比较大?关于这个问题,研究者也多有探讨,如鲁迅对赵树理的影响,以及赵树理与老舍、孙犁、汪曾祺、沈从文等人之间的关系等,但总体来看,这方面的研究还不多,还有深入研究的可能性。当然,也有人在设定的谱系中对赵树理的创作进行研究,如女性命运的谱系,就从鲁迅、柔石、赵树理的女性形象来梳理。还有人从世界文学的层面来研究农民问题,如从巴尔扎克、莱蒙特、涅克拉索夫、契诃夫等人的农民与赵树理笔下的农民之比较等。其实,这样的谱系还有很多,如家庭的变迁、农村的变革、共产党员形象、新人形象等。这种研究肯定拓展了赵树理研究的视野,也是对中国新文学研究的深化。

应该说,全面抗战爆发后,文艺界产生了重要变化,这种变化是文学艺术如何参与到抗日救亡的伟大斗争之中。大批文化界人士,当然也包括文艺界的作家、艺术家来到前线,来到根据地,创作了大量表现抗战的作品。其艺术特点与新文学前期的作品相比,已经发生了变化。这可视为新文学新的审美范式构建的初步努力,或者说是一种不自觉的努力。《延安讲话》的发表,标志着我们党文艺理论的自觉,也标志着构建适应时代要求的新的审美范式的自觉,而诸如赵树理这样的作家,不论是个人的经历、体验,还是创作,也经历了一个从迷茫到自觉的过程,但就新的审美范式的构建而言,似乎更应当强调其自觉的一面。延安文艺座谈会是1942年5月召开的,《延安讲话》却是在1943年10月由延安的《解放日报》发表的,当时在太行区的赵树理肯定没有参加这个极为重要的会议。《延安讲话》公开发表后,赵树理肯定了解了《延安讲话》的精神。他自己也说学习了《延安讲话》后感到踏实了,有了主心骨,受到了鼓舞。此前他一直在倡导文艺的通俗化,强调要用广大群众喜闻乐见的旧形式来宣传中国革命需要的新内容,但是他的努力并没有得到普遍的认同,被轻视甚或被歧视的现象是存在的。他创作了许多在艺术表达上体现民族化、大众化的作品,如小说《有个人》《打倒汉奸》《蟠龙峪》、戏曲《万象楼》等,但真正产生影响的是1943年初创作的小说《小二黑结婚》,之后的《李有才板话》《李家庄的变迁》《孟祥英翻身》等均产生了不同的影响。因此有论者认为,《延安讲话》第一次系统地确立了党的文艺理论体系,解决了许多重要的理论问题,而赵树理是在创作实践上生动地体现了这一精神的作家。在此之后,包括《白毛女》《吕梁英雄传》《赤叶河》等一大批作品先后出现,中国新文学百花园中形成了以《延安讲话》精神为引领的创作主流,发生了可喜的、重要的变化,这些作品也奠定了新中国审美的基本范式。《延安讲话》发表80周年的时刻,有很多回顾延安文艺座谈会的文章,也有很多讨论《延安讲话》与中国文学,特别是现当代文学关系的成果,而赵树理应该是与这些话题难以分割疏离的现象,关于他对新中国审美范式构建做出的贡献还有很大的研究空间。

由武健鹏先生主编的《赵树理纪念文集》中收录的文章,应该是近来赵树理研究中具有代表性的作品。这些研究有新观点、新方法、新成就,言之有据,立论新颖,视野开阔,给人的启示多多,表明赵树理研究有了进一步的深化。它既是赵树理研究的重要收获,也是中国现当代文学研究的重要成果。在这部文集将要出版之际,写一些粗浅的认识,既是一种敬意、祝贺,也是一种期待、希望。相信会有更多的优秀成果涌现出来。

2022年6月

（作者系山西作协党组书记、主席）

重温赵树理经典作品
学习赵树理文艺精神(序二)

武健鹏

　　习近平总书记指出："在一百年的非凡奋斗历程中,一代又一代中国共产党人顽强拼搏、不懈奋斗,涌现了一大批视死如归的革命烈士、一大批顽强奋斗的英雄人物、一大批忘我奉献的先进模范。"人民作家赵树理就是其中的优秀代表,被收录在《中共党史人物传》第65卷中。赵树理的一生,是实事求是、追求真理的一生,是关注农村、情系农民的一生,是为我国文学艺术事业鞠躬尽瘁、不懈奋斗的一生。赵树理光辉坦荡的人生历程、崇高质朴的精神风范、优秀通俗的艺术作品和丰富务实的文艺实践,为我们留下了弥足珍贵的精神财富。

　　重温赵树理经典作品,学习赵树理文艺精神,就是要学习赵树理作为文艺战士的优秀品质,牢牢把握住正确的文艺发展方向

　　人民是历史大舞台上的真正主角,生活是文学创作的源头活水。早在1942年5月,毛泽东同志在延安文艺座谈会上发表讲话,从文艺为什么人服务这一根本问题出发,提出了民族化、大众化的无产阶级文艺路线,给文艺工作者指出了革命文艺的发展方向。习近平总书记也指出,文艺创作方法有一百条、一千条,但最根本、最关键、最牢靠的办法是扎根人民、扎根生活。赵树理从1939年9月起,先后主编《黄河日报》(路东版)副刊《山地》、《人民报》副刊《大家干》、《新华日报》(华北版)副刊《中国人》报,到1943年发表《小二黑结婚》;从当选北京文联副主席,到担任中国曲艺工作者协会主席,一生在扎根人民文学创作中成长为人民作家。特别是他的《小二黑结婚》《李有才板话》《李家庄的变迁》等一系列反映农民群众生活和斗争的作品,以农民的感情,用农民的语言,写农民的故事,践行了"贴近生活,反映现实,为普通人写作"的创作理念,他的创作方向被解放区文艺界肯定为"赵树理方向"。

一个时代有一个时代的文艺,一个时代有一个时代的精神。当前,我们在党中央的坚强领导下,全面推进改革开放和现代化建设,坚持和发展中国特色社会主义,向实现中华民族伟大复兴中国梦阔步前进。这是一项光荣而艰巨的伟大事业。如何展现人民群众创造的不凡业绩,如何把优秀文化资源转化为推动高质量发展的不竭动力,如何提升晋城知名度、美誉度、影响力,需要我们文艺工作者重温赵树理经典作品,学习赵树理文艺精神,坚持为人民服务、为社会主义服务这个根本方向,把满足人民精神文化需求作为文艺和文艺工作的出发点和落脚点,把人民作为文艺表现的主体,把人民作为文艺审美的鉴赏家和评判者,深入生活、扎根人民,努力为人民抒写、为人民抒情、为人民抒怀。

重温赵树理经典作品，学习赵树理文艺精神，就是要学习赵树理作为人民作家的创作热情，不断创作出丰富多彩的文艺精品

习近平总书记强调："广大文艺工作者要把创作生产优秀作品作为中心环节，不断推进文艺创新、提高文艺创作质量，努力为人民创造文化杰作、为人类贡献不朽作品。"赵树理一生可以说是著作等身，他的文学艺术创作大致于1930年开始，40年代是他创作的黄金时期，《小二黑结婚》(1943)、《李有才板话》(1943)、《李家庄的变迁》(1946)的创作和发表，奠定了他在新文学史上的重要地位。1955年发表了优秀长篇小说《三里湾》，这是我国第一部较为深刻地反映农业合作化的作品，其他如《"锻炼锻炼"》《套不住的手》《灵泉洞》等，都是有影响的作品。他的作品被译成日、俄、英、法、挪威、捷克等30多种文字，在40多个国家和地区发行，成为世界文库的宝贵财产。

近年来，我市广大文艺工作者植根晋城文化沃土，通过各种文艺样式讴歌人民、讴歌时代，凝聚力量、凝聚人心，创作了上党梆子《太行娘亲》《申纪兰》《沁岭花开》《长江支队》、话剧《一把扫帚》、舞剧《路》等一大批文艺精品，文学、戏曲、美术、音乐、曲艺等领域硕果累累，全市文艺事业呈现出一派繁荣发展的生动景象。同时，也不能否认，在文艺创作方面，也存在精品力作少、有"高原"缺"高峰"的现象。需要我们文艺工作者重温赵树理经典作品，学习赵树理文艺精神，坚持百花齐放、百家争鸣的方针，坚持创造性转化、创新性发展，激发创作活力，在提高原创力上下功夫，在拓展题材、内容、形式、手法上下功夫，不断丰富创作手段，让作品更加精彩纷呈、引人入胜。

坚持打开想象空间,坚持古为今用、兼容并蓄,深入挖掘研究晋城独具特色的传统文化、地域文化、民俗文化、红色文化,创作出具有晋城特色的优秀作品,努力推出叫得响、传得开、留得住,在全省、全国有影响的精品力作。

重温赵树理经典作品,学习赵树理文艺精神,就是要学习赵树理作为共产党员的铮铮风骨,始终为晋城高质量发展贡献力量

习近平总书记强调:"要立志为党分忧、为国尽责、为民奉献,勇于担苦、担难、担重、担险,以实际行动诠释对党的忠诚。"赵树理曾经说过:"我首先是党员,然后才是党员作家。"作为一名共产党员,赵树理最可贵的精神品质,就是他始终不渝地遵循马克思主义科学真理,讲真话、做真人、办真事。20世纪50年代初,农业合作化运动使中国农村发生了巨大变化,他为此欢欣鼓舞,真诚讴歌。1958年"大跃进"时浮夸风盛极一时,他敢于说实话,向党组织呈上了《公社应该如何领导农业生产之我见》,坚定地维护农民的利益。1962年8月,中国作协在大连召开农村题材短篇小说创作座谈会,赵树理针对前几年"五风"泛滥的现实,做了五次较长的发言,重点批评了文艺创作中现实主义不够充分的问题。赵树理是全国作家中最早提出调整双重待遇建议并主动放弃工资的作家之一,而且下乡不报销车费和生活补助费,看病自己花钱而不享受公费医疗,还动员女儿回乡务农,在离京时将自己用稿酬买的住房无偿捐给中国作协。

今天,我们实现了第一个百年奋斗目标,在中华大地上全面建成

小康社会,历史性地解决了绝对贫困问题,正在意气风发向着全面建设社会主义现代化强国的第二个百年奋斗目标迈进。全市上下正以更加饱满的热情、更加昂扬的斗志、更加务实的作风,踔厉奋发,勇毅前行,为全方位推动高质量发展建设共同富裕新晋城而努力奋斗,更需要我们文艺工作者重温赵树理经典作品,学习赵树理文艺精神,全面系统准确地学习贯彻习近平总书记关于文艺工作的重要论述,深入领会贯穿其中的马克思主义立场、观点、方法,以真理之光引领文艺前行方向。要始终坚持共产党人实事求是、追求真理的崇高品质,把握时代发展潮流,以繁荣发展社会主义文艺事业为己任,不断创作文艺精品,攀登艺术高峰,浓墨重彩宣传新时代伟大成就,用心用情鼓舞新征程奋进力量,共同书写美丽晋城建设的崭新篇章。

(作者系中共晋城市委常委、副市长、宣传部部长)

目　录

第一部分

第二部分

第三部分

第一部分

赵树理生平

晋兆言

赵树理,乳名得意,祖父为他起名树礼,字齐民。1906年9月24日出生于山西省沁水县尉迟村一户农民家庭。现代小说家、戏剧家、曲艺家,当代山药蛋派文学领军人物,曾任北京市文联副主席、中国曲艺家协会主席,全国政协第一届委员,全国人大第一、二、三届代表,中共八大代表。

一

祖父赵中正是赵树理的启蒙老师,在赵树理6岁时即亲自为他授课,让他读《三字经》,为他讲孔孟之道。赵中正信奉三教圣道会,每天参禅拜佛,修身养性,严格要求赵树理。受儒学和宗教影响,赵树理心地善良、善恶分明、循规蹈矩、事事讲礼,从小就养成了每天用白豆黑豆记录做事的好习惯,做了好事在罐子里放白豆,做了坏事放黑豆。

父亲赵和清是一个农村能人,不仅精通各种农活,而且懂阴阳、会八卦,一心要把赵树理培养成自食其力的人,少年时期的赵树理就已经是农业生产的全把式。

赵树理从小耳闻目睹地主的剥削、高利贷的压榨、小伙伴因反抗而被打死、妹妹为还债而被逼婚的情形,对贫苦农民的不幸遭遇充满了同情。

赵树理从小就十分喜欢民间文艺,酷爱上党梆子和八音会。一有空,就浸润在民间文艺活动中,这时的赵树理就像换了个人一样:自由自在,崇尚英雄。少年时期的赵树理已显现出极高的艺术天赋,他从民间艺人身上汲取了丰富的营养。

1920年夏,赵树理到樊山沁水第二高小上学。毕业后,先后在沁水野鹿村、板掌村,阳城西冯街村小学任教。

二

1925年,赵树理考入山西省立第四师范,在同学王春、常文郁的影响下,开始接触新文化、新思想,积极参加驱逐反动校长姚用中的学潮。1926年春节期间,赵树理到常文郁家乡晋城东常村晋山研究社农民讲习所给农民上课,发动群众和地主斗争。1927年4月7日,赵树理加入中国共产党。

1928年,阎锡山发动清党运动,赵树理跟着王春离开学校,开始了行医谋生的流浪生活。从此,他脱离了党组织。1929年初,赵树理考入沁水县西关模范小学任教,当年4月即以共产党嫌疑被捕,被押解至太原山西省国民党清党委员会,后送进自省院。赵树理机智应对,国民党又查无实据,于1930年5月被释放。在自省院期间,赵树理读了许多进步文艺书籍和经济学著作。离开自省院后,赵树理毅然将自己的名字由"树礼"改为"树理",以表从追求孔孟之礼到追求马克思主义真理之志。之后,赵树理流浪于太原、开封、沁水之间,当过老师、店员、抄写员、电影演员,对中国底层社会有了更加深刻的了解。

从1930年起,赵树理开始文学创作。受新文化运动影响,他创作的两篇作品《悔》和《白马的故事》欧化倾向明显。他回乡宣读新文学,但农民群众并不喜欢。受鲁迅及左联的影响,赵树理开始了文学艺术大众化、通俗化的探索。1933年12月5日—12月21日,《山西党讯》连载了赵树理的作品《有个人》,标志着赵树理开始觉醒并以反封建为主题创作小说,当时中国农村的衰败及原因都可以在小说中找到细节性的呈现。1934年,赵树理创作了以农民为主体、以反封建为主题的长篇小说《盘龙峪》(未完成,现只发现第一章),半个世纪后该作品被评论家认为是中国文艺大众化实现突破的标志性作品。

1936年,受同学史纪言、王中青之邀,赵树理前往长治上党公立简易乡村师范学校担任国文教员,引导学生向鲁迅学习,积极宣传抗日,创作有韵小说《打倒汉奸》,带领学生深入晋东南各县演出《放下你的鞭子》等抗日短剧。

三

1937年7月,抗日战争全面爆发,赵树理加入山西牺盟会,先后担任阳城县牺盟会特派员、四区区长、县公道团团长。1937年冬,经要崇德、桂承志介绍,赵树理重新加入中国共产党。

从1939年7月开始,赵树理先后主编过《黄河日报》(路东版)副刊《山地》、《人民报》副刊《大家干》、《新华日报》(华北版)副刊《中国人》报。他学习模仿鲁迅的笔法,写了几十万字的通讯、小小说、快板、诗歌、评论,宣传抗日,打击敌人。他的文艺创作能力也逐渐显示出来,1941年4—6月,他创作了章回体小说《再生录》,在《中国人》报连载。这是根据地第一部描写农民反抗日本侵略者的小说。

在学习、宣传毛泽东《新民主主义论》《论持久战》的过程中,赵树理对毛泽东充满了敬佩之情,提高了认识,坚定了走文学大众化道路的信心和决心,更加自觉地向鲁迅学习,决心写出无愧于时代的文学作品。

1941年初,在认真拜读了毛泽东《论持久战》的基础上,赵树理写出了老百姓喜欢看、听得懂的评论《漫谈持久战》,连载于《中国人》报,极大地鼓舞了太行抗日军民的信心和决心。

赵树理从事宣传文化工作的太行抗日根据地,正是按照党中央和毛泽东的要求,在动员和组织民众反抗日本侵略者的同时,开始了新民主主义文化建设的探索和实践。先后担任北方局书记的彭德怀和邓小平疾呼:要在根据地提倡、坚持、发展民主的、大众的、科学的新民主主义文化。正是在他们的支持下,1941年8月上旬,赵树理、王春等人举起了大众化的旗帜,成立了通俗化研究会,并在《抗战生活》发表了《通俗化"引论"》《通俗化与"拖住"》等文章,明确提出通俗化不仅仅是抗战动员的宣传手段,还要担负起提高大众的任务。它应该是文化和大众之间的桥梁,是文化大众化的主要道路,也可以说是新启蒙运动。这不仅是通俗化研究会的宣言书和行动纲领,而且是赵树理在文艺大众化实践基础上的理论提升。

从全面抗日战争开始到1942年底,赵树理的工作职责之一是通过组织戏剧活动发动群众。他发挥自己爱文艺、喜戏剧的才能,编排了许多抗日小剧。他深入思考的是如何在旧瓶装新酒的基础上,创作出既能依靠传统表演形式和唱腔,老百姓喜欢看,又能发动群众参加抗日的新戏来。1939年秋,赵树理改编出3部宣传爱国主义、农民起义的历史剧:《韩玉娘》《慈云观》《邺宫图》。

1942年1月，太行区文化人座谈会召开。在这次会议上，赵树理旗帜鲜明地提出文艺大众化和反对封建迷信，大声疾呼要努力占领农村文化阵地。座谈会一结束，他立即深入黎城了解反动会道门离卦道发动反革命暴动的情况，于1942年5月，创作出了上党梆子现代戏《万象楼》。赵树理是上党戏曲现代戏的先行者。

四

1942年冬，经杨献珍推荐，彭德怀批准，赵树理被调入北方局党校调查研究室。

1943年初，赵树理听到辽县（今左权县）横岭村青年岳冬至因自由恋爱而被村干部中的坏人打死的事件后，同县政府干部深入村里调查，案件破获后，赵树理陷入了深思。他以此为题材，很快创作出了短篇小说《小二黑结婚》，小说以反对封建迷信、提倡婚姻自由为主题，以小二黑和小芹喜结良缘为结局。杨献珍推荐给彭德怀，彭当即题字"像这种从群众调查研究中写出来的通俗故事还不多见"，充分肯定了赵树理的创作。1943年9月，华北新华书店正式出版《小二黑结婚》。小说未正式出版之前，武乡、襄垣剧团就将小说改编为秧歌上演。《小二黑结婚》在抗日根据地引起轰动，向小二黑、小芹学习，追求自由恋爱，解除包办婚姻，踊跃参加八路军和民兵，成为许多农村青年的追求。

1943年夏秋之间，赵树理在深入农村调查中，认识了后柴城村的民兵排长、农会干部李有才。李有才性格乐观、爱讲笑话，不仅敢于和地主斗，而且会编快板，出口成章。正是从李有才身上，赵树理想到了多年来农民群众的遭遇、经历和命运，看到了党的减租减息政策给翻身农民带来的变化，决心创作一个新的通俗故事。于是，《李有才板话》诞生了。《李有才板话》的主题是在抗日根据地，如何通过民主选举推翻封建势力掌控的旧的基层政权，建立新生政权；党的基层干部，如何真正深入群众、发动群众。其内涵极其丰富，思想更为深刻，被后人称为经典之作，是赵树理一生创作的高峰。

1943年10月19日，在纪念鲁迅逝世7周年之际，延安《解放日报》发表了毛泽东的《延安讲话》，随即传到了太行抗日根据地。赵树理欣喜若狂，他一遍又一遍读着，"以为自己是先得毛主席之心的，以为毛主席讲话批准了自己的写作之路"。多年来，苦苦追求文艺大众化的赵树理，心里亮起了明灯。从此，他以《延安讲话》精神为指导，更加自觉地追求文艺大众化、民族化，更加自觉地坚持文艺为工农兵服务的方向。

1944年冬，赵树理采访了劳动英雄孟祥英，创作出了特意标明为"现实故事"的《孟祥英翻身》。小说的主题不是孟祥英怎样生产度荒，而是孟祥英怎样从旧势力压迫下解放出来，"一个人从不英雄怎样变成英雄"，一个童养媳从"老规矩"下"哭不得""死不了"，到翻身得解放，婚姻自主，成长为新社会主人的中国农村妇女翻身史。

赵树理继承了中国古典小说的传统表现方法，借鉴民间评书、鼓词，进行革新创造，以表现现代农村生活，形成独特的民族风格，为广大农民所喜闻乐见，并对解放区的创作产生了重大影响。他的小说，实现了文学大众化的突破，可以说是中国作风和中国气派的成功实践。

五

为配合解放战争,赵树理于 1945 年冬创作的《李家庄的变迁》于 1946 年 1 月出版。小说全面反映了 1929—1945 年人民群众反对阎锡山反动统治的斗争。

1946 年 4 月 13 日,晋冀鲁豫边区文联成立,赵树理当选为常务理事。

1946 年 6 月 9 日,延安《解放日报》转载赵树理的小说《地板》,半个月后连载《李有才板话》并配发了冯牧的评论。这是延安《解放日报》第一次介绍赵树理。

1946 年,赵树理回到了阔别多年的家乡,在太岳根据地创作了《催粮差》和《福贵》。

《催粮差》揭露了旧衙门狗腿子的卑劣品质,同时也是对解放区政府工作人员的提醒。有学者提出,《催粮差》带有契诃夫、果戈理式的智慧。

《福贵》让人联想到鲁迅笔下的《阿Q正传》,把这两篇小说联系起来读,恰好可以看到 30 多年来中国农村的变化和中国农民由蒙昧到觉悟的历程,也是将赵树理与鲁迅联系起来的一篇作品。

1946 年,周扬出任晋察冀中央局宣传部部长,他深知自己的历史使命,也深知典型的重要。作为马克思主义的文艺理论家,周扬将目光盯在了赵树理身上。周扬在做了一定的准备后,写出了《论赵树理的创作》,于 1946 年 8 月 26 日发表于延安《解放日报》。周扬高度肯定了赵树理:

赵树理，他是一个新人，但是一个在创作、思想、生活各方面都有准备的作者，一位在成名之前已经相当成熟了的作家，一位具有新颖独创的大众风格的人民艺术家。

赵树理同志的作品是文学创作上的一个重要收获，是毛泽东文艺思想在创作上实践的一个胜利。

周扬将赵树理的小说推荐给郭沫若、茅盾、邵荃麟、朱自清后，得到了他们的高度肯定和赞扬。赵树理的小说开始在上海、香港传播开来。

1947年1月，美国记者贝尔登采访了赵树理，赵树理给他留下了深刻的印象。贝尔登回国后，写出了《中国震撼世界》一书，同时翻译了赵树理的3本小说，介绍给美国人民。

1947年初，为了给晋冀鲁豫军区南下同国民党反动派打仗的战士们鼓舞士气，赵树理创作了《刘二和与王继圣》，在《新大众》连载，很受战士们的欢迎。

1947年7月25日—8月10日，晋冀鲁豫边区文联召开专题文艺座谈会讨论赵树理的创作，认为赵树理的创作精神及其成果，实应为边区文艺工作者实践毛泽东文艺思想的具体方向。

8月10日，《人民日报》(晋冀鲁豫版)发表了陈荒煤的文章《向赵树理方向迈进》。文章对赵树理的创作活动做了全面总结，指出他"写作的动机和目的，都是为了群众的，为了战斗的，为了提出与解决问题……用他自己的话来说：'是要老百姓喜欢看，政治上起作用！'"文章认为："这两句话是对毛主席文艺方针最本质的认识，也应该是我们实践毛主席文艺方针最朴素的想法，最具体的做法。"

1948年，土改在解放区全面展开。赵树理深入土改第一线，亲身参加了土改，并创作出了中篇小说《邪不压正》，从10月13日开始在《人民日报》（晋冀鲁豫版）连载。同时期他在《新大众》陆续发表了一系列土改短论。这些短论紧跟时势，篇幅短小，针对性强。

六

1949年7月2日，中华全国文学艺术工作者代表大会（以下简称文代会）在北平胜利召开。作为解放区文艺界的代表、主席团成员，赵树理参加了大会。

7月6日19时20分，毛泽东突然莅临大会并讲话："同志们，今天我来欢迎你们……因为你们都是人民所需要的人，你们是人民的文学家、人民的艺术家，或者是人民的文学艺术工作的组织者。"赵树理见到了毛泽东，心情十分激动。

7月10日，赵树理做了《我的水平和凤愿》的发言。在这次会上，赵树理当选为中华全国文学艺术界联合会常务委员、中华全国文学艺术工作者协会常务委员。

9月21日—9月30日，赵树理作为全国文艺界的12名代表之一，出席了中国人民政治协商会议第一届全体会议。

9月30日，《人民日报》发表了记者荣安的文章《人民作家赵树理》。

10月1日，赵树理参加了开国大典，登上了天安门观礼台。赵树理，一个农民的儿子，一个从农民中走出来的革命战士、知识分子，迎来了他人生的顶峰。

赵树理决心大干一番。他要像在太行山夺取农村封建文化阵地一样，夺取城市封建文化阵地。他多次深入天桥调查研究，为发现新凤霞而高兴，也为城市里的封建文化残余而着急。急于改造北京旧文艺的赵树理,在北京市文委书记李伯钊的支持下,于1949年10月15日下午在太庙召开北京市大众文艺创作研究会成立大会,赵树理当选为主席。赵树理当选后做的第一件事,就是创办通俗化的《说说唱唱》杂志,由他担任主编。他带头写稿,改编发表了田间的诗《石不烂赶车》。他从即将废弃的稿子中发现了陈登科,认真修改,让稿子起死回生,改题为《活人塘》在《说说唱唱》上发表,并写了《〈活人塘〉四人赞》,同时推荐陈登科到中央文学研究所进修,成为新中国文学史上的佳话。得到过赵树理关照的文学新人还有许多,特别是赵树理对汪曾祺的影响,汪曾祺对赵树理的传承,在中国文学史上很有意义。

1950年春,《中华人民共和国婚姻法》正式颁布,为配合宣传,《说说唱唱》急需这一题材的稿子。编辑部决定自己动手写,任务落在了赵树理头上。他很快赶写出了一篇评书体的短篇小说《登记》,一发表即引起轰动,被改编为各种戏曲剧本。上海沪剧团由此小说改编的《罗汉钱》不仅进京汇报演出,而且成为经典剧目。

1950年5月28日—5月31日,北京市文代会召开,老舍当选为主席,李伯钊、赵树理、梅兰芳当选为副主席,王亚平当选为秘书长,很快推动了北京新文艺、新气象的到来。

新中国的成立,为赵树理文学走向世界创造了条件。赵树理文学成为世界人民了解新中国的窗口和名片。不仅在苏联和东欧社会主义国家,而且在日本、美国,赵树理的著作也很快传播开来。赵树理也不断出国访问,成为享有国际声誉的中国作家。

因种种原因,在解放区文学中独领风骚的赵树理文学在新中国成立后不久便遇到了新问题。社会主义文学的探索与实践,普及与提高、吃窝窝头还是吃面包的东西总布胡同之争,特别是党不断发起的批判和改造资产阶级知识分子的运动,让赵树理很不适应,他也开始受到批评。

七

1951年3月,念念不忘太行老区人民群众的赵树理回到了晋东南,地委正在筹划试办10个农业生产初级合作社,他立即投入了武乡监漳和上窑沟的合作社创办。他深知把农民组织起来的重要性,为试办农业生产合作社出了许多主意,想了很多办法。同时,赵树理也发现相当数量的农民群众,依然沉浸在土改分田地、发家致富的追求之中,不愿意走合作化之路。

1951年9月,根据毛泽东的提议,全国第一次互助合作会议在北京召开。面对会议上对农业生产合作社一致说好的一边倒发言,赵树理根据实际情况,说出了许多农民群众还不愿意参加农业生产合作社的现实,并和主持会议的陈伯达争论起来。陈伯达向毛泽东汇报后,毛泽东肯定了赵树理的意见。据中央文献出版室2001年出版的《毛泽东传》第1311页记载:

> 毛泽东直接主持这个文件的起草工作。文件写好后,他让具体负责起草工作的陈伯达向熟悉农民的作家赵树理征求意见。赵树理看了以后说,现在农民没有互助合作的积极性,只有个体生产的积极性。毛泽东从这个意见中受到启发。他说:赵树理的意见很好。草案不能只肯定农民的互助合作积极性,也要肯定农民的个体经济积极性。我们既要有农业生产合作社,也要有互助组和单干户。既要

保护互助合作的积极性,也要保护个体农民单干的积极性。既要防右,又要防"左"。

会议之后,形成了《关于农业生产互助合作的决议(草案)》,这是中共中央关于农业互助合作运动的第一个指导性文件。

由于10个试办社是革命老区在多年互助组的基础上创办的,当年即显示了其优越性:粮食增产,农民增收,社集体也有了一定的积累。郭玉恩领头的平顺县川底村合作社的成绩更为显著,新华社著名记者范长江采访后专门在《人民日报》做了报道。早在抗日战争时期就和郭玉恩熟悉的赵树理再也坐不住了,于1952年春天来到平顺县川底村。他全身心投入初级合作社扩社的过程,与干部群众不断完善管理办法,以记工分按劳分配为主,土地入股、参与分配,农村财务记账管理。赵树理有了创作的冲动,第一部反映农业合作化的长篇小说《三里湾》出版了。

《三里湾》一经出版即引起了轰动,当年销售38万册。一版再版,农民喜欢,村干部喜欢。《三里湾》出版两个月后,全国掀起了农业合作化高潮。

《三里湾》的出版,推动了农村社会主义题材的创作。在《延安讲话》精神指引下成长起来的马烽、西戎等相继回到山西,创作农村题材的作品,一时间形成了一股强劲的文学思潮,时人称为山西派,又称为火花派,后人则称为山药蛋派。

1956年,在北京召开的中国作协第二次理事扩大会议上,周扬将赵树理和茅盾、巴金、老舍、曹禺五人称为"当代语言艺术大师"。

1956年,很快实现了的农业高级合作社,一方面给赵树理带来了喜悦,另一方面也引起了他的困惑。1956年8月23日,赵树理给

长治地委书记赵军写了封信,信中说道:

> 试想高级化了,进入社会主义社会了,反而许多数人缺粮、缺草、缺钱、缺煤,烂了粮、荒了地,如何能使群众热爱社会主义呢?我觉得有些干部的群众观念不实在——对上级要求的任务认为是非完成不可的,而对群众提出的正当问题则不认为是非解决不可的。又要靠群众完成任务,又不给群众解决必须解决的问题,是没有把群众当成人来看待的。

这是理解认识赵树理的一个切入点。

1957年6月,赵树理写了一篇文章《进入高级社日子怎么过》,发表在《河北日报》上。"高级农业社的生产关系是'基本的生产资料集体所有和按劳取酬'",每个社员入社以后,在新的生产关系下究竟应该怎样生活、怎样消费,赵树理在认真思考着。

1957年,赵树理动员女儿赵广建回家乡参加农业生产劳动,自己出钱帮助尉迟村购买苹果苗、水利机械。

1957年冬,赵树理回到高平和沁水深入生活,考察调研农田水利基本建设,参加社会主义教育运动。

1958年,赵树理创作出了评书体小说《灵泉洞》。

受《火花》之约,赵树理赶写出了一篇《"锻炼锻炼"》。或许时间短有点赶稿,或许赵树理深层次考虑的问题并没有想清楚,《"锻炼锻炼"》一方面赞扬了1957年农村开展的社会主义教育运动,另一方面又真实地反映了农村干群关系的紧张,着力塑造了两个落后农村妇女的典型形象:小腿疼和吃不饱。小说把赵树理推到了风口浪尖,有的评论家坚持捍卫之,有的评论家则否定之。这是一篇从发表至今仍争议不断的短篇小说,但作为文学作品,大多数学者认为这是赵树理创作的又一篇经典小说。

1958年12月,从朝鲜访问回国后,赵树理回到山西,到阳城、沁水合并的阳城县担任县委书记处书记。他被报纸上不断传来的放"卫星"的好消息所激动,然而实际情况大大出乎他的想象。"人有多大胆,地有多大产"的浮夸,令他发火;"大跃进"、大丰收之后的第二年春天,老百姓却吃不饱饿肚子,令他心痛;县委班子中一些领导干部头脑发热,仍在大刮浮夸风,让他愤怒。在迷茫中他开始深思,在怀疑中他开始清醒。上对党中央负责、下对老百姓负责的共产党员的责任,促使他开始给中国作协领导写信。从"大跃进"追溯到初级合作社,从实际情况提升到理论探讨,从生产力实际联系到生产关系,从人民公社管得过宽、过多、过死到如何调动基层积极性……他把实际和理论紧紧地结合在一起,他成了理论家和思想家,他找出了问题的症结:是党的农村政策出了问题。他想起了委托他给《红旗》杂志写小说的总编辑陈伯达,开始给陈伯达写信。

赵树理撞到了反右倾的枪口上。他致陈伯达的信被转到中国作协,赵树理受到严厉批判,他拒不认错。

这一时期,赵树理的创作主题发生了明显的变化:先后写出了《老定额》(1959)、《套不住的手》(1960)、《实干家潘永福》(1961),寄托着赵树理对农村、农民,特别是农村基层干部的希望。

1962年8月2日—8月16日,中国作协在大连召开农村题材短篇小说创作座谈会(以下简称大连会议)。中国作协党组书记邵荃麟首先对赵树理的批判表示歉意:"这次要给以翻案,为什么称赞老赵?因为他写出了长期性、艰苦性,这个同志是不会刮'五风'的……我们的社会常常忽略独立思考,而老赵,认识力、理解力、独立思考,我们是赶不上的,1959年他就看得深刻。"周扬再次给赵树理以崇高的评价:"中国作家中真正熟悉农民、熟悉农村的,没有一个能超过赵树理。他对农村有自己的见解,敢于坚持,你贴大字报也不动摇。"

大连会议上,赵树理被誉为描写农村的"铁笔""圣手"。康濯则称赵树理是"短篇小说大师"。

八

新中国成立后,赵树理始终关心和参与了中国的戏曲事业,特别是家乡晋东南上党戏曲的发展。

1962年3月,由赵树理亲自改编的《三关排宴》由长春电影制片厂拍成戏曲电影,上党梆子从此走向北京、走向全国。《三关排宴》已成为中国戏曲电影中的经典剧目。

在多年调查研究的基础上,赵树理发现,农民群众看戏的热情要远远超过读书、看小说。他下定决心,要利用一切机会狠抓农村剧团的发展。

1963年,中央决定在农村开展社会主义教育运动。赵树理创作的《十里店》受到了老百姓的热烈欢迎,可一次又一次的审查修改,《十里店》始终未能通过。

1965年2月,赵树理离开北京,回山西文联工作,行前将自己用稿费购买的住房无偿捐给中国作协。

3月,经山西省委批准赵树理到晋城县委挂职副书记。

1965年冬,赵树理深入公社和农村,全面调查农业、农村工作和深入开展学习毛主席著作的情况,写下了近2万字的工作笔记,调查之详细、情况之全面，可谓农村调查之范本，是研究20世纪60年代"三农"的标本。

《人民日报》登载了兰考县委书记焦裕禄的先进事迹，赵树理要为党的好干部写一部戏。他去了河南，深入兰考听老百姓讲焦裕禄的故事。可惜，只写了三场。

他坚决贯彻"百花齐放，推陈出新"的方针，积极投身于戏改事业。1963年10月，他给河北省永年剧团的题词"从革命实践中脱胎换骨，在传统基础上推陈出新"就是这一方针的集中体现。他在戏改中的许多体会、经验、认识，已经成为中国戏改的宝贵财富。

赵对理是新中国曲艺事业的开创者、组织者、领导者。他高度重视曲艺事业的发展，十分尊重从旧社会走过来的老艺人，也非常重视对旧艺人的改造，多次提出要向鲁迅学习，他把"俯首甘为孺子牛"的说法比喻为要为人民群众拉好磨。

九

1966年，"文化大革命"开始，赵树理受到批判，但他始终坚持"真话不让说，假话我不说"。他在生命绝境中表现出了对党的忠诚和信仰。

他念念不忘的是，决心写一部与《红楼梦》完全相反的《户》，歌颂受三座大山压迫的中国农民是如何在共产党领导下翻身得解放，当家做主站起来的故事。故事架子都搭好了，主要人物也都想好了，但愿望实现不了。

他不仅在检查，而且也在反思。他在《回忆历史 认识自己》一文中认真总结回顾了自己的一生，不仅是对自己的解剖，更是研究中国共产党领导下的文学艺术发展历史最为宝贵的资料和精神财富。

1970年9月23日,赵树理逝世。

1978年12月17日,在北京八宝山革命公墓举行了赵树理骨灰安放仪式,赵树理得以彻底平反。

人民和历史是不会忘记赵树理的。

(作者系晋城市赵树理研究会课题组成员集体)

第二部分

对人民有益，受群众欢迎

——谈《李有才板话》

罗 扬

我认识赵树理是在1951年的秋天，当时赵树理任中华全国曲艺改进会筹委会副主任委员，已经是赫赫有名的大作家。我只是一名年轻的工作人员，但他非常诚恳谦虚，对我没有一点架子。当我谈起《小二黑结婚》《李有才板话》等农村题材的作品多么精彩时，他谦逊地说："我对农村有感情，也真想写点合乎老百姓口味，又对他们有帮助的东西，可是，这不容易啊！我做得还很不够，我的才能还不高。"而后提及民间文艺，特别是农村说书唱戏的情况，他兴致高了起来，时而双手敲打桌子，时而手舞足蹈，毫无顾忌地唱起了上党鼓书和上党梆子，在场的人都乐得前仰后合。

后来，我在北京市文联、中国曲艺研究会、中国曲艺工作者协会工作，和赵树理接触得多了，也有了更加深入的了解。他对党和人民的忠诚、严肃的创作态度、勤奋刻苦的学习和工作精神，以及朴实谦和的作风，都给我留下深刻的印象。

新鲜、健康、简朴，解放区文艺的代表之作

在赵树理创作《李有才板话》之前，太行山区正掀起声势浩大的

第三次减租减息高潮。赵树理下乡,本担有检查减租减息进度的工作,但他在调研中发现地方上一些青年工作人员不谙农事,不了解农村的实际情况,也没有深入群众调查研究,以致一些好政策在落实过程中受到影响。就像赵树理说的那样:"我在作群众工作的过程中,遇到了非解决不可而又不是轻易能解决了的问题,往往就变成所要写的主题。"于是,便有了这部《李有才板话》。

《李有才板话》通过山西农村一个叫阎家山的地方改选村政权和实行减租减息的故事,反映抗战时期敌后根据地农民的实际状况和真实心声。小说不仅讲活了减租减息的土地政策,而且深刻阐释了农村革命干部只有坚持群众路线、依靠群众、发动群众,让党的正确路线、政策与广大农民真正结合在一起,才能解放农民,团结更多的革命力量。

茅盾曾经这样评价《李有才板话》构思的精巧,特别是对快板这一新鲜手法的匠心运用:"在若干需要描写的地方(背景或人物),作者往往用了一段'快板',简洁、有力而多风趣……我们试一猜想,当这篇小说在农民群众中朗诵的时候,这些'快板'对于听众情绪上将发生如何强烈的感应。"郭沫若看完小说后也赞叹不已:"我完全陶醉了,被那新鲜、健康、简朴的内容与手法;这儿有新的天地、新的人物、新的意义、新的作风、新的文化,谁读了我相信那会感着兴趣的。"

《李有才板话》甫一问世,就成为解放区文艺的代表之作。小说单行本连出三版都很快销售一空,买不到的人到处借阅,争相传诵。有人说这部作品给文艺界注入了新的血液,也有人说读过这部作品之后,对解放区团结协作的幸福生活更加向往了。小说在报纸上连载后,有读者给报社写信:"像这样优秀的文艺作品,如果能广泛散发,深入农村,将起到更大作用。"在后来的整风学习以及更大范围的减租减息、土改中,《李有才板话》成了干部必读的参考材料。干部们不但自己学习,还把它念给农民听,反响异常热烈。农民群众一边听得乐不可支,一边联系实际对号入座,参照小说中的工作方法来解决农村的实际问题。

"一定要拿起笔来就想到这是为谁写的"

《李有才板话》受欢迎,很大程度上要归功于赵树理的群众路线。

赵树理是山西晋城沁水县人,来自一个农民家庭。他有丰富的农村生活经验,深切懂得农民的甘苦和情感。尽管后来到了北京,担任多个文艺团体的重要职务,但他依然保持着农民儿子的本色。

20世纪50年代,赵树理是作品发行量最大、稿酬最多的作家之一,但除了家庭生活等必要开支外,他把绝大部分钱都用于支援农村建设和交纳党费。平日里赵树理披一件从太行山带来的破旧棉大衣,喝廉价的砖茶,和赶大车、蹬三轮的老哥们挤在一起,来一碗浇着香油、辣椒油、芝麻酱的老豆腐,吃得津津有味,聊得心满意足。有一次,赵树理因为工作生活需要,想去买块手表。他到商店里一看价钱,连忙摆手:"够农民买五头驴啦!"后来总算在天桥的旧货摊上淘到了一块便宜手表,赵树理将其命名为"三勤牌",因为它必须勤上弦、勤对点、勤修理。这块手表陪伴了赵树理多年。

赵树理说过:"我们的文艺是为人民大众服务的,要服务得好,一定要拿起笔来就想到这是为谁写的,让人喜欢读、喜欢听,对人民大众有好处。"他特别注重文艺对农民精神世界的影响:"写小说和说书唱戏一样,都是劝人的,要劝对,而且要使人愿意听你劝。"因为熟悉农村、农民,他笔下的农民形象生动鲜活,通过人物自身的语言、行动,三言两语、举手投足间,就让人觉得真实可感——"他笔下的农民是道地的农民,不是穿上农民服装的知识分子"。赵树理既懂得农民的心理和感受,又了解农民的审美情趣和阅读水平。为了让老百姓更好地理解作品,赵树理尽量挑选农民能听懂的语言。凡是老百姓不常用的词句,他在写作时就尽量避免。用他自己的话来说,就是要用"活在群众口头上的语言"。

有人说赵树理是个"土作家",不懂各国的艺术,这是误解。赵树理不仅读过不少外国文艺作品,而且对照中国小说的写法做了比较研究。他多次和我说,某某人物、某某场面,照西洋小说的写法是如何,照中国小说的写法又是如何。他认为,我们对外国的东西要学习、借鉴,但不能简单模仿,要化为己用,要中国化。

让新文艺与民族民间文艺的传统相衔接

"阎家山,翻天地,群众会,大胜利。老恒元,泄了气,退租退款又退地。刘广聚,大舞弊,犯了罪,没人替。全村人,很得意,再也不受冤枉气,从村里,到野地,到处唱起'干梆戏'。"

在《李有才板话》的结尾处,李有才应工农干部老杨同志的请求,为当地农民与地主阎恒元展开的斗争编了首快板。通过这首朗朗上口、活泼生动的快板,农民重获土地的喜悦之情扑面而来,土地政策给阎家山带来的深刻变化,也传神地表达出来。

《李有才板话》的成功和赵树理对民间文艺营养的吸收转化有很大关系。赵树理对我国民族民间文艺,尤其是对农村中长期流传、为广大人民群众喜闻乐见的曲艺和戏曲艺术有着浓厚的感情。他常拿《三国演义》《水浒传》等古典小说和同名说书、大鼓做比较,阐发二者的密切关系和曲艺艺术成就,希望我们的新文艺更好地与我国民族民间文艺的优良传统衔接起来。

赵树理在担任新中国第一个曲艺刊物《说说唱唱》主编时,收到过一篇业余作者的来稿。文中有许多错别字,有些地方画了符号,谁都认不出来。有同志看过后打算退稿,但赵树理一字一句费力地看完稿子,觉得虽然有些地方粗糙,但内容充实,语言生动,乡土气很浓。经过他仔细编辑修改,文章在刊物上发表,引起很大反响。之后,赵树理还给作者写了一封长信,指出文章的优长和不足,并列了一大串书单,鼓励这位作者深入阅读,继续写作。这位作者就是后来创作出《淮河边上的儿女》《风雷》等长篇小说,担任过中国作协顾问和安徽省文联名誉主席的作家陈登科。

赵树理不止一次地叮嘱编辑,一定要满腔热情地对待工农兵出身的业余作者。他们文化水平低,但熟悉生活,有真情实感,语言生动,在曲艺创作上很有优势。对他们的来稿要仔细提出修改意见,帮助他们提高思想文化水平和写作能力,千万不要嫌他们文化水平低,挫伤他们的创作积极性,要知道未来好的作家可能就在这些作者中间产生。于是,认真对待来稿、热情对待作者、注重发现新人新作,成了《说说唱唱》编辑部的优良传统。

今年我已经92岁了,依然笔耕不辍,经常写一些曲艺界过去的事、过去的人,在这个过程中经常会想起赵树理。赵树理讲的"曲艺是普及的艺术,也是高级的艺术",影响着包括我在内的几代曲艺工作者的成长。赵树理坚守的"对人民有益,受群众欢迎"的创作原则,是值得我们学习的宝贵经验。

(本文原载 2021 年 5 月 14 日《人民日报》,作者系中国文联荣誉委员、中国曲艺家协会名誉主席,《人民日报》记者任飞帆根据采访和资料整理)

赵树理之问：是什么，为什么

赵魁元

2019年是新中国成立70周年。

70年前，不想上文坛，只想摆"文摊"的赵树理进了北平城，于1949年7月2日—7月19日，参加了文代会，并当选为中华全国文学艺术界联合会常务委员、中华全国文学工作者协会常务委员；9月21日—9月30日，作为文艺界代表之一，出席中国人民政治协商会议；10月1日，登上天安门观礼台，参加中华人民共和国成立盛典。

赵树理是以胜利者的身份进入北平的。7月6日晚7时20分，毛泽东突然出现在文代会。赵树理热血沸腾，终于见到了毛泽东。赵树理清楚，是毛泽东的《延安讲话》赋予了赵树理文学强大的生命力。

赵树理决心大干一番。他要像过去夺取被封建文化占领的农村阵地那样，夺取城市文化的阵地，他要在城市文艺大众化上闯出一条路子。

然而，新中国成立前后，赵树理遇到了一个意想不到的难题。他的小说被翻译并在国外出版的同时，他在国内却遭遇了质疑和批评。肯定的同时，遇到了否定。就文学评论来说，这是正常现象，对赵树理来讲，却不正常。肯定之后的否定，否定之后的再肯定，再肯定之后的再否定，一直伴随到1970年赵树理被迫害致死。1978年赵树理被平反后，肯定和否定的声音仍然存在。这就是20世纪中国文学史上最为独特、最有代表性的赵树理现象。

历史的发展在某一时期、某一时段、某一时刻可能是不公正的，但历史的长河是公正的。令人欣慰的是，进入21世纪，肯定赵树理、研究赵树理的人越来越多，声音越来越强，许多学者包括一些年轻学者的研究成果都有了新的突破。

作为赵树理研究的后来者和热心者，笔者只能谈谈学习学者研究成果后的感想和体会。笔者的问题是赵树理之问：是什么，为什么。

是什么

也许有人会说，这个问题太简单了。刚接触赵树理研究时笔者也是这样想的，因为在赵树理身上有四个光荣而鲜明的称号：

赵树理方向

人民作家

当代语言艺术大师

铁笔　圣手

关于"赵树理方向"的来龙去脉非常清楚，文中将重点涉及这一问题，这里不再展开。

关于"人民作家"，在大家的认知中，赵树理是典型的农民作家。在太行、太岳抗日根据地早期关于赵树理的宣传报道中，说得比较多的是农民作家，有时也称他为人民作家。现在知道，称他为人民作家最为权威的报道是1949年9月30日《人民日报》荣安的文章《人民作家赵树理》。

荣安称赵树理为人民作家,是有充分理由的。毛泽东出席文代会时说:"你们都是人民所需要的人,你们是人民的文学家、人民的艺术家或是人民的文学艺术工作的组织者。你们对于革命有好处,对于人民有好处。因为人民需要你们,我们就有理由欢迎你们。"

据说,毛泽东在听取汇报时,有人说农民作家赵树理如何如何,作为战略家的毛泽东则称赵树理为人民作家。毛泽东关于人民作家称谓的含义是非常深刻的,不仅意味着对赵树理身份的提升,而且明确了新中国成立后,希望文学艺术要从为工农兵服务提升到为人民服务的高度。

关于"当代语言艺术大师",1956年在北京召开的中国作协第二次理事扩大会议上,周扬将赵树理和茅盾、巴金、老舍、曹禺五人称为"当代语言艺术大师"。这是非常重要的一次关于赵树理文学的定位。

文艺界公认,赵树理文学的特色之一就是语言。"最成功的是语言"(郭沫若语),"向人民学习,善于吸收人民的生动朴实而富于形象的语言之精华"(茅盾语),"语言的创造"(周扬语),"简练而丰富的群众语言"(陈荒煤语),"高度提炼得纯真、干净、朴质的群众语言,简洁、利落、朗朗上口的文学"(康濯语)。诗人、学者邵燕祥说:"赵树理中后期的小说,从他民族语言特别是民间口语宝库中提炼的、臻于炉火纯青的艺术语言,为母语文学留下无法替代的贡献。不承认这一点就是对中国现代文学的无知。"杜学文多次提到,以赵树理为代表的山西作家为汉语现代化做出了无可替代的贡献。这几乎是研究中国现当代文学的基本常识。

笔者举一个例子,上海知识出版社于1956—1957年出版了《汉语知识讲话》丛书,共40本。这套丛书在语文工作者和中学语文教师中起过较好的作用。1984年11月,上海教育出版社(其前身即上海知识出版社)为适应干部年轻化、知识化的需要,重印了这套丛书。关于句子和句子分析,约占1/3,如主语和谓语、宾语和补语、定语和状语、复杂谓语……联合词组和联合复句、偏正复句、紧缩句、陈述句、疑问句、祈使句、感叹句、句群等。所引语句,大多出自经典作家的作品,如鲁迅、茅盾、巴金、老舍、曹禺等,但引用次数最多、排在第一位的是赵树理,是赵树理的《小二黑结婚》《李有才板话》和《三里湾》。

关于"铁笔""圣手",1962年8月2日—8月16日,中国作协召开大连会议,其目的自然是为繁荣农村文学而召开的,但为赵树理平反和重新肯定似乎成了会议的热点。

20世纪50年代,马烽、西戎、孙谦、胡正回到山西,和李束为五战友会合。他们是地地道道的《延安讲话》精神培养出来的文艺工作者。《山西文艺》1958年更名为《火花》,因马烽等的回归,实力大增,为繁荣农村题材文学带了头。善于发现和培养典型的周扬还来到山西调研,为山西作家鼓劲。对山西文学而言,有了知名作家,似乎还缺少一个领军人物。编辑部自然而然地将目光盯在了常回山西的赵树理身上,更何况因《三里湾》的出版,赵树理又一次名声大震。《火花》编辑韩文洲一再和赵树理约稿而不见稿,不得不追到长治,赵树理只好放下即将完稿的《灵泉洞》,赶写出了《"锻炼锻炼"》这篇在文学史上争议不断又大放异彩的经典小说。

被"大跃进"开始时的成就所感动,赵树理从朝鲜回国后迫不及待地要求山西省委派他回阳城(当时沁水县和阳城县合并)挂职县委书记处书记。赵树理一接触实际,对浮夸风大为恼火。在反复思考后,随即给陈伯达、邵荃麟写信反映问题,恰遇彭德怀庐山会议受批判,而赵树理还到处为彭德怀喊冤。赵树理撞到了枪口上,被中国作协作为靶子猛批,倔强的赵树理拒不认错。

大连会议给予了赵树理很高的评价,说他是描写农村题材的"铁笔""圣手",康濯则称赵树理是"短篇小说大师",但到了1964年,赵树理又作为创作中间人物的典型而受到批判。

当然,不仅如此,赵树理还是戏剧家,为家乡的上党梆子做出了突出的贡献,写了7部戏。由他改编并拍成电影的《三关排宴》已成为中国戏曲电影的经典之一。

赵树理是名副其实的曲艺家,他是新中国曲艺事业的开创者、组织者和领导者,因此他在文艺界获得了唯一的领导身份:中国曲艺家协会主席。

同中国现代文学许多大家一样,赵树理还是编辑大家。最出名的当然是抗日战争时期一个人采编印《中国人》报,新中国成立后主编《说说唱唱》。赵树理同许多编辑大家一样,发现人才、培养人才是天然的职责。赵树理对陈登科的发现和培养,为中国文学史留下了浓重的一笔。

由于中国历史和中国革命的特殊性,使得中国现代经典作家兼有革命战士和革命作家的双重身份。在一般人的认识中,赵树理和其他经典作家的区别似乎在于,其他人具有现代知识分子的特性,赵树理则是地地道道的农民秉性,然而事实并非如此。1959年受到大批判,赵树理讥讽自己是"知识分子中的傻瓜,农民中的圣人"。令人可喜的是,从席扬开始,到钱理群、赵勇,在他们的研究中,越来越深刻地认识到赵树理的知识分子属性。

这是新时期赵树理研究的重大突破之一。

关于赵树理身份的认定,笔者一开始接受的是:赵树理是精通农业生产的行家里手、农业生产管理专家、农民利益的忠实代言人、农村经济学家。近几年参加了中国社会科学院文学研究所开展的社会史视野下的中国文学研究,笔者的思路豁然开朗,赵树理是杰出的农村社会学家。

改革开放以来,我们对国情最实事求是的认识,就是我们仍处在并将长期处于社会主义初级阶段。改革开放的第一炮就是安徽小岗村的大包干,就是不断完善和形成的以家庭联产承包责任制为基础的农村基本经济制度。赵树理拥护初级农业生产合作社,质疑高级农业生产合作社,到了人民公社时期则坚决反对共产风、浮夸风。在迷茫中赵树理开始深思,在怀疑中他开始清醒,上对党中央负责、下对老百姓负责的共产党员责任,迫使他开始给领导写信。没有回音,就接着写。从"大跃进"追溯到农业生产合作社,从实际情况上升到理论探讨,从生产力实际联系到生产关系,从人民公社管得过宽、过多、过死到如何调动基层的积极性……他把实际和理论紧紧地结合在一起,他成了理论家,他找出了问题的症结:是党的农村政策出了问题。到了大连会议,他更是直言农民生活的困苦。1989年李准评价赵树理时仍激动地说:"赵树理了不起,大胆反思,敢于说心里话,精彩极了。没有人能赶上他,他走在知识分子的前头。"

就文学创作而言,一再下决心不写了的赵树理,却下定决心创作一部长篇小说《户》。兼职晋城县委副书记的赵树理,在下乡蹲点的日子里,整夜整夜披件大衣坐在椅子上构思。他打算写100多个人物,80多万字,通过3户农民家庭,描写中国农村的巨大变化,塑造一大批社会主义时代的农民英雄形象。

赵树理是什么?

简而言之,赵树理是中国现当代著名的小说家、戏剧家、曲艺家。

笔者的想法是：赵树理是真正的共产党人、中国杰出的农村社会学家。

为什么

洪子诚在其开创性的《中国当代文学史》中，专门写了一节《赵树理的"评价史"》，其含义是深刻的："对赵树理小说和他的文学观的评价，一直是众说纷纭，有的看法且相距甚远。即使是左翼文学界的内部，评价也总不是一律。"

2012年9月12日《文艺报·经典作家专刊》登载了《经典作家之赵树理》一文。孟繁华在《赵树理现象综论》中指出："在这一题材制作中，赵树理是一个非常独特的现象：一方面他是成功实践《延安讲话》，'遵循革命现实主义'创作原则的作家，'赵树理方向'被肯定为所有作家都应该学习和坚持的方向；一方面新中国成立后他又屡屡遭到批评/肯定的反复过程。这个看似矛盾的现象，对赵树理本人来讲是痛苦和不幸的，但对于当代文学的发展过程而言，赵树理的遭遇恰恰从一个方面反映了当代中国的复杂性、矛盾性和不确定性。所以，'赵树理现象'不仅仅关乎赵树理文学，而且关乎中国当代文学，是值得深入研究的大课题。"这就是赵树理之问的为什么。

笔者有三点体会或者说三点看法：

第一，《延安讲话》、"赵树理方向"、赵树理文学三者之间的同、异、通及其张力是形成赵树理现象的内在原因。

由于抗日战争的残酷，也由于毛泽东的慎重，《延安讲话》在《解放日报》公开发表的时间是1943年10月19日，那天也是鲁迅逝世7周年纪念日。赵树理在创作《小二黑结婚》和《李有才板话》时并没有听到《延安讲话》,这是历史的真实,赵树理曾多次说过。因此把问题简单化为赵树理是学习了《延安讲话》之后创作出《小二黑结婚》和《李有才板话》的,显然是不准确的,但由此而否定同《延安讲话》的关联也是错误的。

可以肯定地说,赵树理在认真学习了毛泽东的《新民主主义论》后,对大众化文学的认识和对鲁迅的认识两个方面都实现了提升。1941年10月,纪念鲁迅逝世5周年,赵树理在《抗战生活》上发表文章《多看看》纪念鲁迅:"根据地已是新民主主义社会了,可是我们在文艺作品中反映得还有限。假如鲁迅先生健在,他看到这样的新社会,说不定已有一部比《阿Q》更伟大的作品出世了。然而他老人家已经离开我们五年了,为了使我们能够有新的杰作出现,大家自然该喊一句'在创造上学习鲁迅先生'的口号。"这更是赵树理对自己提出的要求。

赵树理从事宣传文化工作的太行抗日根据地,正是按照党中央和毛泽东的要求,在动员组织民众反抗日本侵略者的同时,开始了新民主主义文化建设的探索和实践。先后担任北方局书记的彭德怀和邓小平都大声疾呼:要在根据地提倡、坚持、发展民主的、大众的、科学的新民主主义文化。1942年1月16日,邓小平在太行文化界座谈会上讲话,要求"每个文化工作者要做农村社会调查"。1942年5月,延安文艺座谈会召开之时,正是太行抗日根据地最危难之时,八路军总部被袭,左权、何云、北方局调查研究室全体同志牺牲,赵树理也差点遇难。所以1942年冬,赵树理被调入北方局党校调查研究室。他正是在下乡调查研究,发现岳冬至案件的基础上创作出了《小二黑结婚》,所以彭德怀题词:"像这种从群众调查研究中写出来的通俗故事还不多见。"

现在越来越多的人认识到:《延安讲话》和《小二黑结婚》《李有才板话》是毛泽东和赵树理对于抗战时期革命文艺如何服务于抗日救亡、服务于抗日战争的主力军——工农兵群众这一大局的不谋而合,是理论和实践的统一,是历史与逻辑的统一。

正如王瑶先生1984年在第一次赵树理学术研讨会上发言所指出的:"我觉得他是学习了《延安讲话》以后才创作还是先创作再学习《延安讲话》这个问题不重要,重要的是产生这样作品的历史条件,包括毛主席《延安讲话》的发表,它都有一定的历史条件。就是说,在那个时代,即40年代,中国的历史条件已经具备了,可以产生毛主席的讲话。赵树理也是生活在这个条件下。正是从这点出发,我们说,赵树理同志在现代文学的发展上是有功绩和地位的。"

2011年6月1日,中国作协主席铁凝在《人民日报》发表文章《追寻红色岁月足迹,坚持中国特色社会主义文学道路》。文章说:"1942年之后,在毛泽东同志《在延安文艺座谈会上的讲话》精神的指引下,广大作家与文学工作者自觉地将文学事业与时代人民结合在一起,解放区的一大批作家更是积极投入火热的生活中去,形成了一支作风过硬、创作力极强的队伍,赵树理、丁玲、贺敬之、柳青、周立波等创作出大量优秀的,为人民喜闻乐见的文学作品。"

真正需要引起重视的是,"赵树理方向"是在什么样的历史背景或者说什么样的历史条件下提出来的。赵树理的成名作发表的时间是1943年后半年,中国还处在抗日战争相持阶段。赵树理的作品反响很大,但主要是在太行、太岳抗日根据地,后来也影响到了晋察冀、晋绥和山东抗日根据地。在重庆和上海也有杂志刊载,但影响有限。延安《解放日报》也未做过宣传和报道。《解放日报》发表的第一篇赵树理的小说《地板》是1946年6月9日。半个月后,开始连载《李有才板话》，并配发了冯牧的评论。8月26日，发表了周扬的《论赵树理的创作》。

周扬认为："赵树理同志的作品是文学创作上的一个重要收获，是毛泽东文艺思想在创作上实践的一个胜利。"从此，赵树理与毛泽东联系在了一起，赵树理文学与《延安讲话》联系在了一起。

笔者认为，在伟大的解放战争中，用毛泽东《延安讲话》精神武装起来的宣传、文化文艺队伍，发挥了重要的作用。他们用文艺作品热情讴歌"解放区的天是明朗的天"，有力地争取了国统区的民心，对共产党认同和向往。这支队伍中，以周扬为代表的组织者和以赵树理为代表的文艺家，走在了时代的前列。

1946年，周扬出任晋察冀中央局宣传部部长，他深知自己的历史使命，也深知典型的重要。作为马克思文艺理论家，周扬把目光盯在了赵树理身上。赵树理的两个条件是别的作家不具备的：一是解放区成长、共产党培养起来的作家，二是已创作出了在解放区影响很大的作品。周扬做了一定的准备，在认真阅读了赵树理的作品，让赵树理简述自己的创作历史，征求杨献珍的意见，听取郭沫若、茅盾等人对赵树理作品的评价之后，写出了《论赵树理的创作》，在《解放日报》发表。这距离《小二黑结婚》《李有才板话》发表已快3年了。

周扬并不满足于仅仅在解放区宣传赵树理，他要到国统区去宣传。1946年7月，周扬将刚编印好的赵树理的小说集带到上海，推荐给郭沫若、茅盾、邵荃麟、朱自清后，他们都写了评论文章，肯定了赵树理的创作。赵树理的影响开始遍及以上海、重庆、香港为中心的整个国统区。

1947年7月25日，晋冀鲁豫边区文联召开文艺座谈会，赵树理详细介绍了自己的创作过程和方法。在讨论中，大家实事求是地研究作品,参考郭沫若、茅盾、周扬等人对赵树理作品的评论,最后达成共识,认为赵树理的创作精神及其成果,实应为边区文艺工作者实践毛泽东文艺思想的具体方向。

1947年8月10日,《人民日报》(晋冀鲁豫版)发表了陈荒煤的文章《向赵树理方向迈进》。从此,赵树理成为共产党树立的"方向性"作家,赵树理成为一面旗帜。请注意,"赵树理方向"是边区文艺工作者实践毛泽东文艺思想的具体方向;此时的《人民日报》是晋冀鲁豫中央分局的机关报,而并非后来的党中央机关报。

所以,历史和时代给了赵树理文学崛起的机遇。《延安讲话》和解放战争这两个重要的历史条件,奠定了赵树理文学在中国文学史上的特殊地位,两个条件缺一不可。解放战争这个条件非常重要,没有这个历史条件,"赵树理方向"就不可能提出来。正如孙犁所言,"这一作家的陡然兴起","是应大时代的需要产生的。是应运而生,时势造英雄"。

随着解放战争的胜利,中华人民共和国成立,中国社会主义革命和建设开始,《延安讲话》、"赵树理方向"、赵树理文学三者之间的关系开始变得复杂起来。社会主义生产资料所有制改造完成后,仍把阶级斗争作为主要矛盾,"左"的思潮愈演愈烈,在新民主主义革命时期完全正确的赵树理文学在社会主义时期有时忽然不正确了,甚至错误了。

在庆祝新中国成立的欢呼声中,共产党成了执政党,解放区的方向自然代表了新中国的方向,《延安讲话》自然是新中国文艺前进的方向,代表着解放区文艺方向的"赵树理方向"自然成了新中国文艺方向的重要指向。在不经意间,"赵树理方向"被提升了。人们并没有想到,"赵树理方向"的提升为随后否定赵树理文学留下了空间。

作为战略家的毛泽东，心中始终谋划着新民主主义革命胜利之后如何进行社会主义革命。紧跟共产党和毛泽东的文艺理论家和评论家，更加自觉地运用马克思主义文艺理论来阐释《延安讲话》，进而用《延安讲话》精神来规范"赵树理方向"，用"赵树理方向"来评价和要求赵树理创作。这在新中国成立前夕就开始了。

解放战争完全彻底胜利之快，出乎所有人的预料。其中一个重要原因，是共产党坚决地推进土地改革，亿万贫苦农民有了自己的土地，翻身当了主人，听毛主席话，跟共产党走，形成了巨大的推动历史前进的动力。代表帝国主义、封建主义、官僚资产阶级利益而根本不管农民死活的国民党政权很快土崩瓦解。土地改革成了作家反映时代进步的最好题材。紧跟形势的赵树理自不落后，于1948年10月发表了《邪不压正》。《人民日报》先后发表了6篇评论和1篇编者的文章《展开论争　推动文艺运动》。同以往一致赞同的声音不同，这一次，肯定和否定的声音都很强烈。赵树理对否定的看法置之不理，因为他随即看到了毛泽东的《目前的形势和任务》，认为他的创作是符合毛泽东的要求的。30年后，人们才发现，赵树理是正确的。进入21世纪，罗岗、倪文尖等对《邪不压正》进行了多方位的阐释。

继而是《金锁》风波。赵树理在自己担任主编的《说说唱唱》上发表了孟淑池的小说《金锁》，受到批评和指责后，赵树理先后做出两次检查。

谢泳认为，1949年后，当赵树理的文学创作活动越来越多地与主流意识形态冲突的时候，他的悲剧命运也就不可避免了。谢泳称之为百年中国文学中的"赵树理悲剧"。

1978年赵树理平反后，赵树理研究全面展开不久，却再次出现了否定赵树理的现象。一些人紧紧抓住赵树理的两句话"老百姓喜欢看,政治上起作用"不放,把赵树理作为文艺必须服从于政治的典型代表,这是对赵树理的曲解。赵树理开始讲的政治,是抗日战争和解放战争,这样的政治有错吗?当我们的政策出了偏差,政治出了错误倾向,赵树理不是跟风,而是坚决反对。

第二,西方文学、苏俄文学、中国现当代文学的同、异、通及其张力是形成赵树理现象的外部条件。

五四运动对中国社会变革的影响既是深远的,也是多方面的,非常重要的就是催生了中国的新文化,催生了五四新文学。新文学是全面向西方学习,向资产阶级文化学习的成果。苏联十月革命后,马克思主义传入中国,向西欧文学学习而自成高峰的苏俄文学同样成了中国文学学习的榜样。以鲁迅、郭沫若、茅盾、巴金、老舍、曹禺为代表的中国现代文学大师的文学之路就充分说明了这一点。与此同时,中国现代文学的优秀作品也已开始融入世界文学并产生了影响。中华人民共和国的成立则为中国当代文学的对外传播创造了重要的条件,使其迅速走向世界。

社会主义在中国的胜利,极大地提升了社会主义在全世界的影响力,改变了社会主义和资本主义两大阵营的力量对比。文学交流、文学影响成为中苏互相支持的重要内容。赵树理作品首先在苏联和东欧社会主义国家迅速传播。

在日本,赵树理文学同样得到了迅速传播。其中重要的原因,就是日本人民非常渴望通过社会主义在中国的胜利,反思日本军国主义的失败,寻求战后日本的出路。

毋庸讳言,由于近代中国的落后,中国没有经过漫长的西方文艺复兴,中国现代文学就其总体而言,特别是就其现代性而言是落后于西方和苏俄的。落后必须向先进学习,这是不可逾越的历史阶段,但是不能走极端,不能言必称希腊。完全以西方的文艺理论和文学标准来衡量、评价中国的20世纪文学,就会戴上有色眼镜,看花了眼,走入死胡同。

有的学者一方面高度肯定赵树理文学,另一方面始终不承认赵树理是一流文学家,就是按照西方的文艺理论评价赵树理的。有些人的理由很充分:赵树理的文学作品土得掉渣。通俗故事能算作文学作品吗?中华人民共和国成立后,赵树理的作品迅速走向世界,先后在40多个国家和地区出版,对此我们该如何理解和解释呢?

西方文艺研究中19世纪末兴起的比较文学方法或许对解决这一认识是有益的。20世纪八九十年代,这种方法也被引入国内。我们借鉴比较文学的方法,不局限于中国文学与外国文学的比较,也运用于国内不同类型文学的比较。黄修己较早把比较文学的方法运用于赵树理文学同国内外经典作家关于农民、农村的文艺作品进行比较,他特别指出,"文学是人学"和人道主义是相通的。黄修己文章中涉及的作品,如巴尔扎克的《农民》、雷蒙特的《农夫们》(1924年获诺贝尔文学奖)、涅克拉索夫的《严寒·通红的鼻子》、契诃夫的《农民》。特别是俄罗斯文学中喊出了"庄稼人是人"的呼声。施战军认为,西方最杰出的乡村小说家是与彭托皮丹、哈姆生两位作家同时代但没有获得诺贝尔文学奖的哈代。

这应该是深化赵树理研究的一个重大课题。事实上,日本学者对赵树理的研究不仅人数多,而且视野广阔。如竹内好在《新颖的赵树理文学》中认为:"在赵树理的文学中,既包含了现代文学,同时又超越了现代文学,至少是有这种可能性。这也就是赵树理的新颖性。"又如釜屋修先生,毕生致力于中国现代文学研究,重点是赵树理研究,著有《赵树理评传》。釜屋修认为:"我们学习和研究赵树理,就是要分析和探讨赵树理的创作道路、创作手法，从中受到启迪，从而寻求一条日本农民文学创作的正确道路，用以拯救行将消亡的日本农民文学，拯救被破坏得支离破碎的珍贵的日本传统的文学艺术遗产。"釜屋修的学生加藤山由纪，继老师之后担任日本中国当代文学研究会会长，一直坚持赵树理研究，并通过赵树理研究沟通中日文化交流。

第三，中国当代文学时代性、丰富性、不确定性三者之间的同、异、通及其张力为赵树理现象提供了生存和研究空间。

在肯定和否定声中赵树理文学并没有消失，因为赵树理文学是中国现当代文学研究和文学史研究怎么也绕不过去的一块基石和标本。除了前述两个原因外，很重要的就是，在中国当代文学的生成中，赵树理文学有着顽强的生命力。

新中国成立后，迫切需要以人民文学代替工农兵文学，以社会主义文学代替新民主主义文学。谁来代替，怎么代替，用作品说话，需要经过文艺实践。十七年文学的实践、曲折、成果充分说明了这一点。这里不再展开，只举两个例子。

一是东西总布胡同之争。

1950年10月，赵树理邀请丁玲出席北京市大众文艺创作研究会成立1周年纪念会议。丁玲在讲话中肯定了赵树理组织研究会的成绩，同时批评通俗文艺"给群众带来一些不好的东西"，并且用形象的比喻说道："我们不能以量胜质，我们不能再给人民吃窝窝头了，要给他们面包吃。"窝窝头与面包的比喻，当即激怒了苗培时，他认为丁玲的讲话是荒谬的，因此被勒令检讨。

事情的背后却很复杂。

1949年党的七届二中全会后，全党确立的工作重心是从农村转移到城市,城市领导农村。丁玲犹如鱼遇到了水,决心大干一番,而赵树理犹如鱼离开了水,很不适应。

回到历史现场,应该说两种观点剑走偏锋,本属互补的关系却成了对立关系。这种非黑即白、非此即彼的对立思维和否定不同意见的思想十分有害,周扬试图调解而不见效。

二是《三里湾》《创业史》《山乡巨变》之比较。

这一点更有意义,既是赵树理、柳青、周立波文学艺术特色、风格之比较,且因70年后我们仍在比较,更具有历史意义和当下意义。

《三里湾》《创业史》《山乡巨变》三者之比较,是一个热门话题。笔者认为,2018年《文艺争鸣》第1期发表的洪子诚的文章《文学史中的柳青和赵树理(1949—1970)》分量很重,也很有代表性。这里摘录几段:

> 当代文学研究中,赵树理和柳青常被放在一起谈论。这是有道理的。他们是"十七年"写农村生活有成就的作家,他们的创作和文学道路,今天仍引发不限于文学问题的阐释和争论;这是"十七年文学"中并不多见的现象。另外,这两位作家不仅作为个体存在,还各自联结着不同的"作家群",形成有影响的理念和文学实践方式。

> 它们之间在文学—政治上的观念基本是相同的,但是也有差异,这种差异属于人民文艺内部……

> 面对社会主义现实主义这一被设定为"中国文学发展道路"的"原则",赵树理和柳青的反应显然不同。柳青凭借他更多来自19世纪西欧、俄国,以及新中国的文学素养,由衷地意识到和这一"原则"存在的差距。

未能做到更亲近社会主义，对赵树理来说，或许是不能（能力有限）。让素养、爱好、文学社会责任的理解上更接受民间戏曲、说书，不那么醉心"主题提炼"、升华的赵树理，归并入西欧、俄国现实主义文学（社会主义现实主义是它的延伸轨道），那是强人所难。但也许是不愿，他并不觉得自己的道路就是"落后"的，而且在"亲身感受"的农民"琐琐碎碎"的切身问题面前，无法做到视而不见，身轻如燕地"跳出来"。

在面对所感、所信和"应该怎样"的冲突上赵树理所选择的是直接发表自己的意见，争取决策者的重视，解决这些有关"国计民生"的问题。

关于赵树理与周立波之比较，多年来倾心研究周立波的贺绍俊写过不少文章，最有代表性的是2014年12月22日在《文艺报·经典作家之周立波》专刊上发表的《周立波在乡土文学上的特殊意义》。贺绍俊在评价周立波时，很自然地以赵树理为参照做了比较："周立波作为一名自觉投身革命的作家，也就会主动地以'赵树理方向'来要求自己的写作。他的第一部长篇小说《暴风骤雨》，反映东北农村改革，就是忠实地沿着'赵树理方向'来进行写作的。"

过去，我们不太重视的是，周立波、赵树理的成长道路完全不同。周立波是忠诚的左联战士，为了革命的需要而刻苦学习西方文学并打下了深厚的基础，他在延安鲁艺给学员讲授西方文艺课，而且翻译了不少西方文学经典。他是革命战士，自觉地按《延安文艺》方向要求自己。周立波文学应该是革命文学、西方文学、中国传统文学共同影响下的成果。

严家炎主编的《二十世纪中国文学史》则从农村题材与乡土文学的区别入手,探讨周立波小说的个人特色,认为周立波是"在赵树理和柳青之间寻找到'第三条道路'",他是"现代'乡土文学'和当代'农村题材'之间的一个作家"。这种新的研究角度拓展了研究空间。

笔者想说明的是:《三里湾》最初在《人民文学》连载是1955年的1—4期,同年5月由通俗读物出版社发行单行本。

1955年7月31日,毛泽东做《关于农业合作化的报告》。

1955年周立波回到家乡益阳生活,1957年11月出版《山乡巨变》(上),1959年《山乡巨变》(下)完成。

而《创业史》呢?

柳青1952年到长安县落户,1954年春开始写《创业史》,同年底完成第一部第一稿,1957年3月完成第一部第二稿。1959年4月《延河》杂志开始连载,1960年5月《创业史》由中国青年出版社出版。从《三里湾》到《山乡巨变》,再到《创业史》,历时5年,中国形势发生了巨大的变化,合作化运动由初级社到高级社,直至"一大二公"的人民公社。这一切不可能不影响到柳青的创作和修改,柳青的心中究竟是如何想的? 这已成为历史之谜。

北京大学教授贺桂梅多年来研究中国社会转型期的经典作家,在2015年出版的《赵树理与乡土中国的现代性》一书中,她对《三里湾》给予了高度评价:

> 《三里湾》可以说是赵树理对自己的乡村经验、文学观念具有双重自觉的产物。就乡村经验的自觉而言,这一方面是1949年赵树理进入北京,在城市环境中创作以市民为主体的大众文学遭到碰壁之后,重新回到农村题材的代表

作品,另一方面也是他自觉地介入关于农业合作化运动在当时中国是否可行的理念论争的产物。就文学观的自觉而言,这是不满于新文学文坛而立志做"文摊文学家"的赵树理,在系统阅读西方文学名著、接受和消化社会主义现实主义创作原则的基础上,对他文学观的一次自觉演示。《三里湾》创作前后,赵树理少见地发表了多篇创作谈文章,较为系统地提出了"两套文学"(知识分子与人民大众)"三份遗产"(古典的、民间的、外国的)以及"两种艺术境界""两种专家"等说法,并特别明确了以戏曲、曲艺为主要渊源的说唱文学传统的重要性。可以认为,《三里湾》是赵树理调集所有经验、知识、理论和文化储备而有意识地制作的一部文学巅峰之作,其中包含着文学书写和历史想象的双重创造性实践。

这使得这部小说即便在表现合作化运动历史的诸多当代农村题材小说序列中,也是特殊的。它并不完全吻合于当代文学的主流话语,而更多地带有赵树理对中国乡村社会现代化与社会主义化的独特理解。

赵树理与孙犁、赵树理与汪曾祺文学之比较,近年来也有了新成果。

对赵树理与孙犁之比较,赵建国专门写了一本书《赵树理孙犁比较研究》,现摘录几句:"赵树理和孙犁是中国解放区文学中巍然并峙的两座高峰,在现当代文学中也是各自独具风格,有重要地位和影响的两位作家,他们在艺术上又是色彩非常不同的两面旗帜。""都是伟大的抗日战争改变了他们的命运,使他们成为著名的解放区作家。"

"赵树理和孙犁早期都喜爱鲁迅并都受到鲁迅的影响。"1978年11月11日孙犁写的《谈赵树理》应该是新时期纪念赵树理、研究赵树理很有分量,很有影响的文章。其中的几段,应该成为研究赵树理甚至研究中国现当代文学的经典:"他的小说,突破了前此一直很难解决的,文学大众化的难关。""这一作家的陡然兴起,是应大时代的需要产生的,是应运而生,时势造英雄。""经济、政治、文艺自古以来,就形成了一种非常固定、非常自然的关系。任何改动其位置或变乱其关系的企图,对文艺的自然生成,都是一种灾难。"可惜我们对这些话重视得不够。笔者一直有个想法,如果把赵树理笔下的农村妇女、孙犁笔下的女性和丁玲笔下的莎菲、梦珂联系起来放在一起研究,是不是一部中国妇女解放史呢?

进入21世纪,一些学者把赵树理与汪曾祺联系起来研究,有重要的文学史意义。孙郁的文章,提示了汪曾祺对鲁迅、老舍、赵树理既传承又创新的文学史意义。赵勇则选择了《口头文化与书面文化:从对立到融合——由赵树理、汪曾祺的语言观看现代文学语言的建构》,抓住了赵、汪比较之核心。刘旭则认为:"汪曾祺小说从革命时代的'大众化'话语中汲取民间向度,从古典小品文中汲取自由式文人意识,可以说是赵树理与沈从文的糅合,从而促成了中国文学语言的革命性变化,构成与西方文学截然不同的语言模式。"汪曾祺对赵树理文学评价最重要的一句话,似乎没有引起我们足够的重视:"赵树理最可贵处,是他脱出了所有人给他规范的赵树理模式,而自得其乐地活出一份好情趣。"

让我们回到五四新文学,回到鲁迅,回到鲁迅研究。丁玲受鲁迅影响,许多学者都做过研究。周立波作为左联老战士,也受鲁迅影响。赵树理呢?

长期以来，一个细节误导了大家关于鲁迅与赵树理关系的研究。赵树理曾带着鲁迅的《阿Q正传》回到农村念给老百姓听，他父亲就很不喜欢，由此激发了赵树理下定走文学大众化、通俗化之路的决心。这就造成了一个误解，似乎赵树理走的是和鲁迅不同的道路。在纪念鲁迅诞辰100周年之际，董大中写了一篇文章《赵树理与鲁迅》，明确指出："赵树理在文学上所取得的成就，同鲁迅对他多方面的影响有直接的关系。""赵树理继承和发扬了鲁迅的这种批判精神和现实主义传统。"赵树理受了鲁迅文学研究"为人生"的主张。同时期，陈继会的《新文学史上农村题材的两位开拓者：略论赵树理与鲁迅》、庄汉新的《鲁迅+赵树理=当代农民文学的新方向》等文章都有一定的代表性。近年来，许多学者的研究又重新关注了这一课题，如钱理群、成葆德、傅书华、刘旭等人的文章，这就涉及了中国现代文学史的一个重大课题：研究赵树理，不研究赵树理与鲁迅的关系，是不完整的；同样，研究鲁迅的传承，不延伸到赵树理也是不完整的，是不符合中国现代文学发展脉络的。弄清赵树理与鲁迅的关系，是打通中国现代文学史研究的节点之一。

钱理群在《岁月沧桑：1949—1976知识分子精神史》中详细剖析了赵树理的三重身份及新中国成立后的处境、心境、命运，不仅肯定了赵树理的知识分子身份，而且肯定了赵树理与鲁迅之间的精神联系，认为赵树理的出现，正是鲁迅的期待。"他正是'为大众设想的作家'，他的'浅显易解的作品确实使大家能懂、爱看'；他正是在新的'政治之力'创造的新社会里，终于出现的真正成为'大众中的一个人'的新型作家"。钱理群认为："赵树理是一位探索中国农民问题，以此出发，思考中国社会主义问题，而且有自己的独立发现和理解，且能坚持的思想者，用为农民写作、从事农村实际工作两种方式参与农村变革的实践者。"

孙郁对赵树理深受鲁迅影响认识深刻:"赵树理的文章表面很土,其实有读书人少有的见识,识人之深可与鲁迅相比。""他读人很深,写各类人物都有特点,像传统说书里的人物,呼之欲出。可是这些人物与故事又没有旧文艺的老气与奴性,是解放了的文字,直面变革中的社会,不妨说有一种对百姓尊严的关照。这一点又是五四的遗绪,放大了鲁迅精神。"

在研究赵树理、重读赵树理、走近赵树理的过程中,笔者忽然想到,如果我们以《李家庄的变迁》为起点,延伸至《三里湾》,而将《小二黑结婚》《李有才板话》《孟祥英翻身》《福贵》《催粮差》《邪不压正》《登记》放在其中,我们必然会加深对赵树理文学的理解,加深对赵树理的认识。

今天,我们已经进入了中国特色社会主义新时代。伟大的时代需要激动人心的文学艺术。按照习近平总书记坚持以人民为中心的创作导向,坚持文化自信,坚持文化自觉,我们一定能够创作出新时代的经典作品来。

(本文原载《中国赵树理研究》2019年第3、4期,作者时任中国赵树理研究会会长)

实事求是的楷模赵树理

杨占平

中国共产党成立100年,从小到大,从弱到强,带领全国人民赶走日本侵略者,打败国民党,建立起了新中国,摆脱了人剥削人的不合理社会制度,让人民群众一步一步站起来、强起来。100年的经验有许许多多,笔者认为其中有一条是非常重要的,那就是我们党一直坚持实事求是的方针,靠着实事求是,党为广大人民群众办事,赢得了群众的赞赏。由此,笔者想到赵树理作为人民大众的代言人,作为党的方针政策在文艺领域的体现者,也是实事求是的最忠实执行者。

一

20世纪30年代,全面抗日战争爆发后,赵树理义无反顾地加入中国共产党领导的抗战队伍行列,他激情澎湃,工作积极,认真负责,深入太行山区,走村串户,发动群众。后来,上级领导根据赵树理的特长,调他去做报纸副刊编辑,先后编过《黄河日报》(路东版)副刊《山地》、《人民报》副刊《大家干》、《新华日报》(华北版)副刊《中国人》报。他非常投入地编这些副刊,形式以快板、鼓词、民谣、小故事为主,把读者对象定位于广大普通群众,走通俗化、大众化道路。这也是他后来多年坚持写作通俗化、大众化作品的起因之一。

文人相轻,古来有之。大城市有,抗战时期革命根据地也免不了。那些从大城市到了根据地工作却立志追求高雅文艺的文人,不知出于哪种心理,总是跟赵树理的通俗文艺过不去,他们认为,赵树理缺少深厚的文学修养,写不出高雅作品来,只能写些低层次读物;靠他的作品,文艺创作就完了。听到这些说法,赵树理不置可否。他心里明白,那些所谓高雅的东西我也不是没写过,水平不比现在的差。只是那种作品的读者范围太小,在抗日根据地根本没有市场;如果在根据地强调文艺作品必须高雅,其实是不实事求是的。

1942年1月,赵树理所在的晋冀鲁豫根据地,党和军队的领导部门召开了400多人参加的文化人座谈会。这是抗战以来这个地区规模最大的一次专门讨论文化问题的会议,人们称为"文化战士大聚会",好几位党和军队的重要领导人出席了会议。开幕式之后是分组讨论。文艺创作组对一些问题的争论非常激烈,身穿家做棉袄、打着裹腿、戴一顶旧毡帽的赵树理,听着听着,感觉有必要表达一下自己的看法,在乱哄哄的气氛中他站了起来,大声说:"我来讲几句。"他不慌不忙地从怀里掏出一本黄连纸封面的小册子来,说:"我先给大家介绍一本'真正的华北文化'《太阳经》。"他朝大家晃了晃,接着翻开书本高声念起来:"观音老母坐莲台,一朵祥云降下来,杨柳枝儿洒甘露,搭救世人免祸灾……"会场上的人们哄堂大笑,有人叫道:"这不是封建迷信吗? 你念它是什么意思?""这也是你的通俗文艺作品?"

赵树理扫了会场一眼,又拿出几本来让大家看:"这一本叫《老母家书》,这一本叫《麻衣神相》,还有《洞房归山》。我的意思是,我们今后的文艺创作,形式上应当向这些书学习,因为老百姓对它们是熟悉的。关键是我们要有新鲜的进步的内容,这种形式最适合工农的要求。我建议,我们应当成立一个'通俗文艺社',更多地写一些给老百姓看的东西。"说到这里,他把那几本书举起来,提高声调说:"这种小册子数量很多,像敌人的'挺身队'一样沿着太行山爬上来,毒害着我们的人民,我们应当起而应战,打垮它,消灭它,夺取它的阵地!"

赵树理实事求是的发言引起了大家的激烈争论,有赞成的,也有不同意见。他再次站起来阐述自己的看法:"我搞通俗文艺,还没想过伟大不伟大,我只是想用群众语言,写出群众生活,让老百姓看得懂,喜欢看,受到教育。因为,群众再落后,总是大多数;离开大多数就没有抗战的胜利,文艺也就没有对象了。"

赵树理实事求是的通俗化、大众化观点,还是不被一些从大城市来的文化人认同,说他是庸俗化,但是赵树理没有放弃自己的主张,仍然坚持走这条路。他与王春、林火发起成立了通俗化研究会,就文艺通俗化、大众化的一系列问题进行理论探讨。同时,他也在创作中实践通俗化、大众化。1943年5月,他完成了著名的短篇小说《小二黑结婚》。这是确立赵树理在中国文坛上重要地位的作品之一,也是中国解放区文艺创作的代表作之一。

二

《小二黑结婚》引起的强烈反响,带给赵树理许多荣誉,但他并没有满足,接下来又创作出了《李有才板话》《孟祥英翻身》《李家庄的变迁》《催粮差》《福贵》等小说,他凭自己的实绩,在中国文坛打出了一片天地,声誉与日俱增。美国记者贝尔登去晋冀鲁豫边区采访时,明显感觉到赵树理是根据地除了毛泽东、朱德之外名气最大的人物。于是,他提出要访问赵树理,有关方面满足了他的要求。

贝尔登跟赵树理见面是在1947年春节前夕。那天,大雪纷飞,赵树理忘了换一身干部服，还是像平时一样穿着棉袄、戴着毡帽，像个私塾先生，让贝尔登颇感意外。好在他并不在乎这些，热情地与赵树理攀谈，气氛很快就融洽了。赵树理用了差不多两天的时间给贝尔登讲述了自己40多年的人生旅程、从事文学创作的前前后后，以及对文艺通俗化、大众化的看法。

贝尔登没想到赵树理的经历那么坎坷，做人那么诚实，那么实事求是，因此大受感动，到后来竟像老朋友一样交谈起来。他问赵树理：“你的作品印过很多版，发行量非常大，稿费收入一定可观吧？如果在美国，你会成为富翁的。可我看你的衣服像贫穷农民，面色营养不良，估计生活并不怎么好。你能谈谈这个情况吗？”

赵树理如实回答：“我的书出过多少版，我也不知道，反正哪儿也出。至于版税、稿费，我没有得过，也不去讨要。我是不谈稿费的。”

贝尔登很吃惊地问：“用你们共产党的观点对照，这不是剥削你了吗？”

赵树理说：“这不算剥削，因为我的工作岗位就是用笔写作。谈到我的生活，比以前要好多了。除了写作，我还做编辑，大家共同劳动，分享果实。出版社每天发给我一斤半小米、半斤菜，还给我一些医药费，因为我身体不好。我每年领一套棉服、领一套单衣。抗战前，我只有一条薄被子、几件单衣，所以我总是受冻。过去我从没有烤过火，现在我有炭烧。出版社还供我女儿上学。我老婆能种菜，每个星期还能做一双鞋。她用500块钱买做鞋的材料，做成鞋可卖得2000块钱。我现在简直没有什么负担，可以更自由地从事写作。”

听了赵树理的这一席话，贝尔登似懂非懂。这样的作家大概是他走了大半个世界，见到的最特殊的一个。看来，美国人想研究明白中国人实在不是件容易的事情。

三

中华人民共和国成立时,赵树理进了北京。古都北京文化氛围浓厚,各路人才聚集,让赵树理这个从太行山里来的农民大作家,既感到新奇,又有些不适应。他特意穿上了一身干部服,摘掉多年爱戴的毡帽,可是他说话浓重的晋东南口音,他待人处事的实诚方式,无法脱去乡村味。北京都市人的生活方式、机关单位程式化的作风、文人圈的清谈阔论,让他常常产生困惑,而他的工作环境更是与太行山迥然不同。到了1952年,他便离京回山西深入生活,先后写出《三里湾》《"锻炼锻炼"》等名作。

赵树理有了固定的收入,工资待遇都不低,买了房子,接来了家属。按说,他完全有条件过舒适的日子,况且他从20年代起已经颠簸了几十年,也应当享受城市相对安逸的生活了,可他骨子里流着的农民血液,让他无法与城市融合。他关注的仍然是农村的状态和农民的生活。从1949年进京,到1965年举家迁回山西,16年的时间里,他有一多半是在晋东南农村生活的。他跟农民们吃住在一起,如鱼得水般愉快。他把自己当作农民中的一员,操心庄稼收成好坏,研究农业政策的实施,帮助农民开展文化娱乐活动。他选择这种方式,一方面,是为了体验生活,获取创作素材;另一方面,是要同农民一道,寻找过好日子的途径,让农民能够尽快从千百年的贫穷落后中摆脱出来。因而,他总是心甘情愿地充当农民的代言人,时时处处维护农民的利益。看到农民生活有起色,他就特别欣慰;发现农村政策有失误,农民利益受到损害,他就忧心忡忡;在生命的最后时刻,他惦记着的仍然是农民过着艰苦日子。可以说,在中国现当代作家中,没有几位像赵树理这样与农民的利益息息相关,这样期盼农民过上好日子的。

特别是在"大跃进"年头,浮夸虚假风气甚嚣尘上,农民利益受到严重损害。多数作家尝过了挨批受整的苦涩,对此现状采取观望态度,唯有赵树理敢于站出来,实事求是地为农民的利益说话。

1958年底,赵树理到故乡山西阳城县挂职担任县委书记处书记。过了一段时间,赵树理对"大跃进"的一些做法和数字、口号产生了怀疑,觉得有些虚夸,于是他决定尽快到乡下亲眼看看实际情况。他先去了自己的老家尉迟村,看到的是大办集体食堂,全村人吃一锅饭的景象。几天的调查了解和亲身体验,赵树理明显感觉到这集体食堂实在不是长远之计,肯定会带来无穷后患。随后,他又去了附近一个土高炉炼钢铁的先进村。村干部陪他去看一个工地,场面真是够热闹的:地上放着一大堆从各家各户收来的铁锅、铁盒、铁茶壶、钉子、火炉子之类,是准备炼铁的原料;一座用砖和土坯砌起来的土高炉内,炉火正熊熊燃烧。赵树理走到原料堆旁,弯腰翻捡了几下,问村干部:"这都是原料?"村干部得意地回答:"对,就是用它们炼铁呢!"赵树理心疼地说:"这里头还有好好的犁铧、錾子、铁锅、火炉嘛,以后用起来咋办?"村干部回答道:"快进入共产主义社会啦,这些锅、火炉都是一家一户的,吃食堂不用它们;犁铧更没用了,以后都是机械化种地!"赵树理有些哭笑不得,说:"这还不知道是啥时候才能实现的事呢!"正说着,土高炉要出铁了。只见几个人忙乎了一阵,打开出铁口,一股铁水流泄出来。过了一会儿,温度逐渐降低,铁水凝固成一块一块的灰东西。等完全冷却,赵树理过去拿起一块来,反复看了看,对村干部说:"这就算炼成铁了?"村干部说:"是啊!是啊!"赵树理接着问:"这东西能做啥用?"村干部自豪地回答:"上边说过,用处大着呢:造火车、造飞机、造大机器,还要造人造卫星呢!"赵树理大声说:"这纯粹是一堆废物,啥也不能做!"他的心越抽越紧,想着这就是"大跃进"? 完全是劳民伤财!

离开土高炉炼铁工地,赵树理又走了几个公社和大队,情况与这里相比有过之而无不及。不少公社和大队干部专心在数字报表上做文章,可以比实际数字提高几倍甚至几十倍。这种把戏却糊弄不了赵树理,他对一亩地能产多少粮食了如指掌,只能痛心地说:"人哄地皮,地哄肚皮,你虚报产量,到头来吃什么?"

这些全民大炼钢铁的荒唐和把好多亩地的粮食运到一亩地放"卫星"的虚假,让赵树理的心情无比沉重,感觉浮夸风已经走到了极端地步,如果不紧急刹车,后患无穷,农业生产必定会严重受挫,苦果只能让农民吞咽。赵树理在乡下转了一圈,回到县城已是春节前夕,而"跃进"气氛更浓了。他在参加县委会时,直截了当地谈了自己的见闻,谈了自己的认识和理解,然而参加会议的一些激进分子认为他是跟中央号召唱反调,否定"大跃进"的成果,只是碍于他是大作家又挂着书记处书记职务不便直接反驳。一些比较知情的人,倒是同意他的看法,可又怕被扣上右倾的帽子,不敢表示支持。春节前夕,阳城县委召开三级干部会议,制订出1959年一个个不合实际的生产指标。赵树理再也坐不住了,在大会上几次打断正在做报告的一位副书记的话,对生产指标提出质疑,不赞成虚假做法。那位副书记根本不接受他的意见,并指责他是"老右倾、绊脚石"。尽管他力陈己见,却改变不了会议主题,县委也由此对他采取了敬而远之的态度。

对此,赵树理忧心忡忡,整天想着农村那一幕幕浮夸情景,担心农业生产会恶化。在参加各种会议时,在跟朋友交谈中,他总讲自己在乡下见到的浮夸现象,讲基层干部头脑发热乱指挥生产的现状。

有朋友劝他："老赵,你说的这些情况跟新闻宣传的调子可是相反的。还是少说些吧,省得惹出麻烦来。"他却不以为然,说:"我是担心农业生产垮掉,到时受苦的是老百姓。"他认准的事不回头,不光嘴上讲,并且凭着一位作家正直的良知和不计较个人得失的心胸,开始给中国作协领导写信反映情况。特别是经过反复思考写出了1万多字的长文《公社应该如何领导农业生产之我见》,站在农民利益的立场上,发表了对农村工作的看法,主要观点与刚刚在庐山会议期间批判的彭德怀的"万言书"基本相似。有点"不识时务"的赵树理,明知这是一篇"不合时宜"的文章,还要寄给当时《红旗》杂志的负责人陈伯达。正如他在附信中所说:"在写这文章时候,因为要避免批评领导的口气,曾换过四五次写法,最后这一次虽然把这种口气去掉了,可以要说的话也有好多说不进去了。即使如此,这文章仍与现行的领导方法是抵触的,我估计不便发表,请你看看给我提出些指正——说不定是思想上有了毛病。不过即使是那样,我也应该说出来。"他之所以这样做,是期望能引起决策层的注意,尽快改变农村工作方针。

遗憾的是,赵树理的良苦用心无人理解,带来的却是一系列无情打击。《红旗》杂志的一位编辑马上把文章作为反面材料,转给中国作协党组,很快展开了对赵树理的批判,锋芒颇为激烈。一些名气很大的作家上纲上线指责赵树理,说他与彭德怀一唱一和。赵树理面对压力,并没有改变自己的看法,只是以沉默对抗。在当时特殊的政治时期,那些作家站出来批判赵树理,虽然是形势所迫,但也不能说不包含他们的政治需要。为什么都是作家,赵树理就敢于实事求是地表达自己的意见,敢于做农民的代言人,而他们不光不敢说实话,还要批判说实话者呢? 所谓作家的人格由此可见一斑。

四

　　几十年过去了,赵树理逝世也已经50多年了,当今新时代,人们的现代化生活完全替代了以往贫穷落后的日子,城市化在快速推进,但是不能否认,农业生产仍然是国民经济的重要方面。眼下在农村实施的政策是土地承包到户,如何耕种和种植哪种作物,完全由农民根据市场需求而定。各级政府都鼓励农民兴办工业、养殖业和进城做工,只要是靠劳动获得的收入,都是提倡的,目的就是一个:让农民尽快富裕,尽快脱贫。这样的政策,充分调动起了农民的积极性。近些年来,一些沿海地区农民和大城市郊区农民,已经步入小康,生活质量与城市居民不相上下。这样的现状,正是赵树理所希望出现的。从中华人民共和国成立到实行市场经济的几十年里,农村政策反反复复,政治运动一场接一场,却总是没有找到一条真正让农民从根本上脱贫致富的道路。赵树理也是几十年苦苦寻求,歌颂过农业合作化,抵制过"大跃进",结果总是不尽如人意。他生前看到的农村变化实在是不大,而大多数农民的生活仍然是贫穷落后。他终于没有能看到农民的生活得以改变,带着深深的遗憾离开了人世。市场经济让广大农民摆脱了贫困,生活有了很明显的进步,这是对赵树理遗愿的一种满足。

　　对于赵树理生前的那些实事求是的行为,在时下一些青年作家看来,他活得实在是沉重,没有一点潇洒风度。你一个作家只管写你的小说就够了,当什么农民的代言人,管什么农业生产该如何领导,而且还要写成文章,往人家枪口上撞,累不累呀!的确,赵树理时刻想着农村,想着农民,想着农民的利益。按常理,这些事情应当由各级政府官员去想、去做,不是他一个作家必须想的,他却想得那么投入、那么执着,并且要奔走呼号。可以说,这就是赵树理的性格特征。正是这种实事求是的性格铸就了赵树理崇高的人格,也是他能够写出一部又一部脍炙人口的小说、创造出一个又一个让人难忘的形象、在中国现当代文学史上获得重要地位的重要原因。

2021年6月

(作者系山西作协党组原副书记、副主席,现为中国赵树理研究会会长)

赵树理研究的四个发展空间

傅书华

近些年来,因为各种机遇与原因,赵树理研究在学界开始持续升温:其一,或以史料为据,还原历史语境,试图赋予赵树理以新的历史风貌;或从今天的现实高度,重新认识赵树理在历史节点上的文学史意义,这些似乎都更侧重于对赵树理研究的史学意义。其二,或在区域文化、革命叙事、民族特色、文学接受等赵树理研究中的传统主题范畴予以新的深化与细化,这些似乎更侧重于在文学创作理论范畴研究赵树理并因此试图提供对今天文学创作的借鉴作用。在笔者看来,今后的赵树理研究,有四个发展空间是值得我们予以关注的。

第一个发展空间,是政治文化。赵树理的文学创作是为政治服务的,这是学界多年来对赵树理文学创作意义的一个基本判断。赵树理自己也说,他的小说创作,第一个是老百姓喜欢看,第二个是政治上起作用。围绕着这一判断及赵树理本人对此的主观表达,学界或在延安文学时期及共和国十七年文学时期给予高度认可,或在20世纪80年代中期重写文学史浪潮中予以基本否定。伴随着20世纪90年代中国市场经济大潮汹涌下文学的边缘化,伴随着文学与政治关系在特定历史语境中及学理辨析中的纠缠不清,赵树理文学创作与政治的关系也就伴随着文学与政治关系这一命题的悬置而渐渐淡出了研究的视野。那么,为什么在今天还要重新提出赵树理文学创作在政治上的积极意义呢?

笔者觉得,第一个,我们对赵树理文学创作与政治关系的认识,受当时文学研究水准及赵树理本人的主观表达,一直局囿在具体的政治方针及策略的层面,如赵树理所说,写《地板》是为了配合当时帮助农民厘清土地与劳动关系的认识,写《登记》是为了配合新婚姻法的贯彻执行等。如果我们把其放在一个大的政治历史层面上,则不然。第二个,能够从揭示人的生存与精神生态的层面,实际地应对一个时代主要的价值危机,以此介入社会现实并影响社会现实发展,是现象级经典作家所应具备的核心属性。

首先,我们要把对赵树理的研究,放在一个大的政治历史层面上。今天的中国,大致经历了三个大的历史发展阶段:一个是超稳定社会结构的几千年老中国;一个是从南边进入的以英美为主体的资本经济模式,即民国时代;一个是从北边进入又试图被中国化的苏俄模式及其变革,即20世纪90年代之前的根据地形态及共和国形态。现在,当这三个历史阶段依次过去,中国开启一个新的百年征程的时候,当中西方历时性演化的各种形态在今日中国以平面性的共时性形态呈现之时,对既有历史经验价值资源的审视与借鉴,就成为应对今日发展之必需甚至是急需。赵树理的文学创作,以其时在国人中占主体的农民及农民文化作为自己叙写的主要载体,而在农民及农民文化身上,既沉积着几千年老中国的基因,又体现着这一基因与资本经济形态、社会主义经济形态的冲突。赵树理的文学创作,在老中国形态虽衰败但仍根深蒂固及资本经济形态的弊端或局限在中国日显之时,通过对新型的根据地生活的书写,对前述的这些衰败、弊端或局限构成了批判与对抗。如他的小说以农民物质上的翻身与精神上的觉醒、以新型的人与人的关系等,既批判农民身上的老中国形态,也以此对抗其时资本经济形态区域中对农民的盘剥与漠视,也以正在形成或生长的新型农民的精神形态美学趣味来对抗资本经济形态孕育出的精神形态美学趣味,等等,并因之以"赵树理方向"名世。赵树理的文学创作,其一个更主要的特征则是,当被中国化的苏俄模式在中国初见雏形之时,他即敏锐地发现了其内在的矛盾并予以深入鲜明的揭示,当这一雏形日益完备之时,其内在矛盾亦日益尖锐之时,赵树理对这一内在矛盾揭示与批判的意义,也就日益彰显,这集中地体现在他在创作中着重于对新型政权中坏人形象或官僚形象的塑造与批判上。这在我们今天回望初心时,尤其重要。当上述三个社会模式的形态,在今日中国仍然以各自不同的方式存在时,赵树理文学创作的现实意义与价值,是不言而喻的。

这就要接着说到赵树理文学创作在政治上积极意义的第二点了,那就是现象级经典作家的一个核心属性,是能够从揭示人的生存与精神生态层面,实际地应对一个时代主要的价值危机,以此介入社会现实并影响社会现实的发展,其介入、影响的程度,是衡量一个作家品位的重要尺度。如果只是某一个历史时代的"活化石",而不能超越原有时代构成对新的时代的意义,或者只能在某种情感形态上、精神形态上引发当代人的共鸣,而不能应对新的时代主要的价值危机,并以此实际地介入、影响当代生活的历史发展进程,那么这会是一个优秀甚至非常优秀的作家,但不能达到现象级经典作家的品位。2021年是纪念鲁迅诞生140周年的一个节点,国内举办了各种对鲁迅的研究活动。笔者注意到在这些活动中,学者们多提到研究鲁迅的现实意义与价值。譬如王晓明就在多次的学术讲演中强调过,早在20世纪20年代,当时的青年左派就鼓吹过:时代已经发展到了一个阿Q死去的时代,鲁迅也因之成了"封建遗老",但时至今日,我们分明看到,阿Q、华老栓、夏瑜、孔乙己等鲁迅笔下的人物,还仍然活生生地生活在我们身边。王晓明还提到,21世纪之后,青年一代又提出,不能与青年一代对话的鲁迅研究将失去其研究的现实意义,这也说明对鲁迅研究的现实召唤。笔者觉得,以此套用于今天的赵树理研究,也是如此。洪子诚教授有一篇文章《在有梦的地方做梦,或敌人……:教义之外的精神经验承担》,谈他阅读法国作家阿拉贡于20世纪60年代初所写《在有梦的地方做梦,或敌人……》这本书的体会。其中着重谈了我们应该如何反思自己真诚地走过的道路,我们应该如何面对遇到的挫折。笔者的理解是,一个是梦的有无,一个是在有梦的地方做梦,一个是如何面对这梦在实施过程中,自身所产生的敌人及这敌人所造成的梦的挫折。这些对于我们今天通过研究赵树理,如何回望我们曾经的时代及因此如何应对我们今天的时代,都是极具现实性启示意义的。当然,因为笔者没有看过阿拉贡的这本书,也许对洪子诚教授文章的理解是一种误读。

但是,笔者的意思是说,我们应该把对赵树理的研究,放在一个大的政治历史背景下,从而使这一研究产生新的当下的时代意义。赵树理在中国历史进程中政治版图下的文学定位及在这一定位下的赵树理文学创作范式,赵树理笔下生活、人物在当今生活中以各种形态复活的形态及其当代价值,赵树理在20世纪60年代初,当虚泛的华丽的"颂歌""战歌"甚嚣尘上之时,以自身倔强的不入时流的《实干家潘永福》等作品的创作站位来介入现实,等等,这些都会给我们今天的文学创作以新的时代启示,也是我们将赵树理置于大视野下的政治历史文化层面予以研究的当下意义之所在。

第二个发展空间,是在今天我们力倡弘扬民族文化传统时的民间价值谱系承续。中国古代的民族文化传统大而言之有三大价值谱系，即庙堂、士大夫、民间。民间价值谱系其根本核心是个体感性生命价值本位。其在古代文学世界里，始自《诗经》，途经汉乐府、小李杜、柳永等，终至《红楼梦》。譬如《诗经》中的《东山》，将士征战归来，不是衣锦还乡的喜悦，却是"昔我往矣，杨柳依依。今我来兮，雨雪霏霏"的感伤。花木兰应征，不是为了国家民族，而是为了老父亲，所以得胜归来，东阁门西阁床的女儿妆要高于"尚书郎"，高于"赏赐百千强"。在贾宝玉的心中，女孩子瞬间的悲欢，远远比贾府的命运更为重要。就是这样，在庙堂、士大夫、民间三大价值谱系此消彼长的张力中，民间价值谱系既是几千年老中国文化的源头，又给几千年老中国画上了句号，并以此标示了自己在民族文化构成与发展中的根本性存在，作为统领与治理社会结构的庙堂文化、作为在价值形态上支持对社会结构统领与治理的士大夫文化，相较民间文化，虽更具统治地位，却是立足于民间文化的基石之上并随之而不断地调整与发展自己的，因为对社会结构的统领与治理，毕竟要顺从于民间的基本生存。这一老中国的民间价值谱系，在老中国结束后步入现代中国之时，在历史与逻辑层面，必然地与五四时期"人的文学"相衔接。如周作人在作为五四精神标识的《人的文学》中所说："是一种个人主义的人间本位主义。"

五四时期"人的文学"，其"人"是以个体生命为本体的。虽然其载体多为现代知识分子（就如同老中国的民间价值谱系，其载体唐代之后也多为不入正宗庙堂、士大夫价值谱系的读书人），但其价值站位是以个体感性生命为本位。就这一价值站位形态而言，其价值谱系仍可视为民间价值谱系的现代延伸及现代体现，这只要与那些以家国、民族、阶级等整体利益至上的现代知识分子相比较，即可明了。这一现代民间价值谱系的代表是鲁迅、周作人、郁达夫、冰心、老舍、曹禺、张爱玲、梁实秋等。只是他们一方面要控诉作为群体意识代表的旧礼教以"仁义"名义对"个人"的吞噬,如鲁迅笔下的狂人;一方面也要控诉资本经济以金钱赤裸裸地对个人的损害,如老舍笔下的祥子、月牙儿,曹禺笔下的陈白露,张爱玲笔下的曹七巧等。

赵树理的伟大则在于,他并不仅仅是在民族化、通俗化、大众化的形式上,更是在以个体感性生命为价值本位的实质上继承了古代民间价值谱系,并将这一古代民间价值谱系延伸、融入五四时期"人的文学"之中,并且将五四时期"人的解放"从城市青年阶层实际地在物质追求、精神追求层面,扩展到了最为广大的农民阶层。赵树理可贵的独特之处更在于,在此基础上,他在延安社会模式及其后的共和国社会模式中,将古代以个体感性生命为价值本位的民间价值谱系、将五四时期以个人为价值本位的人性、将以阶级为价值本位的人民性、将以整体利益为价值本位的党性及新的国家利益为价值本位的国家权力做了最大限度的融合,并在不断调整这四种价值谱系相互关系的张力中,固守着力求适应这种张力不断发展着的民间价值谱系,并在这种固守与适应中,对这一张力的变化,对调整这四种价值谱系的相互关系,做出了积极的贡献。在这一固守与适应中,赵树理是从民间价值谱系这一角度进入人性、人民性、党性层面的。在这一进入中,一方面,赵树理以人性、人民性、党性观照改造原有的民间价值谱系,同时又立足于发展着的民间价值谱系实际,有限度地接受这种观照改造;另一方面,赵树理又以此立足点,对人性、人民性、党性提出不同的要求与希望。你只要看看,同样的一种传统女性形象,在三仙姑、小飞蛾、小腿疼身上的不同体现,对此即可了然。也正因此,学界常常用农民代表、知识分子、党的干部这三重身份来概括赵树理的写作身份,但这三重写作身份,在赵树理的身上,却不是均等地静止地体现着,且赵树理的写作身份,可能也还存在着用另外的概念、范畴予以概括的可能。当今中国面临各种人文思潮此消彼长、对话、对立的现实,赵树理所代表的民间价值谱系,在这一现实中,有着不容忽视的重新予以认识与评判的必要,特别是在以弘扬民族文化传统来讲好中国故事之时。

第三个发展空间,是在构建人类文明共同体时,民族文化如何具有全球性,区域文化如何具有共同性,如何避免误入后殖民的窠臼,赵树理在这方面的经验,在今天仍有着极强的现实意义。

其一,不以强势文化、中心文化的标准为标准,更不以其为效仿与追求的目标,不因此而失去自己的主体性。赵树理最初创作时,五四时期的文学是其时文坛的强势文化、中心文化,但赵树理并不以此来规范自己的创作,及至丁玲等为代表的五四谱系的作家在根据地文学领域一度占上风时,赵树理也依旧并不相从,甚至公然声称不入文坛而以"文摊"自居,这已是学界共识,无须饶舌。需要提及一点的是,赵树理其实与根据地实际的主流文学也并不一致,这是其在中华人民共和国成立后,在共和国文坛日益被边缘化的内在原因。无论是代表根据地文学实绩与高度的斯大林文学奖,还是代表共和国十七年文学实绩与高度的八大红色经典,都与赵树理无缘,但赵树理据此独立性而历经几度大浪淘沙仍巍然屹立。

其二,不以强势文化、中心文化为效仿标准,但又必须以自身与强势文化、中心文化构成对话性,其对话性,在于应对了强势文化、中心文化所面临的价值危机。只有这样,才能位居一隅却又超越一隅,立于历史的潮头,站在时代的峰顶。赵树理文学创作民族化、通俗化、大众化的成功之于五四白话文学所面临在大众化中进一步发展的危机是这样,其对延安文学在转型中奠基为广大民众所能接受的新的文学的时代需求也是如此。即使中华人民共和国成立之后,虽然赵树理屡屡返乡,却长居北京,特别是他立足的是底层民众,关注的却是政治中心的风云。最为典型的莫过于他在20世纪50年代后期给《红旗》杂志的长信。

其三,如是,赵树理从始至终,可以说,既不在中心,又在中心。这样的一种互为主体的主体间性关系,赵树理对之的认识,头脑是清醒的;对之的实施,是极为自信的。这种清醒与自信,是我们将中国故事走出国门时所应学习的,是我们将区域故事让全国听到时所应光大的。

第四个发展空间,写实。赵树理的文学创作,是写实的。其特点有这么几个:

其一,是细节的真实。这种真实,既是生活的真实,也是历史的真实,我们可以将之称为具有史性的生活真实。这突出地体现在其对当时那个时代关涉人物命运的物质形态的叙写上。在这方面,你会很吃惊,一向反对西方风景细描、心理细描而以白描著称的赵树理,一旦写到这方面,则不惜笔墨,将那些体现关乎个体生活的物质形态的数字大段大段地如实写出来。譬如孟祥英的劳作业绩,譬如马多寿在入社时对自己利益的精打细算,等等。这固然体现了赵树理是从“个人”出发走向“整体”的,是从“人性”走向“人民性”的,但从写作方法考察,读到这些,你还是会情不自禁地想到恩格斯对巴尔扎克的评价,在他的小说中,“甚至在经济细节方面所学到的知识,也要比当时所有职业的历史学家、经济学家和统计学家那里学到的全部东西还要多”。

其二,是在细节真实的基础上,努力按照生活的本来面目呈现出来的符合史性的生活的真实。除了偶尔像《小二黑结婚》结局这样以观念来改写符合史性的生活真实的败笔外,赵树理的文学创作,几乎都具有史性的生活真实,以至于类似《孟祥英翻身》《实干家潘永福》

等,你甚至都可以将其视为报告文学作品。

其三,正因为以写实而"直观事物本质",所以赵树理小说的意旨,往往超越作者的写作意图,也超越各种解读者依据其时各自的理论、认识而对作品所做的解读,这是赵树理的文学作品初看很土,主题表面看似乎也简单明了,却能够经得起历史沧桑的检验,让读者伴随着历史的进程,时时看时时有新意的魅力所在。譬如他的《"锻炼锻炼"》,当"整体"以神圣名义来剥夺"个体"利益时,以自私本性来体现对自身利益守护的小腿疼,以青春激情来体现国家利益并对个体施以粗暴的杨小四等,就都给后人以多种解释的可能。譬如他的最后一部作品《十里店》——其早已超越了是否写与党内走资派做斗争的其时的时代性主题,而是与赵树理一贯地站在民间价值谱系立场上,书写体现了历史发展规律的新的政权、新的社会形态所产生的新的内部矛盾、内部冲突的写作追求相一致。

其四,赵树理的这种写实,是基于传统中国民间价值谱系,却又经过五四时期"人的文学"的洗礼,经过延安文学、共和国文学、人民文学的洗礼,所以有着非常厚重的历史意蕴与深刻的思想内涵。

毋庸讳言,今日中国,封建遗毒、资本力量引发了国内社会结构价值形态的冲突与动荡,特别是资本力量,对原有的价值形态的颠覆性不可小觑。从经济结构、社会结构的变迁与文学结构的变迁具有同构性的文学社会学的原理出发,诞生于以资本力量摧毁传统社会这一历史时段的西方批判现实主义在中国的现实意义不容低估。虽然在一味求新的浪潮中,文坛曾一度将西方的批判现实主义视为过去时,而朝着现代主义、后现代主义疾跑,但几经历史风雨的淘洗,我们终于又从观念的天空回到了现实的大地。西方的浪漫主义,推崇在一切原则之上,还有一个更高的原则,那就是个人。西方的批判现实主义,是经过了西方浪漫主义的洗礼,意在对现实中那些阻碍损害个人的社会结构、人性阴暗进行探索与批判。这样的批判现实主义,对于经历了"人的文学"、人民文学洗礼之后的中国文坛,可谓适逢其时,而绝无过时一说。赵树理的写实,与西方批判现实主义堪有一比,或许可以成为当今中国文坛所最急需的,最值得继承、借鉴的创作资源。

要而言之,今后的赵树理研究,应该更多地与今日中国的社会变革之需,与中国文坛反映大时代之需相联系,并在这种联系中,彰显研究的时代意义。

2021年12月26日

(本文为在庆祝中国共产党成立100周年——赵树理研讨会上的主旨发言,原载于《中国当代文学研究》2022年第4期。作者系太原师范学院文学院教授、中国赵树理研究会副会长)

"赵树理方向"的历史节点与是非曲直

——赵树理评价问题研究之一

赵 勇

赵树理自称其作品为问题小说,其实他本人也是"问题人物",因为自从作为作家的赵树理诞生以来,对他的评价与定位就反反复复,颇让学界头疼。例如,洪子诚虽在《中国当代文学史》中专列《赵树理评价史》一小节内容,但他只是简要梳理了一番评价史中的各路观点,却并未对赵树理其人其作进行定评。很显然,他也在"文学界对于赵树理的评价有些犹豫不定"的行列之中。《中国当代文学史》修订版面世10年后,他虽撰写了《文学史中的柳青和赵树理(1949——1970)》,也提供了如何评价赵树理的更多史料,但"犹豫不定"似未得到彻底解决。

那么,又该如何走出"犹豫不定"的泥淖呢?笔者以为最简单的办法就是重返历史现场,知人论世,在人与文、人品与文品、人格与文格之间对赵树理进行全面考察,不能"见物不见人"。倘若取此视角,我们就会发现,在赵树理走上文坛之后30余年的所作所为中,同时也在70多年的赵树理评价史中,应该存在一个从"赵树理方向"到"赵树理精神"的位移过程。把这条位移的曲线搞清楚,或许有助于对赵树理的进一步评价和定位。

但囿于篇幅,笔者在本文中只能对"赵树理方向"的来龙去脉、反反复复和是是非非做一番梳理和分析。

一

众所周知，"赵树理方向"原本是一个具有号召功能的官方说法，也是主流意识形态为赵树理量身定制的一个红色标签。

赵树理的《小二黑结婚》(1943)一炮打响后，紧接着又有两篇重量级的小说《李有才板话》(1943)和《李家庄的变迁》(1945)先后面世，于是惊动了当时数位具有官方身份(或色彩)的大牌作家和评论家，他们在1946年纷纷撰文，对赵树理的创作实绩予以充分肯定和高度赞扬。比如，郭沫若读《李有才板话》后，说"我是完全被陶醉了，被那新颖、健康、朴素的内容与手法"，然后"我又一口气把《李家庄的变迁》读完了"。茅盾当年也撰文两篇，认为《李家庄的变迁》"用一句来品评，就是已经做到了大众化。没有浮泛的堆砌，没有纤巧的雕琢，质朴而醇厚是这部书技巧方面值得称道的成功。这是走向民族形式的一个里程碑，解放区以外的作者们足资借鉴"。当然，文章写得最长、评价也最全面的是周扬的《论赵树理的创作》，他一方面指出赵树理是"一位在成名之前已经相当成熟了的作家，一位具有新颖独创的大众风格的人民艺术家"；另一方面又把赵树理纳入毛泽东《延安讲话》的阐释框架中，认为他的成功"正是实践了毛泽东同志文艺方向的结果"，其作品是文艺座谈会以后"文学创作上的一个重要收获，是毛泽东文艺思想在创作上实践的一个胜利"。所有这些，既是对赵树理创作的最初评价，同时也为提出"赵树理方向"做出了强有力的铺垫。

1947年，晋冀鲁豫边区文联召开为期16天(7月25日—8月10

日)的文艺座谈会,集思广益之后提出"赵树理方向",也就变得顺理成章了。1947年8月10日,《人民日报》(晋冀鲁豫)刊发了陈荒煤的文章——《向赵树理方向迈进》。此文进一步明确:"大家都同意提出赵树理方向,作为边区文艺界开展创作运动的一个号召!"然后强调了向赵树理学习的三点内容:"第一,赵树理同志的作品政治性是很强的。""第二,赵树理同志的创作是选择了活在群众口头上的语言,创造了生动活泼的、为广大群众所欢迎的民族新形式。""第三,赵树理同志的从事文学创作,真正作到全心全意的为人民服务。他具有高度的革命功利主义和长期埋头苦干、实事求是的精神。"而实际上,这三点也是对"赵树理方向"的最初理解和官方解读。迟至1983年,陈荒煤虽对这一号召有所反省,并认为"如果用'赵树理的创作方向'可能更准确一些",但他主要还是强调了这一号召的合理性、正确性和感召力:"老赵实际是一个具体实践毛泽东同志提出的为工农兵服务方向的标兵,提'赵树理方向'比较鲜明、具体、容易理解,所以最后还是以这个篇名发表了文章。""'向赵树理方向迈进'这个号召,对当时晋冀鲁豫的文艺创作的确起了很大的推动作用。"

必须指出,赵树理之所以在1947年能被树为标兵,"赵树理方向"之所以能被提炼出来并成为号召,除赵树理提供了故事、人物、语言均焕然一新的小说并确实使人感到耳目一新外,更重要的原因还在于它们与毛泽东《延安讲话》精神的高度契合。陈文特别指出赵树理自己总结的"老百姓喜欢看,政治上起作用","这两句话是毛主席文艺方针最本质的认识……赵树理同志的创作就是最朴素、最具体的实践了毛主席的文艺方针,因此他获得如此光辉的成就!"回到当年的历史语境之中,这样的"对位解读"应该说相当准确,并无夸大不实之词,因为当赵树理初读(1943年冬天)《延安讲话》之后,曾如此表达过自己的激动心情:"我那时虽然还没见过毛主席,可是我觉得毛主席是那么了解我,说出了我心里想要说的话。十几年来,我和爱好文艺的熟人们争论的,但是始终没有得到人们同意的问题,在《讲话》中成了提倡的、合法的东西了。我心里有说不出的高兴。""以为自己是先得毛主席之心的,以为毛主席讲话批准了自己的写作之路。"这就意味着"赵树理方向"与《延安讲话》精神的契合不仅是一种客观事实,而且也是赵树理在《小二黑结婚》之后主动追求出来的一种结果。同时也需要指出,从一开始起,"赵树理方向"就是一个政治意义大于文学意义的公共事件,它虽然也必须假道于文学阐释,却只是置于政治意识形态的阐释框架中才具有合理合法性。

然而,"向赵树理方向迈进"毕竟不同于"鲁迅的方向,就是中华民族新文化的方向";同时,"赵树理方向"也并非死者谥号,而是对生者的一种美誉,这就意味着只要赵树理活着,所谓的"方向"就处在未完成状态,他必须用其后续作品进一步夯实并引领这个"方向"。或者也可以说,"赵树理方向"虽然水到渠成,应运而生,也在特定的历史场域中发挥了号召作用,但是对于赵树理本人来说,该"方向"却也成了某种负担。

于是有必要指出赵树理研究中笔者无法认同的一种观点。李扬教授认为,"赵树理方向"只是"昙花一现",因为在1949年全国第一次文代会上,赵树理跻身于大会主席团中,其创作也被做大会报告的周扬推崇备至,但在4年之后的全国第二次文代会开幕式上,"赵树理的明星色彩已消退殆尽,几个重要的报告都不曾提到他的名字。赵树理的'黄金时代'几乎才刚刚开始就已经结束了"。而他衰落的重要标志则是1951年落选斯大林文学奖。何以如此?因为不仅是赵树理,而且也包括"发明"赵树理与《延安讲话》关系的周扬在内,他们对《延安讲话》的理解都过于简单,而没能像郭沫若那样在"经与权"的辩证法框架中予以解读。这样,赵树理就既"永不可能触摸到《讲话》真实的灵魂",也很难写出丁玲(《太阳照在桑干河上》)、周立波(《暴风骤雨》)那种"伟大"的作品了。

这种观点比较"新左",是很值得专文辨析一番的。笔者在这里只想指出的是,赵树理的衰落以及"赵树理方向"的淡出,其实经历了一个反反复复的过程,而并非昙花一现。于是,回到以往的历史语境之中,对这个过程的历史节点和相关大事做简要梳理,就有了某种必要。

二

"赵树理方向"提出后的第二年即1948年,赵树理的《邪不压正》面世,随后《人民日报》分两次(1948年12月21日和1949年1月16日)刊发6篇讨论文章,其中多为肯定与褒扬之语,但也有批评之声(党自强《〈邪不压正〉读后感》)。一年之后,赵树理亦在《人民日报》(1950年1月15日)撰文回应,直陈其写作意图是"想写出当时当地土改全部过程中的各种经验教训,使土改中的干部和群众读了知所趋避"。而在此文末尾,赵树理还打了个比方,以此表明他对批评的态度,亦为自己的小说委婉辩护:"比方一件棉衣,一个裁缝批评起来,往往是说胸前的棉花厚了些,或下摆宽了些……这些意见没有一条不值得重视。如果发现人家确实说得对,下次就能做得更好一点,然而却不能因此就断定那件棉衣根本要不得或者恰合适,等到穿棉衣的穿上去,你问他怎样,他如果只说不好挺胸脯或者腰松一点,那就还马马虎虎能穿;如果他说穿不上或者说穿上很凉快,那就算吹到底了。"这一事件表明，"赵树理方向"并非护身符，恰恰意味着树大招风，成为"方向性"作家本身就很麻烦。而赵树理的回应不卑不亢，有理有节。可以说，那时的他正处在一个"自信时刻"，批评宛如毛毛雨，是不大可能给他带来多少实质性的影响的。

现在看来，全国第一次文代会前后确为赵树理的"高光时刻"。1949年4月赵树理进京后，先是出席《文艺报》主办的第三次座谈会（6月8日），随后又在《人民日报》（6月26日）首次发表创作谈《也算经验》，接着出席文代会（7月2日—7月19日），并在文代会前夕试刊的《文艺报》（6月30日）发表祝贺短文《会师前后》，排在胡风（《团结起来，更前进！——代祝词》、叶圣陶（《划时代》）之后。而作为会议代表，赵树理在平津第一代表团中名列第六。周扬则在所做的大会报告中进一步强调："反映农村斗争的最杰出的作品，也是解放区文艺的代表之作，是赵树理的《李有才板话》。"随后他用近400字的篇幅，阐述了为什么赵树理的作品"艺术性和思想性取得了较高的结合"。会议结束时，赵树理被选为中华全国文学艺术界联合会全国委员会87名正式委员之一，名列第八（他前面的7位委员分别是郭沫若、丁玲、茅盾、周扬、曹禺、沙可夫、古元），随即又被选为常务委员。会议期间，工人出版社成立，赵树理出任社长。9月25日，《文艺报》正式创刊，赵树理成为该刊编委。10月1日，他在观礼台上参加了开国大典。随后，又参与创建北京市大众文艺创作研究会并被选为主席；与丁玲等一行15人出访苏联，参加十月革命纪念活动；同时，也开始担任文化部戏剧改进局曲艺处处长。很显然，赵树理进京之后的各种待遇和安排，应该都是"赵树理方向"光辉影响之下的产物。然而，随着《说说唱唱》的创刊（1950年1月）并担任主编，赵树理也迎来了自己的"检讨时刻"。

经赵树理同意,《说说唱唱》第3、4期连载了孟淑池的中篇小说《金锁》,却正好撞到了枪口上。1950年4月19日,中共中央发布《关于在报纸刊物上开展批评和自我批评的决定》,《文艺报》立刻跟进,在当年第5期刊发社论文章《加强文学艺术工作的批评与自我批评》,文中点了《金锁》的名,并把它归入"主题思想不正确,人物形象被歪曲"一类作品。同期特意开设《批评与检讨》栏目,其中有批评文章(邓友梅《评〈金锁〉》)、讨论文章(陶君起整理的《读了〈金锁〉以后》),还有赵树理的检讨文章(《〈金锁〉发表前后》)。有趣的是,为使批评话语更为准确,邓文中还不时插入了编者旁白,而赵树理既有自我检讨,也有一点辩护:"读者意见中,有一条是说这篇作品中的主角金锁是不真实的,是对劳动人民的侮辱。我以为这是不对的。"然而,两个月后,他不得不在《文艺报》(第8期)上再次检讨,明确了"侮辱劳动人民"之说"大家是对的,我是错误的"。而至1951年冬,在开展整风学习的过程中,《北京文艺》被合并到《说说唱唱》中,老舍出任主编,赵树理降为三位副主编之一。接着,赵树理发表《我与〈说说唱唱〉》,同时刊发于《光明日报》(1952年1月19日)和《说说唱唱》(1952年1月),等于是对自己的"糊涂想法"(如模糊阶级面貌)和"由要求'形式通俗化'走到了'形式主义'"来了一个总检讨。但即便如此,《文艺报》依然没放过《说说唱唱》,因为该报后来又刊发长文,对《说说唱唱》调整后的5期审而读之,批而判之,认为无论从思想内容还是艺术形式上看,"五期以来的《说说唱唱》还没有能负起它所应当负起的任务;它还落后于'发表优秀通俗文学作品和指导全国通俗文艺工作的刊物'的应有的水平,而且缺乏明确的战斗目标"。

《说说唱唱》创刊时,《文艺报》是为这份刊物做过广告的,但为什么后来却揪住赵树理和《说说唱唱》不放呢? 我们当然可以理解为这是当时的大环境使然，却也不应该忘记其中的个人恩怨。而由于彼时丁玲担任《文艺报》第一主编，她又是最早投奔延安、深得毛泽东宠爱的作家，再加上她的傲气以及她从没有把赵树理放在眼里。丁玲生于1904年，赵树理是1906年生人，他们当然是同辈作家，但是由于赵树理是周扬树立的典型，也由于检讨事件正好发生在东西总布胡同之争初起阶段，于是丁玲乘批评与自我批评之东风，借机整一整《说说唱唱》，杀一杀赵树理的威风，也应该是有可能的。于是"双方对立情绪剧烈。弄到各自组织人写文章，要在报上公开批评。在此情况下，周扬召集了东西总布胡同会议，双方各有5人参加。……周扬在会上说：'今天参加会议的，都是共产党员吧。不能再这样搞门户之见了，以后你们东总布胡同不要批判赵树理，西总布胡同不要批判丁玲，谁要批评这两位同志，都得经我批准'"。

在全国第二次文代会（1953）上，做大会报告的周扬和茅盾都没有提及赵树理的名字，但主要原因或许是赵树理在此4年间只写了一个短篇小说《登记》，而并未像被点名的柳青、徐光耀、杨朔等人那样写出《铜墙铁壁》《平原烈火》《三千里江山》之类的大作品。但即便如此，周扬在回应"解放区的文艺到了城市能吃得开吗""解放区的文艺作品是什么'农民文艺'"时也严正指出："这实际上就是表现了对为工农兵服务的文艺方向的动摇。""说这些话的人实际上是瞧不起为工农兵的文艺的。他们的意见是不能代表人民群众的。"说话听声，锣鼓听音，这番言辞更像是为"赵树理方向"所做的辩护之词。而当赵树理写出长篇小说《三里湾》（1955）之后，其人其作则在中国作协第二次理事会会议（扩大）上受到了比较隆重的对待。周扬在大会报告的第三部分首先谈论的就是《三里湾》，他认为此小说是"优秀成果"，因为"作者以他特有的关于农村的丰富知识，热情和幽默，真实地描写了农村中社会主义先进力量和落后力量之间的斗争,农民在生产关系、家庭关系和恋爱关系上的种种矛盾冲突,显示了农村新生活的风光。……作者所描写的那位画了三里湾三张画的画家老梁不正是作者自己的影子吗?作者热爱农民,也深知农民作为小生产者的弱点,他在批判农民落后的时候,就往往流露出亲切的温和的微笑"。尽管周扬也指出了此小说所存在的问题(如矛盾解决得比较容易,许多情节没有充分展开等),但可以看出他的欣喜是溢于言表的。于是,在这一报告的后面,他形成了这样一个断语:"作家茅盾、老舍、巴金、曹禺、赵树理都是当代语言艺术大师。"而康濯也在大会补充报告中盛赞赵树理,认为《三里湾》"无疑是近年来描写当前农村生活的一部优秀的长篇",是20部中长篇中"最受欢迎的一部"。

有必要对此语境稍做分析。进京后的头几年,赵树理应该是在紧张、忙碌、充实而又比较惶恐的生活中度过的。一方面,他在第一次文代会之后拥有了一大堆头衔,开会、出访、做报告、编刊物等事务性工作便占据了他的大部分时间;另一方面,以后的写作之路该怎么走,进城之后是否要面向他不熟悉的工人生活,也成了他主要考虑的事情。社会活动多,必然挤占写作时间;城市生活不熟悉,又无从在此处下手。于是便有了赵树理所谓的"入部读书"(1951):"胡乔木同志批评我写的东西不大(没有接触重大题材)、不深,写不出振奋人心的作品来,要我读一些借鉴性作品,并亲自为我选定了苏联及其他国家的作品五六本,要我解除一切工作尽心来读。我把他选给我的书读完,他便要我下乡,说我自入京以后,事也没有做好,把体验生活也误了,如不下去体会群众新的生活脉搏,凭以前对农村的老印象,是仍不能写出好东西来的。"《工人日报》原社长章容也曾回忆:"刚进城一段,老赵未拿出好作品,周扬同志很为他着急。大约在1953年,在周扬同志家里召开一次会,请丁玲、康濯、苗培时和我等为老赵写不出好作品找原因。周扬同志还为老赵开了个外国名著书目。不久,老赵又写出了《三里湾》。"

胡乔木与周扬都如此关照赵树理,为其开书目,劝其下农村,这一细节其实是很耐人寻味的。而对于赵树理来说,应该给他带来了不小的压力。因此,《三里湾》的面世,除去它是第一部有关农业合作化题材的长篇小说,具有捷足先登的政治意义外,显然还有其更为特殊的附加意义:于赵树理而言,这是一次证明自己进城之后依然宝刀不老的"起霸"之作;对周扬来说,这又是为他争回面子让他不至于尴尬的"有面"之作。如此一来,他在作协理事会上高调表扬赵树理也就更显得意味深长,那固然是就事论事,但又何尝不是对"赵树理方向"的合理维护和含蓄捍卫?

于是,赵树理也迎来了自己的"翻身时刻"。

三

在笔者对赵树理现象的关注中,1950年之后的赵树理虽一路坎坷,已不可能像1949年时那样如日中天了,但一直到1956年,他都谈不上怎样衰落。这也意味着"赵树理方向"如同幽灵,至少在文坛上游荡10年左右,甚至更长的时间。当时写出《平原烈火》(1951)的青年作家徐光耀后来说过:"过去,我佩服的作家第一是赵树理,第二是孙犁,第三是萧也牧。"当时沈从文已隐身文坛之外,但他一直暗中关注赵树理,并对他多有腹诽也是事实,于是他1952年重读《李家庄的变迁》,1956年读《三里湾》,1967年还在说"四川学沙汀,山西学赵树理,湖南学周立波,取法乎中,斯得其下,这哪会出人才?"这两个事例一正一反,似都可说明赵树理当年的感召作用和影响力。而在1959年人民文学出版社推出的"建国十年来优秀创作"书系中,精装1.45元的《三里湾》不但赫然在目,而且在《文艺报》的封底推荐中被排在16部长篇小说之首。此外,还应该提及全国第三次文代会(1960)。这次会议依然是周扬做大会报告,他在第二部分内容谈及"不少优秀的作品对我国人民的革命历史和现实斗争做了广泛的描绘和艺术概括"时,首先列举小说,赵树理的两部作品《灵泉洞》(排第四)和《三里湾》(排第九)均被提及,虽然它们没有进入周扬的点评环节(点评的对象主要是塑造出来的先进人物,如朱老忠、沈振新、杨子荣、梁生宝等),但赵树理也受到了应有的礼遇。这至少说明,尽管1959年冬天赵树理因右倾错误挨整被批,但在周扬眼里,赵树理这杆旗并未倒下。如果给出倒下的确切时间,那应该是1964年的八九月间。彼时,大连会议中间人物论和邵荃麟成为批判对象,赵树理自然也难逃干系。1965年2月,赵树理举家离京,回到山西,这一举动自然不宜被过度阐释,却也不免会让人产生联想:"赵树理方向"确实已到偃旗息鼓的时候了。

于是,把《三里湾》面世以及随之而来的相关荣耀看作赵树理写作的一次回光返照,进而看作"赵树理方向"的余音袅袅,并从此走向淡出时刻,似显得更为合理。这是因为一方面此后赵树理已无重量级作品面世——《灵泉洞》(1958)只写了上部,《"锻炼锻炼"》(1958)甫一面世就饱受争议;另一方面李准(《李双双小传》,1959)、柳青(《创业史》,1960)等后起之秀已冲杀出来,他们笔下的人物(如李双双、梁生宝)也更符合主流意识形态对社会主义新人的要求。赵树理在"文化大革命"被批斗时为自己辩护说:"我这个名气是从解放区出去的,进了北京虽然写了《三里湾》,后来名倒不如以前了。"这是实情,也是他在新的竞争对手面前落败的结果。而当浩然的《艳阳天》(1964—1966)面世后,赵树理就更应该困惑了。1965年,赵树理读过《欧阳海之歌》之后曾发出感慨:"这些新人新书给我的启发是我已经了解不了新人,再没有从事写作的资格了。"

就在"赵树理方向"淡出之际,"赵树理精神"也开始潜滋暗长。如果必须给出一个这种精神生成的时间点,笔者倾向于1956年。这里笔者不得不对"赵树理方向"稍做总结。

首先需要进一步强调,"赵树理方向"是《延安讲话》的产物,是被解放区政治构建出来的一种文学方案。这也注定了它与《延安讲话》的从属关系:《延安讲话》是"源","赵树理方向"是"流";前者是文艺理论建构,后者是文学话语实践。其实,这一点周扬在全国第一次文代会的报告中已讲得非常清楚:"毛主席的文艺座谈会讲话规定了新中国的文艺方向,解放区文艺工作者自觉地坚决地实践了这个方向,并以自己的全部经验证明了这个方向的完全正确,深信除此之外再没有第二个方向了,如果有,那就是错误的方向。"而在全国第三次文代会上,周扬又进一步明确:"自从1942年毛泽东同志发表著名的《在延安文艺座谈会上的讲话》以来,文艺为工农兵服务,一直成为我国革命文艺工作者所拥护、所遵循而为之奋斗的坚定不移的方向。"很显然,只有《延安讲话》才是铁打的方向,而"赵树理方向"只不过是这一总方向下的派生物。同时,我们也要意识到,毛泽东《延安讲话》只是总纲,实际上它又被1949年之后不断出台的新讲话所充实,从而使原来的内容不断膨胀,也使文艺为政治、为工农兵服务的任务更加明确和具体化。在原来的《延安讲话》语境中,赵树理是信心满满的,他也配合得恰到好处,"赵树理方向"遂与《延安讲话》高度吻合,然而在新的讲话语境中,赵树理虽然也一直处在紧跟状态,却渐渐力不从心、进退失据了。这样,"赵树理方向"的崛起、衰落和逐渐淡出,就必须在毛泽东唯一《延安讲话》与其各类讲话盘根错节的互动中寻找答案,而不宜只拿《延安讲话》做文章说事。

周扬是"赵树理方向"的实际提出者,同时也是这一方向始终不渝的捍卫者。现在看来,他对此方向的坚持与捍卫应该包含着更丰富也更复杂的信息,任何一边倒的解读恐怕都失之偏颇。这是因为:第一,周扬是毛主席革命路线和文艺路线的忠实执行者,"赵树理方向"则是在这种路线背景下被总结出来的一个重要法宝,因此坚持与捍卫这种方向是政治需要,也能在很大程度上体现出一种政治正确性。第二,在实际执行和运作的过程中,"赵树理方向"又成了周扬的一个政绩。无论赵树理给力还是不给力,他都必须以他当时的地位和权威把这个方向顶着撑起来。第三,周扬毕竟是懂行的文艺中人,而并非单单是政治中人,于是"赵树理方向"也倾注了他个人的文学感情,暗含着他对赵树理为人为文的欣赏。度尽劫波之后,周扬在1980年曾经说过,赵树理"文如其人,他文好人也好,文章有特色,人也有特色。他最熟悉农村,最了解农民心理;他懂世故,但又像农民一样淳朴;他憨直又机智诙谐;他有独到之见,也有偏激之词;他的才华不外露,而是像藏在深处的珠宝一样不时闪烁出耀眼的光芒。我喜爱他的为人,甚至对他的某些偏见,也能谅解"。这是他处在反省和道歉阶段的表白,应该是真心实意之言。如此看来,在周扬这里,"赵树理方向"于公于私,至少被注入了三种东西。它们之间的互助互动,构成了周扬维护它的主要动力。

对于赵树理本人来说,"赵树理方向"应该是让他既受益又受累的桂冠。据陈荒煤讲,1947年形成《向赵树理方向迈进》一文后,他曾请赵树理看过,赵树理则一再提出:"我不过是为农民说几句真话,也像我多次讲的，只希望摆个地摊，去夺取农村封建文化阵地，没有做出多大成绩，提‘方向’实在太高了，无论如何不提为好。”但这顶政治性大于文学性的帽子他实际上是拒绝不掉的。而因为这顶高帽，他也确实获得大名，引领了一段时代潮流，及至成了文学史中的一个著名现象。然而，他比别的作家更疲累的地方在于，除了要为宽泛意义上的工农兵服务之外，他还要为更具体的“赵树理方向”服务。但吊诡的是，在特定的历史语境中，“赵树理方向”仿佛已成“测不准定理”，赵树理在紧追慢赶深落实中实际上常常跑偏。而“方向性”作家终于“方向感”失灵，关键在于“向左走”一路高歌猛进，他却不但步履迟缓，走走停停，而且还进入了“打左灯，向右行”的“矛盾时刻”。

（本文原载《文艺争鸣》2021年第9期，作者系北京师范大学教授、中国赵树理研究会副会长）

从《有个人》到《李家庄的变迁》

——赵树理创作主题的形成

萨支山

20世纪50年代初期的两套丛书,"中国人民文艺丛书"和"新文学选集",前者主要选自解放区的文艺创作,后者主要选自五四新文学的创作。某种程度上,这两套丛书的编选呈现了当时中国共产党所领导的文艺界对五四新文化运动以来的文学历史的整体判断。丁玲、艾青、赵树理同时入选这两套丛书,丁玲和艾青30年代就已成名,在解放区也有有影响的创作,故入选理所当然,而赵树理的主要创作都是在1942年之后,他入选"新文学选集"的原因颇堪玩味。考虑到赵树理是当时最热门的代表着人民文艺的作家,入选"新文学选集"或许有拉抬新文学的正面效应。周扬曾说过赵树理是"成名之前已经相当成熟的作家",而在解放区,他又被称为"赵树理方向",故而在展示新文学从批判现实主义向革命现实主义发展成果的"新文学选集"中似乎应当占有一个位置。

在这样的文学史叙述脉络中,赵树理就像是新文学向人民文艺发展的一个关键枢纽。如果从这个角度来理解周扬所说的"成名前已经相当成熟",那么这个"成熟"应该不是从普通的文学创作论意义上谈论一个作家的成熟,而是特指赵树理从新文学转向人民文艺的成熟。不过周扬又的确说过赵树理是"一个新人",那么该如何理解这样"一个新人",突然间成为"具有新颖独创的大众风格的人民艺术家"呢？或许,我们要把笔触伸向赵树理的30年代,并进而重新解读他40年代的创作。

赵树理的30年代

20世纪30年代对赵树理来说,是流浪的10年。从1928年被学校开除,到1937年重新入党前,可以说赵树理是像"萍草一样的漂泊"。在这10年里,他亲历并见证了中国政治和社会的动荡、农村的衰败以及乡村知识分子的走投无路,而最终这种走投无路导致了他精神上的极度压抑乃至崩溃。贝尔登同赵树理谈了两天,说他是一个有着奇特经历不寻常的人,"他的身世也许更能说明乡村知识分子为什么抛弃蒋介石而投向共产党"。有意思的是,赵树理向贝尔登详细讲述了1934年他从河南回山西途中的遭遇,以及他后来在太原投湖自杀的事情。据董大中先生考证,此事除了几个当事人知道外,赵树理只向两个人透露过,一个是贝尔登,一个是严文井(50年代初同住在东总布胡同)。这么隐私的事情反而向一个从未谋面的外国人透露,只能说明因这件事赵树理一直很压抑。现在应该可以判断赵树理那时患有重度抑郁症,这当然是由于长期的生活困顿和精神压抑造成的。更早的时候,他就向同学杨蕉圃、史纪言、赵培乐透露过自己的精神压抑,"精神上等于长眠了一年多,身体上好像已上了五十岁","不但你也,不但我也,生乎现在的人们,头脑在一个集团里,而经济生活在另一个集团里,本是自寻苦恼。'苦恼'既经自己寻来了,其处理方法有二:一、向一个集团里合并,二、咬紧了牙关受下去。其结果有三:一、'进',二、'退',三、'作难'。我现在是用第二种方法,得的是第三种结果,不料(其实也料)你和我相同"。在咬紧牙关仍然忍受不下去的时候,精神崩溃就成了必然。

从这个角度入手,我们可以解读赵树理30年代的一部重要作品《有个人》。这部作品以令人惊异的准确呈现了30年代中国农村的凋敝衰败,几乎所有经济学和社会学方面有关30年代中国农村衰败原因的研究结论都可以在这部小说中找到细节性的呈现。在这方面,可以让我们联想到茅盾的农村三部曲、吴组缃30年代相关的创作,它们在80年代被严家炎归纳为社会剖析派小说,由此亦可证明赵树理30年代的写作与新文学的内在关联。甚至我们可以设想,如果赵树理彼时是在北平或上海的文学场域中,未必不会被推举为一个有独特风格的文坛新星,那样或许赵树理所谓的"头脑在一个集团","经济生活在另一个集团"的矛盾就能够得到缓解。值得注意的是,茅盾、吴组缃他们尽管也有直接间接的农村经验,但他们的写作很大程度上要借助于马克思主义社会学理论的提点,而赵树理对中国农村状况的体认,却完全出于自身的经验与观察。这种细微的不同带来了写法的差异,前者会倾向于在更广阔的社会结构中来展开故事,比如吴组缃的《一千八百担》,不仅呈现了农村不分阶级的绝对贫困,而且强调了其中的阶级对立和冲突,因而小说结尾的农民抢粮暴动就成为这个逻辑结构展开的必然情节设置,而且还是以一种无名群体的方式来呈现。

《有个人》则不同,就像小说名字所提示的那样,是单个的人。这个人有名字,叫宋秉颖,而我们知道,赵树理是经常以人名或职业做小说的名字的,如《福贵》《刘二和与王继圣》《小经理》《小二黑结婚》《李有才板话》等,但赵树理并不将小说起名为宋秉颖,而是虚指有个人,似乎有让这个人的悲剧指向所有人的意图。但不管怎样,毕竟还是单个的人。单个的人没有力量，为生活所逼，结果只能是逃亡。《有个人》的故事很简单，如小说开头所写："有个人姓宋名秉颖：他父亲是个秀才。起先他家也还过得不错，后来秀才死了，秉颖弄得一天不如一天，最后被债主逼的没法，只得逃走。"接下来是非常具体的过程。因贫困而逃亡的第一步是分家。因为妯娌关系不睦，兄弟们分开过，财产土地都摊薄了，抵抗风险的能力就下降了。然后是婚丧嫁娶和捐税，分家前是秀才"这几年来给孩子娶媳妇，送老婆的终，也花了几个钱——除把手中几个现钱花了外，还欠了百把元零星外债"；秀才死了，"殡葬秀才时所费的款，自然是五亩地作抵，但一时卖不了地，还是秉颖出名借来的。借了一百元，倒也够了。但这年年景不好，直到腊月，地还没有卖出去"。一年后，地卖出去了，"五亩地卖了一百元，价钱倒还公道。可是殡葬秀才时的一百元借款，算来已一年半了，利息是四十五元"；捐税方面，"公款的名目比上年多，数目也比上年大，次数又比上年密"，"半年工夫就欠下了二十五元公款"，而下半年"公款次数半年之间，不下数十次，所以不到腊月就又累了三十元。自知非卖地不行。而这年的小米只卖两角钱一斗，通年的花销又那样大，算来每亩地要赔二三元。加以现钱缺乏，所以卖地也没人要"。

婚丧嫁娶和捐税当然不会必然导致贫困，它只是反映了农村购买力的下降，农民"现钱缺乏"，而"现钱缺乏"的原因是因为农产品价格低，"小米只卖两角钱一斗"，农民就只能卖地，但因为粮价实在太低，种粮都亏本，所以地也卖不出去，唯一的出路便只有借高利贷。这是20世纪30年代中国农村受全世界经济危机波及而导致普遍性的绝对衰败状况。

赵树理小说精彩的地方，是像田野调查、会计做账一样解剖宋秉颖的所有经济活动,既能呈现上述农村普遍衰败的情形,又能有个别细节来丰富它们。比如秉颖,是一个很有头脑也很会算账的人,他根据用途和收益假设,决定要多种经济作物芝麻,"因为以吃为主,种谷子比较合适;以卖为主,种芝麻就合得来了:一亩地可收一石芝麻,以现在的价格看起来,是要超过谷子的——可以卖十元"。这样种10亩小麦地"顾自己吃","十五亩早秋地都种芝麻",他想着这样五六年工夫就能把债给还清了,这种看似有计划的理性行为却有许多他无法计算得到的地方,因为商品要交换,市场价格的变动远远超过他的计算能力,他无法掌控其中的风险。果然,到收获的时候,价格就从之前的10元落到4元,原因是种芝麻的人不约而同地多了起来。据研究,20世纪二三十年代,中国农民已经深深地卷入了市场,为了应付各种日常开支,农民必须将总价值54%左右的农产品通过市场出售,因而市场价格波动对农民的生活影响极大,特别是像芝麻这样的经济作物,因其价值较高,所以其价格变动对农民的影响更大。而二三十年代农产品价格下跌的最主要原因,就是世界经济危机。对于秉颖这样的个体农民来说,即便他能计算,终究无法抗拒世界市场的影响,毕竟那是一个他的知识和想象力都无法抵达的存在。

另一个让秉颖的计算破产的地方,则是高利贷和地方基层政权,他们互相勾结反过来算计了秉颖,使他彻底破产并逃亡。事实上,这是赵树理对30年代农村最为深刻的感受和观察。秉颖欠了钱,没办法还,只能卖地。但被村长和债主设计,在村长把控的息讼会的调解下,可见的结果只能是让债主们分自己的产业。无奈之下,秉颖最后只能别妻离子逃亡他乡。

某种程度上,秉颖的故事也是赵树理的故事。赵树理被关在自新院一年多,他的父亲为他上下打点,卖了不少地,欠了不少钱,等他出来时家里已坠入贫困中了。他也像秉颖一样,种过一阵地,不过他会算账,知道如果一直种下去,永远还不清欠账,所以当他父亲抱怨他的落魄时,他说:"这不能怪我。非得整个社会变了,咱们的家运才能好转。"由此看来,《有个人》的结局正是赵树理对自己另一种选择(当农民种地)的预想,所以他才要出来,教书、写文章,但仍维持不了生计。当然,这也是一种逃亡。赵树理和宋秉颖,算是殊途同归了。逃亡的故事在赵树理的小说中很常见,一直延续到40年代的《福贵》《李家庄的变迁》《王二和与刘继圣》等作品中,他们的逃亡虽然各有各的原因,但和《有个人》不同的是,福贵、铁锁和聚宝都有重获新生归来的情节,他们的故事就像是秉颖故事的继续。当然,赵树理也在40年代获得新生。

　　总体上说,赵树理是带着对30年代中国农村的深刻认识进入40年代的,这种深刻认识既包括经济层面的整体衰败,更包含基层政权的道德败坏。更值得注意的是,赵树理是以一种直接的、会计记账式的经济理性方式来达到这些认知的,我们可以在《有个人》中随处可见精确到分角的算账细节(即便是呈现基层政权的道德败坏,比如村长的阴谋诡计,其中也包含着精确的数字计算)。这种行为认知方式成为赵树理区别于其他作家的一个重要方面,毕竟文学不是会计,读者也不是审计人员,即使再自然主义的作家,也会拒绝在小说中出现如此多的烦琐的数字计算,而这个特点,赵树理甚至一直保持到《三里湾》《"锻炼锻炼"》的写作中。这种非文学的认知方式显示了他与新文学其他作家切入现实方式的不同,或许他认为这种方式才能实现新文学所无法实现的文学与大众的联结,而这种方式也间接地在40年代催生出他的问题小说。

重新发现阎恒元

事实上，说赵树理对30年代以来中国农村有着深刻的认识，这个结论的得出某种程度上是基于我们已有的关于30年代中国农村的知识话语。因为如果没有这些知识的话，我们从《有个人》那里所读出的、能概括出来的主要内容，大概就是小说开头的那句话，讲一个人起先过得还不错，后来一天不如一天，最后被债主逼得逃走，而有了这些知识，我们才能读出赵树理的深刻。从这个角度，我们可以说《有个人》印证了这个知识。这使得我们在解读赵树理的时候，需要关注他的小说主题包含着的显性和隐性两个层面。显性层面是指故事的内容，隐性层面是指超越故事内容（有时候也包含在故事内容中）所达到的对历史内容的深刻把握，就像在《有个人》中所显示的那样。

大约是在1933年，赵树理发下宏誓大愿，"要为百分之九十的群众写点东西"。1937从事抗日工作后，赵树理创作主题的产生方式发生了变化。同时，为老百姓而写的写作方式也得到成功的实现。这是因为政治环境的变化（也包括出版方式的变化），在农民因抗战被动员起来的环境中，原本一直处于假想状态的读者，现在终于有可能在现实中阅读到他的作品。赵树理逐渐形成了"老百姓喜欢看，政治上起作用"的创作理念。"政治上起作用"表现在创作的主题选择上就是问题小说，赵树理自己说："我在作群众工作的过程中，遇到了非解决不可而又不是轻易能解决了的问题，往往就变成所要写的主题。这在我写的几个小册子中……还没有例外。如有些很热心的青年同事，不了解农村中的实际情况，为表面上的工作成绩所迷惑，我便写《李有才板话》;农村习惯上误以为出租土地也不纯是剥削,我便写了《地板》。"这是很有意思,也很困惑人的说法,因为很难想象这样一个为解决工作中存在的问题而写作的作家,会被推举为"方向性"的作家,毕竟这些问题太过具体,而文学的意识形态功能应该诉诸更为抽象的形而上学层面。不过,这也促使我们思考,赵树理小说中那些具体问题的背后,会隐含哪些更为深刻的问题意识和主题内容。这里的关键是"农村中的实际情况"以及"非解决不可而又不是轻易能解决了的问题",这需要作者有在工作中发现深层问题的能力,而这种能力的获得,这些更为深刻的主题内容的揭示,又是根植于30年代以来赵树理已形成的对中国农村的深刻理解。

赵树理曾说自己"生于万象楼,死于十里店",《万象楼》可以看作20世纪40年代赵树理实践他的创作理念的第一部大篇幅的作品。这部梆子戏写农村旧势力和地方流氓组织古佛道愚弄乡民,勾结汉奸,鼓动教徒暴动最终失败的故事。表面上看主题是教育农民反对封建迷信,但这部戏背后所呈现的现实背景和透露出来的问题,却是极为重要的。那就是在敌我交错的复杂环境中如何建设并巩固抗日政权和抗日根据地的问题。《万象楼》的题材直接对应1941年10月太行地区黎城的离卦道暴乱事件。此事件在当时被定性为日军策动离卦道,在汉奸的鼓动率领下,举行暴动,袭击我黎城县政府,阴谋破坏根据地之秩序。黎城属中共太行区太南专区,抗战以来除短暂被日军袭扰劫掠过外,一直都是在共产党的控制之下。在暴动前一年多,北方局才在黎城召开过讨论根据地建设的会议,转眼间就出现暴动,不能不引起中共的高度重视,而日军也借此攻击共产党、八路军,大肆宣传民众"受不了共产党压迫"。北方局为加强宣传工作,将赵树理调至太行区党委宣传部,从事文化普及工作。1942年1月,太行区和八路军一二九师政治部在涉县联合召开文化界座谈会,讨论"群众文化宣传工作脱离群众的严重缺点"。赵树理在会上痛陈占领农村文化阵地的都是像《秦雪梅吊孝唱本》《洞房归山》《麻衣神相》《推背图》……这样一些封建文化。其间,领导问他能否写反对封建迷信的戏,他就把封建迷信和反对封建迷信的材料,做了剧本的主要来源。当然,《万象楼》也并非奉命之作,其中更包含着赵树理的政治热情和责任感。

《万象楼》的主题是反对封建迷信,写那些虔诚的教徒受到愚弄,被裹挟参与暴动,最后觉醒。从这个角度来总结离卦道暴动的教训,自然说得通,但除此之外,更应引起注意的应该是根据地基层政权建设中出现的问题,比如党组织工作异常薄弱、地方乡绅被排挤出政权后对中共的反抗、以贫农党员为主的大量村干部的素质问题等,这些矛盾都是导致离卦道暴动的一些内在因素。

赵树理对这方面的关注也是逐步深入的。《有个人》中就关注了农村基层政权的败坏。在《万象楼》中将何有德、何有功角色设定为旧官僚和地方流氓。何有德一开场的唱词是:"想当年在税局瞒上欺下,都说我何有德会把钱抓。到老来回本县威名甚大,不论是什么钱我都敢花。共产党讲民主我心害怕,小百姓齐出头叫我无法。从今后再不能凭空讹诈,气得我何有德咬碎钢牙。"可见尽管主题是反对封建迷信,但赵树理还是点出了人物背后的政治基础。1942年《万象楼》之后,是创作于1943年的《小二黑结婚》。这篇小说的主题,表面上是反对封建迷信,要婚姻自由,但作者的意图是要揭露像金旺兄弟这样的流氓干部把持村政权,"抗战初期,老实的农民对新政权还摸不着底子,不敢出头露面,这些流氓分子便趁机表现积极,常为我们没有经验的工作同志认为积极分子,提拔为村干部"。或许是二诸葛和三仙姑太出彩了,以至于读者忽略了金旺兄弟的存在,不过周扬就准确地指出:"作者是在这里讴歌自由恋爱的胜利吗? 不是的! 他是在讴歌新社会的胜利,讴歌农民的胜利,讴歌农民中开明、进步的因素对愚昧、落后、迷信等等因素的胜利,最后也最关重要,讴歌农民对封建恶霸势力的胜利。"在《小二黑结婚》中,金旺兄弟是作为篡取基层政权的流氓分子来处理的,小说尽管也写了金旺父亲"当过几十年老社首","捆人打人是他的拿手好戏",但抗战前就已死了。赵树理还没有将金旺兄弟的存在与几十年来山西农村基层政权的败坏做联结。事实上,后来赵树理发现"村长的父亲是那地方原来的统治者,叫他孩子当村长不过是名义,实权还在他手,跟其他的地主政权差不多",赵树理说他"很久以后才发现了这一点,如果发现得早的话,全盘的布置就要另做一番打算,可以完全与现在这个作品不同"。由此亦可见赵树理关注的重点是什么。这对于赵树理来说,是一个极为重要的发现,它打通了30年代(抗战前旧政权)与40年代(抗战后新政权)的隔断,这样他就可以充分地调动30年代的农村经验资源,来写40年代的故事,使之具有穿透性的历史深度,而这样的作品就是差不多半年之后的《李有才板话》。

关于《李有才板话》,赵树理不止一次说过,写这篇小说,是因为"那时我们的工作有些地方不深入,特别对于狡猾地主还发现不够,章工作员式的人多,老杨式的人少,应该提倡老杨式的做法"。许多研究据此将小说的主题理解为农村工作要调查研究,走群众路线,反对形式主义等,这也没错,符合赵树理的问题小说,而且群众路线也是党的生命线和根本工作路线,但这样的理解显然过于表面。这里的关键是,只有走群众路线才能在工作中掌握农村的实际情况,发现深层问题。在《李有才板话》中,它呈现为对特别复杂的农村基层政权生态的了解,特别是对阎恒元这样的人把持农村基层现象的认识——这既是老杨同志的认识,也是赵树理的认识。事实上,这对于中共在抗战时期能够在山西太行根据地站住脚、扎下根,并发展壮大是非常关键的。如果不处理这些深层次的问题,那么减租减息、合理负担就不可能获得成功,贫农就无法摆脱贫困,中共也就无法获得农村基层的支持。赵树理说他1937年重新入党后,开始仍凭热情办事,对革命的基本理论、策略、路线都不求甚解,其中最重要的是不了解民族斗争与阶级斗争的关系和统一战线中团结与斗争的关系。由于这个原因,对党分配的具体任务往往不能全面完成而只完成其认为重要的部分——例如在做抗日动员工作的时候,因为怕妨碍统一战线,便不敢结合广大群众的阶级利益来宣传动员,而只讲一些抗日救国的大道理,结果在遭到国民党反动势力进攻的时候,便找不到自己依靠的群众基础——这样理论水平的人在当时相当多,所以才造成失败。从这种失败中才认识到地主阶级和蒋阎军在抗日阵营中的反动性,认识到群众基础的重要性。因此表面上看,《李有才板话》的主题是章工作员和老杨同志不同的工作方法的问题,但从深层次看,则是通过这种具体的一时一地的问题揭示和解决,来达至更深层的、更大的、更抽象的中国农村革命中基层政权问题的主题呈现。而对这个深层问题的关注,可以说是赵树理在40年代创作中所关注的最重要的主题。从这个角度看,《李有才板话》是赵树理40年代最为出色的作品,其最重要的价值就在于对阎恒元的重新发现。说重新,是因为这个人物最早就活在30年代的《有个人》中,他是导致秉颖逃亡的最直接原因,在《万象楼》里这个人物只留下标签一闪而过,在《小二黑结婚》里他被忽略了,只有在《李有才板话》中这个人物才终于被重新激活,并得到最为鲜活生动的出色描绘,仿佛是积攒了10多年的生活经验化为一股生气灌注其中。

尽管《李有才板话》中的阎恒元复活了《有个人》中的村长,但他还不是一个贯通性的人物,只有到了稍后的《李家庄的变迁》,我们才看到从民国十七八年一直贯通到抗战时期长期把持基层政权的地主李如珍,当然秉颖的故事也延伸到了铁锁。《李家庄的变迁》是配合上党战役,"是经上级号召揭发阎锡山统治下的黑暗之后才写出来",赵树理终于有机会将他30年代的农村经验与文学经验整合进一个长时段的叙述中了。《李家庄的变迁》实现了这种贯通性的叙述,小说前6章写铁锁如何被逼得远走他乡,这是《有个人》的升级版。第七到第九章,写抗战时期李家庄基层政权的争夺,这部分可以说是《李有才板话》的精简版,小常就像老杨,王同志就像章工作员。第十章以后写李如珍投靠日本人,最后被处死,李家庄人民彻底掌握了政权,"这里的世界不是他们的世界了,这里的世界完全成了我们的了"。从这个角度,我们可以说《李家庄的变迁》是赵树理小说创作的一个集大成,尽管如周扬所说,"还没有达到它所应有的完成的程度"。

将赵树理20世纪30年代的创作纳入研究视野,同时又有效地剥离出隐藏在问题小说表层之下的深层问题,我们会发现赵树理在40年代所关注的农村基层政权的问题,乃是根植于他30年代形成的对中国农村政治、经济文化、诸多方面的深刻认识。从《有个人》到《李家庄的变迁》,形成了一条清晰可见的发展脉络。正是因为有这样一条脉络,周扬才会将赵树理的小说放在"现阶段中国社会最大最深刻的变化,一种由旧中国到新中国的变化"中来讨论,认为它们是"农村中发生的伟大变革的庄严美妙的图画"。而对于新文学史来说,这样的变化也是从新文学到人民文艺的变化。因此,尽管赵树理的主要创作都是在1942年之后,但将他纳入代表五四新文学的"新文学选集"和代表人民文艺的"中国人民文艺丛书"中,却是恰如其分的。

（本文原载《南方文坛》2021年第1期,作者系中国社会科学院文学研究所研究员、中国赵树理研究会副会长）

赵树理文学的现代性内涵

贺桂梅

概括说来,赵树理文学之所以被怀疑缺乏现代性,是在两个层面上做出的:一是他的小说与农村民间文艺之间的密切联系;二是他的作品始终把政治事件和社会运动作为主题,呈现出明显的教化、宣传色彩,没有充分地体现建立在个人主义基础上的现代人的独立精神状态。以下的分析也主要围绕这两点展开,这里只讨论他的小说创作。

以民间为基础的现代文艺

赵树理文学的现代性主要表现在创造性地借鉴乡土中国社会的民间形式来表述一种既与民族国家现代性意识形态相协商,又与其相区别的独特观念。赵树理的民间形式是在两种参照中定义的:一是参照主要借重西方文艺形式和现代观念的五四新文艺,这里隐含着新与旧的对比,但又显然并不认为民间的必然是旧的;一是参照已进入古典文学正统地位的旧文学经典,与之相比,在受教育程度普遍不高的农民中间流行的旧形式,则无疑是民间的。赵树理所谓的民间,并非在国家政权、官方(state)与市民社会(civilociety)的框架中被定义,也不单纯是在现代(新形式)与传统(旧形式)的框架中理解,而是兼有两种框架涉及的内涵但又有独特的构成。这个概念指涉的是农村和农民这样一个具体的社会空间与社会群体，同时也指其中未曾被现代性历史摧毁的文化样式和认同资源，即所谓活的传统。

在与五四新文艺相参照时，这种民间文艺的突出特征是对本土资源的重视，尤其试图把现代观念容纳其中。在民族形式论争中，向林冰用"新质发于旧质的胎内"来论述民族形式和旧形式之间的关系，赵树理的基本观点则可以说是"在旧胎中培养新质"。他一贯强调的是新的文学必须是"土生土长的东西"，而他对五四新文艺的批评则是"放着在全中国群众中根深蒂固的现成基础不拿来利用、改造、补充、提高，却只想把它平灭了再弄一些洋花洋草来代替它"。如果说民族形式论争中对向林冰的主要批评是指责他没有分清新旧之间的主次和等级关系的话，那么赵树理争辩的重点则在于新形式应该以哪种资源为基础。民间形式因其具有群众基础及民族适用性而被赵树理视为理所当然的首选，并将此作为定位自己创作实践的主要坐标。

从赵树理表达创作观念的文章和创作谈来看，他对自己的定位始终是明晰的。40年代由李普的《赵树理印象记》的转述，他提出了"文坛文学家"和"文摊文学家"的区分。所谓"文坛文学家"，显然是指由五四新文艺作家构成的创作群体。在赵树理看来，这是一个"狭小得可怜"的圈子，"真正喜欢看这些东西的人大部分是学习写这样的东西的人，等到学的人也登上了文坛，他写的东西事实上又只是给另一些新的人看，让他们也学会这一套，爬上文坛去。这只不过是在极少数的人中间转来转去，从文坛来到文坛去罢了"。

这段话凸显了新文艺创作群体的封闭性（与大众化相对），以及新文艺创作的习得性（与自发性相对），因而文学变成了少数有特殊写作技能的人的专利。这段话虽不无偏颇,但也颇为准确地呈现出了现代文学本身的知识／权力关系(试比较特里·伊格尔顿关于文学性质的描述:"我们迄今所揭示的,不仅是在众说纷纭的意义上说文学并不存在,也不仅是它赖以构成的价值判断可以历史地发生变化,而且是这种价值判断本身与社会思想意识有一种密切的关系。它们最终所指的不仅是个人的趣味,而且是某些社会集团借以对其他人运用和保持权力的假设")。赵树理为自己设想的理想身份则是"文摊文学家":"写些小本子夹在卖小唱本的摊子里去赶庙会,三两个铜板可以买一本,这样一步一步地去夺取那些封建小唱本的阵地。"拒绝把大众隔绝其外的文学话语所形成的圈子,而选择似乎更开放的庙会"文摊",赵树理强调的是现代文艺实践内部的差异性,他并不拒绝"夺取封建阵地"这样的启蒙任务,也不拒绝文艺的市场流通形态(相反,在他看来,五四新文艺才是没有市场的)。从后两点看,赵树理似乎更为现代。"文坛文学家""文摊文学家"的对立,毋宁说是五四文艺传统和改造过的民间文艺传统的对立。

1954年,赵树理在一篇谈戏曲改革的文章中把这一点明确化了。他把文艺遗产分成三种:古典的、民间的和外国的。所谓外国的指的就是五四以来的新文艺。他称这些为"遗产",也就是从创制新文艺样式时可以借用的资源这个意义上来看待这些文艺样式。他认为,"民间艺术是会吸收新事物的,不过在自然状态下的发展,需要很长的时间(要在新事物变成群众日常生活的有机部分之后)",这事实上是一种和民族形式论争中大部分论者不一样的观点,其他论者不管是赞成还是不赞成利用民间形式,都会突出民间形式停滞的特性,赵树理却认为民间形式是可以吸收新事物的,因而是可以发展的。他所拒绝的改造方式是那种取消本土的民间形式而移植外国文艺的方式,那种"只想把它平灭了再弄一些洋花洋草来代替它"的方式,因而他提出了一种"正确的革命办法":"用人工缩短旧剧在自然状态下发展、变化时要占去的年代。要本着这个精神做,就得照顾到旧剧的特点、发展的规律、当前的缺点、各剧种的差别等等。"赵树理所说的三个遗产其实只有两个,那就是民间文艺和五四新文艺,而从这样的表述中不难看出,他认为民间文艺的改造利用是更重要也更有效的方式。1957年的时候,他把改造利用民间文艺和五四新文艺传统之间的对立表述得更直接:"经过五四所创之统是宝贵的,是应该继承的,但为更多数人所熟悉所喜爱之统就不应继承吗?再不能上学的人就不应该有接受艺术的机会吗?我们的下一代把两个统都继承起来不更好吗?为什么要有计划有步骤地来消灭一个呢?我以为把民间传统继承下来是有必要的。"到1966年,在赵树理写作的长篇回忆文章《回忆历史 认识自己》中,这种对抗意识成为一种近乎悲凉的绝望。他再次重复了40年代对五四新文艺的批评,即"把现在尚无文化或文化不高的大部分群众拒于接受圈子之外",同时写道:"我在这方面的错误,就在于不甘心失败,不承认现实。事实上我多年所提倡要继承的东西已经因无人响应而归于消灭了。……事实如此,不以人们意志为转移也。"

可以看出,在新形式(民族形式或当代文学)、民间形式、五四新文艺这三种文艺形态之间,赵树理提出的是一种区别于周扬等左翼文艺界主流观点的构想,即并不以五四新文艺作为基础、以民间形式为补充来创造民族形式,而是以民间形式作为基础、部分借鉴甚或抛开五四新文艺传统来创造新的现代的中国民族文艺形式。他对五四新文艺的指责始终是它"与人民大众无缘","在这方面却和他们打倒的正统之'文'一样"。赵树理所强调的文学作品与读者的关系似乎仅仅在重复毛泽东关于群众文艺或工农兵文艺的政治表述,但事实上包含了更复杂的内容。在他的构想中,突出作品与读者的关系并不仅仅是在强调阶级主体,而是文学作品必须与读者形成一种没有间离的关系,也就是作品所表现的认知方式、情感逻辑和叙事形态,必须与读者达到某种同一的混沌境界,使接受者没有对语言、文类的隔膜感而直接进入小说世界之中去。这一点与现代文学所强调的媒体自觉、作品与读者间的距离,是很不一样的。赵树理借以造成这种接受效果的资源,就是民间文艺。因为这种还活在乡土中国社会中的民间文艺对于农民来说,是一种自在的文艺,就像鱼在水中却感觉不到水的存在那样。他越来越深地忧虑的,是随着五四新文艺实践的扩张,民间文艺传统的消失。他认为造成这种现象的根源,是五四新文化运动对传统的彻底消灭以及全盘西化的方式,"我们不能再像五四时期那样,因为反封建打倒孔家店,连不是孔家店的东西也打倒了"。

在赵树理的认知结构中存在土与洋这样的二元对立式,这似乎简化了问题的复杂性,却打破了西方(现代)与传统(中国)这一对立结构式,即传统与现代之间并非截然对立的关系,而是将传统(也就是从前现代社会长成的民间文艺)看成是可以转化为现代的,并且强调无论何种形式的现代化,必须在本土的文化资源中生长。借用竹内好的表述:"赵树理周围的环境中不存在作者与读者隔离的条件。因此,使他能够不断地加深对现代文学的怀疑。他有意识地试图从现代文学中超脱出来。这种方法就是以回到中世纪文学作为媒介。"

口传文艺传统

赵树理对民间形式的借用,在50年代前期主要是口头文艺形式,比如评书形式(《小二黑结婚》《登记》)、快板形式(《李有才板话》)、口头故事形式(《传家宝》《邪不压正》)等;到50年代后期至60年代初期,尤其是《三里湾》之后的小说,则如孙犁所说,"读者一眼可以看出,渊源于宋人话本及后来的拟话本"。

在20世纪40—70年代,并非只有赵树理的小说在借用民间文艺样式,比如40年代的《新儿女英雄传》《吕梁英雄传》,以及50年代的《铁道游击队》《烈火金钢》《林海雪原》等也都采用这种方式,但其他小说主要借用的是章回体形式和英雄传奇的故事类型,赵树理却实践了多种形式,且做了更为灵活的创新。他自己说:"我写的东西,大部分是想写给农村中的识字人读,并且想通过他们介绍给不识字人听的,所以在写法上对传统的那一套照顾得多一些。但是照顾传统的目的仍是为了使我所希望的读者层乐于读我写的作品,并非要继承传统上哪一种形式。""我究竟继承了什么呢?我以为我都照顾到了,什么也继承了,但也可以说什么也没有继承,而只是和他们一道儿在这种自在的文艺生中活惯了,知道他们的嗜好,也知道这种自在文艺的优缺点,然后根据这种了解,造成一种什么形式的成分对我也有感染,但什么传统也不是的写法来给他们写东西。"这种"什么形式的成分对我也有感染,但什么传统也不是的写法"正是赵树理追求的目标,也是他小说的特征。这种借鉴民间文艺的主要特点在于对说唱文学的现代转换,即真正的言文一致。

赵树理小说的首要特征表现在语言上。就语言本身而言,人们难以从形式上发现多少地方色彩,相反是一种直截了当的朴素到干净的现代白话。这些小说几乎不采用歇后语或地方土语,而且人物语言和叙述语言之间达成了一种和谐统一,即小说的叙述语言也采取了和人物语言一致的口语。由此,小说整体上由直白、简洁的普通话构成。这种普通话既不同于长句式、结构复杂的欧化文学语言,也不同于古典的文言,而几乎像是"一个老农用简洁的、平淡的口吻讲出来"。如果说五四白话文运动是基于对古典文言文的否定而创造一种新的白话,而这种新白话仍旧是以都市市民语言或欧化句式构成的书面语形式,那么在赵树理小说中,语言的口语化则更进一层,它直接以农民口语为基础,继承了古典通俗小说的语言特征,从而造成一种"抓住了口语的节奏""有力而又流畅,朴实而又精确"的书面语形式。如郭沫若所说:"不仅每一个人物的口白适如其分,便是全体的叙述文都是平明简洁的口头语,脱尽了五四以来欧化体的新文言臭味。然而文法却是谨严的,不像旧式的通俗文学,不成章节,而且不容易断句。"在这样的意义上,赵树理的小说语言在创造一种更为口语化的书面语形式方面,比五四新文学更进了一层。

　　赵树理的短篇小说也具有这样的特征。尽管可以从中辨析出某种民间文艺形式的因素,但小说整体样式是独特的,并不是古典小说形式的模仿或移植。以《登记》为例,尽管可以从中看到评书的影响,但这显然不是传统形式的评书。这篇小说较为明显地借用了评书形式,甚至被称为评书体小说,最明显的结构因素是说书人作为叙述人直接出现在小说中,但这篇小说省略了传统评书中说书人的大量插话,以及过度的铺排性描绘和渲染。说书人在这里采取了自问自答的叙事形式,主要用来作为组织故事结构的一种功能性因素。由罗汉钱引出张家庄的故事,由故事引出小飞蛾,由小飞蛾的外号引出母亲的历史,由母亲的罗汉钱引出女儿的婚恋故事,这一层层的展开过程,主要是通过说书人的过渡性语句来进行连接的,从而使小说的第一部分能够自如地在现场与故事、历史(母亲)与现实(女儿)、背景与主要矛盾之间灵活地转换。事实上,正是说书人的存在,使得这篇被称为评书体的小说具有了现代实验小说的一些因素:由于说书人的存在,他对虚拟现场听众的问答,使故事的讲述始终在拟定的虚构层面展开,并以一种幽默的语调营造轻松的听故事氛围。如果说现代实验小说中叙述人的自我暴露是要强调小说的虚构、讲述的特性,那么《登记》中说书人的存在同样达到了这样的效果。

赵树理其他的短篇小说同样具有这样的特征,即传统形式的采用并不是沿用固定的套路,而是有效地服务于小说所要讲述的情节,并呈现出一种和现代小说相近的虚构自觉和多种叙述形式的融合。当然,如同孙犁所说,赵树理50年代后期至60年代的短篇小说,"对形式的爱好越来越执着,其表现特点为:故事行进缓慢,波澜激动幅度不广,且因过多罗列生活细节,有时近于卖弄生活知识,遂使整个故事铺张琐碎,有刻而不深的感觉"。造成这种拘束和滞重的原因,主要是当时的创作空间越来越局促,赵树理本人对民间形式的重视也越来越带有悲剧性的偏执心态。更明显的是,他的后期创作中对旧形式的利用主要不是前期所采用的民间口头说唱艺术,而是看重更为专业化的古典文艺形式,这大约也是赵树理对抗被他视为"文坛文学正统"的五四新文艺的一种下意识反应。

长篇小说结构和新人

在如何评估赵树理文学的成就及其现代性问题上,他的几部长篇小说是引起争议最多的作品。

周扬在评价赵树理的第一部长篇小说《李家庄的变迁》时认为,从小说中"可以看出作者在这里有很大的企图。和作者的企图相比,这篇作品就还没有达到它所应有的完成的程度,还不及《小二黑结婚》与《李有才板话》在它们各自范围之内所完成的。它们似乎是更完整、更精练"。而在评价赵树理的第二部长篇小说《三里湾》时,周扬也有这样的批评:"在他作品中所展开的农民内部或他们内心中的矛盾就都不是很严重、很尖锐,矛盾解决得都比较容易。作品中许多情节都没有得到充分展开的机会,而故事就匆忙地结束了。这样,就影响了主题的鲜明性和尖锐性,影响了结构的完整和集中。"这种批评概括说来,就是结构散漫、拖沓,对人物形象的心理冲突描写得不够,甚至缺乏典型性。竹内好在《新颖的赵树理文学》中引述对赵树理的批评意见时,也提到与周扬类似的观点,即认为赵树理的第一部长篇小说《李家庄的变迁》在"结构上有很大的破绽,头重脚轻"。这种批评在中国左翼批评界也存在。比如,邵荃麟、葛琴在分析《李家庄的变迁》时也这样说:"第十章以后,因为故事复杂了,就不容易处理,写得便显得松懈,描写太少,直叙太多,就不如前面的生动,所以在完整性上,它不如《李有才板话》。"

类似的批评意见显然是可以成立的,但必须注意的是这种批评所参照的标准——要求小说围绕一个核心冲突事件组织完整的结构,造成匀称、平衡的形式美感;要求人物描写深入心理分析的层次,表现某种自我分裂式的内心冲突。这也是现代长篇小说的基本手法和结构方式。赵树理的长篇小说却表现出了与此相异的特征。

《李家庄的变迁》大致可以分成三个部分:第一部分写民国时期1917—1918年一桩乡村官司,写出了未被战争和革命意识触动的乡村秩序,以及农民张铁锁破产的过程;第二部分写张铁锁在太原的流浪经历以及回村后的活动,表现的是这个朴素也普通的农民自我觉醒的过程;第三部分则写村子里的群众场面和群众活动,他们如何与地主、汉奸斗争,最后取得胜利。这种结构方式,显然不是以某个人物为中心,也不是以某一矛盾事件为中心,而是以更为庞杂的空间或群体作为表现对象,即题目所标示的"李家庄的变迁"。也就是说,小说所表现的主体是"李家庄"这个社会空间或群体,而不是张铁锁或小常。

在试图表现某一社会环境或空间的现代化变动时,现代小说惯常采用的手法是以一个家族或一个主人公来表现这种变动,比如路翎的《财主的儿女们》、梁斌的《红旗谱》等,人物被放在高于环境的位置上进行描写,等到他们的历史性格完成时,他们便站到小说世界最显眼的位置,读者必须通过人物与环境的象征性关系来理解社会环境本身的变化,《李家庄的变迁》则不同。其中,环境始终是小说所要表现的第一对象。人物有时会获得中心位置,比如对张铁锁的描写,但人物历史性格的完成并不是要他去取代环境成为第一表现对象,而是再次还原到环境之中,成为已经被革命唤起的群众中的一员。因此,到小说第三部分,张铁锁便消失在起来抗争的人群之中。竹内好称之为"先选出来,再使其还原"的"双重性的手法",他写道:"而且在这中间,经历了生活的时间,也就是经历了斗争。因此,虽称之为还原,但并不是回到固定的出发点上,而是回到比原来的基点更高的新的起点上去。作品的世界并不固定,而是以作品情节的展开为转移的。"这就决定了小说的结构也会缺乏一个中心人物或中心事件,而是处在向前变化的过程中。这种结构方式,事实上和进化的历史观之间有直接的关联,或者说这种结构方式以更为本质的方式表达了进化历史观。在这一点上,无论如何不能说这部作品是传统小说的复现。

在表现这种现代性历史观的同时,赵树理小说的结构也摆脱了现代小说惯常使用的中心人物的成长故事。一般而言,中心人物的觉醒开始于其与所生活环境的自觉分离,然后在斗争中获得新的历史性格,最终成长为英雄般的新人。《李家庄的变迁》也试图表现新人成长的过程,这主要是通过张铁锁这个人物形象来表现的,但张铁锁与一般英雄人物相区别的是,他并非英雄——即环境的中心,而是以李家庄这个空间中的普通一分子出现的,因而他的觉醒就带有更大的普遍性,而当他成长为新人之后,也并不是永远站在历史斗争最前列的核心人物,而是消融在更多的新人中间,再次成为新人世界中的一分子。也就是说,这个人物身上始终具有某种融合了主动性和被动性的因素。关于他对自己遭受压迫的愤懑,关于他如何迅速地接受青年学生身份革命家小常的思想影响,这是他主动性的表现,而他必须通过小常这样的人才能确认"世界的不合理性"和抗争的必要性,他即使成长为新人也并不是一个引导历史前进的英雄,这显示的是他的被动性。对于赵树理小说人物的这种被动性,洲之内彻认为是一种"一元化价值",即小说人物"之所以受到祝福,是因为历史的必然性,是因为他们属于进步势力方面的人;他们之所以受到祝福,是因为他们的社会立场正确。除此之外,别无他因"。因而,洲之内彻觉得在其中看到了虚无主义,即"赵树理创造的人物,只不过具有社会意义、历史价值的影子而已，实际上他们连反对社会权威的战斗都没参加过。新的政府和法令，如同救世主一般应声而到，道路是自动打开的"。

这种评价有其独到之处，较为准确地呈现了赵树理小说人物的被动性内涵，但因此说他们只是"社会意义、历史价值的影子"，"连反对社会权威的战斗都没参加过"，却并不准确。至少在《李家庄的变迁》中，真正完成解放自己历史任务的，并非"新的政府和法令"，而是农民们血流成河的斗争。竹内好认为赵树理的小说克服了现代文学中常有的人物与环境的对立，最终形成的那种"一元化价值"的世界是"抛弃了自己和自己所处的世界，而获得了更加广阔的世界，并在那个世界中得到了自由的自己"。这种评价方式或许有溢美之嫌，但需要意识到竹内好做出评价的前提，即一方面从传统中解放出来而达到现代化，另一方面又要克服现代化的困境。他正是在这样的双重现代性维度中做出的评价。因而，竹内好的观点事实上超越了洲之内彻（事实上也是大多数质疑赵树理小说现代性的研究者所具有的）那种单一维度的现代性观念。

就赵树理本身来说，值得重视的一点是他始终非常清醒地意识到自己小说的阅读对象是农民，即"写作品的人在动手写每一个作品之前，就先得想到写给哪些人读，然后再确定写法。我写的东西，大部分是想写给农村中的识字人读，并且想通过他们介绍给不识字人听的"。这种对农民阅读水平及阅读趣味的照顾，具体表现在小说中就是周扬所说的"农民是主体，所以在描写人物，叙述事件的时候，都是以农民直接的感觉、印象和判断为基础的。他没有写超出农民生活或想象之外的事体；没有写他们所不感兴趣的问题……他把每个人物或事件在群众中的反映及所引起的效果，当作他观察与描写这个人物或事件的主要角度"。这种对阅读主体和想象主体的认同,造就了赵树理小说的主要特点。他小说人物的被动性因素,一方面表现的是某种历史的真实,即农民在中国革命历史中所处的位置和他们获得历史意识的方式;另一方面也可以说,他依照农民生存方式和精神结构的现实,拒绝或否定了那种以个人主义作为意识形态实践方式的人物主体想象。既然个人主义作为意识形态实践和主体构成方式遭到拒绝,因而心理分析、自我分裂式的心理冲突、英雄化主人公,都没有出现在赵树理的小说中。

超越个人主义的农民主体

这是我们首先重复周扬所提的问题:"赵树理岂不只是一个农民作家吗? 他的创作和思想水平不是降低到了'农民意识'吗?"回答当然不像周扬那样斩钉截铁,说因为赵树理"歌颂了农民的积极的前进的方面","写了好的干部",因此就超越了农民意识。问题不在于是否因为表现了"农民意识"就不现代了,而是应该意识到在谈论现代化问题时,现代化的主体到底是什么。

赵树理始终关注的是处在社会大变动过程中的农民,因此他就会表现出与以独立个体或都市市民作为主体的现代化想象不同的地方。赵树理小说与传统小说的区别是明显的,就是他从不放弃启蒙、反封建这样的现代化主题,相反地,他认为自己的小说比五四新文艺更彻底地渗透到被现代化遗弃的农民群体和农村文化市场之中。造成疑虑的是赵树理小说用以启蒙的现代化意识形态本身,即这种现代的意识形态主题由于和官方主流意识形态之间的关联,经常被研究者认为是一种官方意志的"政治传声筒"。如果参照康德所谓"启蒙运动就是人类脱离自己所加之于自己的不成熟状态。不成熟状态就是不经别人的引导，就对运用自己的理智无能为力。当其原因不在于缺乏理智，而在于不经别人的引导就缺乏勇气与决心去加以运用时，那么这种不成熟状态就是自己所加之于自己的了"，可以认为，如果赵树理小说的现代主题仅仅是一种官方意志，那就仍旧没有摆脱蒙昧的状况。

但赵树理文学的现代意识并没有那么单纯。在早期的小论文中，赵树理把通俗化工作称为"'新启蒙运动'的一个组成部分"，即"新启蒙运动，一方面应该首先从事拆除文学对大众的障碍，另一方面是改造群众的旧的意识，使他们能够接受新的世界观"。所谓"新的世界观"，在赵树理小说中既不同于五四新文艺的核心——个人主体的独立意识，也不同于以集体主体为核心的国家具体政策，而是呈现出另外一种混沌的状态。这种状态或许可以描述为从既有的由乡村宗教会道门传播的封建世界观和宗族秩序中解脱出来，但并不立即获得独立的个体意识，而停留在未被重新整合的自在状态中。这是为什么赵树理的小说一方面宣传反对封建迷信，但又没有明确地表现需求民主的个人主体；一方面宣传婚姻自主，但又不写爱情；一方面配合每一次政治宣传而写出相应的问题小说，但又总被指责为有农民意识。

"农民意识"经常被转换为"实利主义"，一方面暴露出农民的利益与国家利益之间的缝隙，另一方面又被批评为缺乏现代人意识。农民与国家利益之间的分歧，无须做更多的讨论。事实上，如果说赵树理在50年之后的当代文坛受到种种质疑而处在一种相当微妙和尴尬的位置的话，那么核心原因即在于此。表现在文艺形态上则是前述工农兵文艺与社会主义现实主义这两种规范之间的矛盾。帕萨·查特杰等印度学者在展开庶民研究（subalternstudies）时提出，在反殖民时期，民族国家往往能够调动农民成为抗争的主体，而民族国家独立之后，农民与国家之间的利益却越来越分离。如若将这一论断移到关于赵树理的讨论中，也可以部分地解释赵树理在1950年之后为何被屡屡指责为"农民作家"而缺乏更高的境界。

赵树理小说的农民意识和国家意志之间的关系，也并非简单的对抗模式，而是一种协商的关系，这样说更准确些。赵树理小说的主题与不同时期的政治任务紧密配合，是他经常提及的一点。在《回忆历史 认识自己》中，他甚至把自己的每一篇作品都和政治宣传任务联系起来，并将那看作产生小说主题的直接动因。这也就是他自己所说的问题小说。表现在具体的小说形态上，却较为复杂。他的小说从来不是直接图解某一政治观念或政策，而是试图从是否有益于农民（被理解为人民利益）这一核心准则中寻找这一主题的合法性因素。即使是《登记》这样一篇直接配合宣传新婚姻法的小说，他也是从农村女性的利益诉求出发来完成对主题的表达。在一篇直接谈赶任务的文章中，赵树理这样说："如果本身生活与政治不脱离，就不会说临时任务妨碍了创作，因为人民长远的利益以及当前最重要的工作才是第一位的……认为'临时任务'一来，妨碍创作，原来的工作就永远不能完成了，这种错误观点的产生基本上就是因为生活与政治不能密切配合，政治水平还不够高。所以当上级已将任务总结指出之后，应该感谢才对，因为自己不能认识到是中心任务，而别人已替自己指出来。"这种说法不无偏颇之处，它主要是表现赵树理对文学政治宣传功能的理解，而不是作为统摄性的"文艺为政治服务"的政治要求。值得注意的是，赵树理之所以认可赶任务，基本前提是政治任务符合"人民长远的利益"。可以想见，如若这些政治任务并不与人民利益相符,他会做何选择,比如1959年赵树理到晋东南蹲点发现农村问题后,他就选择站在农民一边。这也是他后期不断受到批判的原因。

关于赵树理小说是否仍停留在传统的精神状态中而根本没有获得现代的个体自我意识,这个问题则要复杂一些。洲之内彻如此概括现代文学的暧昧性,即"一方面想从封建制度下追求人的解放,同时另一方面又企图否定个人主义"。洲之内彻认为,尽管个人/社会的对立是"现代人面临的巨大苦恼之一",但文学表现个体的心理分裂"对于确立现代化自我是不可缺少的,或者说不可避免的,也可以说是现代化命运的归宿"。

竹内好的观点却不这么简单,他倾向于将个人主义、自我完成看作一种历史范畴,或意识形态实践的结果。竹内好在描述战后日本青年的困惑时写到,由于无法发现"孕育个体无限发展的可能性",在青年中产生了虚无主义和存在主义的倾向,但是"虚无主义和存在主义是西欧个性解放过程中的产物,所以在以表面的现代化还未成熟的个体为条件建立起来的日本社会里,想要诚实地生存下去、诚实地思考的人,是不能长期停留在虚无主义和存在主义之上的"。也因此,同样是"自我现代化还没有成熟"的中国,赵树理文学提供了一种"整体中个人自由"的认知形态。具体表现为小说中的人物经常随事件的出现而出现,随后又消失,而没有成为贯穿小说的典型人物,比如《李家庄的变迁》中的小常、张铁锁,也就是个人并不与整体对抗,也不是整体的一个部分,而是以个体就是整体这一形式出现。

竹内好的这种分析是有启发的。一则,他提示我们以自我性格完成、个人主体作为评判小说人物的唯一标准,是一种现代文学的"无形约束",因为这使我们不能接受超出这种人物模式、主体状态之外的其他主体形象;二则,必须意识到个人主义也是一种现代性的意识形态。在所谓"大写的人"已经成为80年代中国的现代化神话被人们认知之后,反思现代性的维度应该延伸到关于个人主义的反省。反省的例证之一,则是赵树理这样的并不强调表现个人主义自我或情感方式的文学作品。如果说存在一种另类的现代自我形态,赵树理文学或许是值得考察的对象之一。

形成争论的是赵树理的小说中"没有爱情描写"。不仅对《小二黑结婚》《孟祥英翻身》《传家宝》《登记》可以提出这样的质疑,以三对年轻人的婚恋故事作为主要叙事线索的《三里湾》也明确地受到这一质疑。一位署名"一丁"的读者50年代曾写《没有爱情的爱情描写:读〈三里湾〉》一文,与赵树理商榷。赵树理给出的回应是:一则,农村的生存状况决定了青年农民的爱情不可能像城市那样。他们虽然都自由了,但在恋爱、婚姻上还不能"像城市那么开放"。"让有翼和玉梅拉住手扭扭秧歌还可以,你让他两人去跳'步步高''快三步'就不行"。二则,农民的爱情就是如此,"不要求知识分子都看我的《三里湾》,也不希望他们在《三里湾》里寻找恋爱经验"。赵树理的回答颇为现实主义:现实中没有的就不能瞎写。而从知识分子/农民的对立中,可以再次看到赵树理是在有意识地拒绝一种形态的爱情描写。他并没有说他的描写就是爱情,而是区分了不同的恋爱经验。这种恋爱经验如果用个人主义和自我完成的眼光来看,确实过于庸俗,促成那三对年轻人结婚的心理动机,都是一种非常实用和实际的考虑。

如果我们并不是要评价哪一种爱情描写更好或更有道理,而是本着竹内好所谓现代小说应该是自由的,"不受任何约束",那么赵树理小说对这样的农民爱情经验的描写就有存在的合理性。何况,他对其表现对象的社会属性和小说的阅读对象始终有着充分的自觉考量,其目的也正是要破除那种普泛的但与农民经验相隔绝的爱情观。如若进一步深入小说所写的爱情关系中,可以说这种新型的恋爱关系,一方面使年轻人从封建宗族关系和观念的束缚中解放出来,另一方面又不认为那必然导向一种现代都市核心家庭式的婚姻关系。也就是说,这种新型的农民爱情打碎了封建宗族关系和封建观念,却不想打碎社会结构来重组一套全新但陌生的关系模式,而是以更自由的方式,以自觉的个体的选择,来获得在原有社会结构中的自由。试想《登记》等小说中对美满婚姻关系的描绘——"日子也过得,家里也和气,大人们脾气都很平和,孩子又漂亮又正干,年纪也相当",这不仅是女儿艾艾的择偶标准,也是母亲小飞蛾的标准。尽管这种爱情仍旧和传统社会的门当户对相似,但由于在这过程中是获取了自由的年轻人的彼此选择,是在斗争中获取的结果,因此与传统的门当户对又有了不同的前提和生活内容。而赵树理的爱情描写的现代性,正表现在这里。

（本文节选自贺桂梅《时间的叠印:作为思想者的现当代作家》,生活·读书·新知三联书店,2021年。作者系北京大学中文系教授、中国赵树理研究会副会长）

赵树理难题与农业社会主义问题

罗　岗

引入注目的是,《"锻炼锻炼"》处理干部之间的关系具有一种历史性眼光,具体表现为老经验与新情况之间的矛盾。历史地看这个矛盾,当然不应该局限在"争先"社,而是处于农村集体化的进程中:从互助组到合作社,从高级社到人民公社……每一个阶段既是阶级话语、集体主义等社会主义新传统改造农村基层社会的结果,也是传统乡村共同体和农民日常生活实践与之冲突、妥协并有可能转化、重返的结果,两者的共同作用所形成的经验有一部分可以适应于下一个阶段,但也可能由于改造的最终目标在于消灭私有财产制度和传统的基层市场体系,使之前行之有效的经验完全失效。赵文词认为:"中国农村的社会主义改造并没有从根本上改变农民的家庭结构,或者说没有分解家庭生活的传统组织。在社会主义改造时期,当政府紧密围绕农村的传统社会生态体系而建立新的组织进行集体农业劳动时,共产主义的意图便明显获得了巨大的成功。但是当政府试图打破某些基本的传统社会生活方式,尤其是组织起了高级农业生产合作社和人民公社时,结果则造成了经济和政治上的混乱。所以到最后,这种传统的社会生活方式便基本上完好无损地保存下来。"按照他的看法,自然是老经验没问题,新情况出状况了。正如越来越多的研究者指出的,互助组是中国共产党早在老解放区已经发明了的传统,在互助合作运动初期,由于和民间传统冲突较小,重叠较大,"发家致富"的口号作为政治话语与农民家户私有的观念相契合,所以不像后来合作社阶段那样遭遇激烈的退社风潮。经济学家林毅夫在研究1959—1961年的中国农业危机时,甚至用博弈论的方法将1958年秋合作社成员退出权的被剥夺看作是俗称"三年困难时期"的发生根源,"在1958年以前的合作化运动中,社员退社自由的权利还受到相当的尊重,但自1958年的公社化运动以后,退社自由的权利就被剥夺了,因此,'自我实施'的契约无法维持,劳动的积极性下降,生产率大幅滑坡,由此造成了这场危机",而自然灾害、政策失误和管理不良以及公社规模过大只是这场危机的第二位原因。其中隐含的意思还是认为对农村进行社会主义改造的公社化过于激进,不合当时的国情——国情在这儿通常被解释为农民"种田万万年"的小私有观念和农村经济的"小生产性质"。在这种经济基础上,如果设想建设社会主义,难免是带有乌托邦气息的农业社会主义了——这也是为什么另一位经济学家周其仁在研究合作化以来农村所有权关系的变迁史时,按照制度经济学的方式,提出所谓所有权悖论:"一方面,所有权不能完全不要国家而得到有效执行;另一方面,国家的引入又非常容易导致所有权的残缺。"为解决这一悖论,他在国家与社会二元对立的基础上构想了一个理论假设,"只有当社会与国家对话、协商和交易中形成一种均势,才可能使国家租金最大化与保护有效产权创新之间达成一致",并且简单地将西方式排他性的私有产权套用到中国农村"公私相对化"的财产观念上,认为集体化对农民土地私权的剥夺所导致的集体经济,其实质是国家控制农村经济权利的一种形式,其实践违背了上述假设,因而是低效率的,并最终归于失败,而市场取向的农村改革使实践的逻辑逐渐符合重建产权秩序的理论逻辑。这就解释了为什么在70年代末和80年代初改革开放开始之际,需要在理论上对农业社会主义进行清算:"人们认为,合作化运动这样迅猛地发展,是广大农民蕴藏的极大的社会主义积极性迸发的结果。这种看法在理论上是没有根据的。"能够在理论上找到根据的自然是将集体化重新私有化和市场化,而且必须以面对现实、正视国情为前提,就像施坚雅说的那样:"对集体化也好,对市场也好,共产主义者不得不接受既定的传统结构,不得不在它们呆滞的力量之上进行建设,不得不通过它们向着建成社会主义社会的机构努力。……在传统的市场共同体限定了共产党为农村改革所选择的手段的同时,农村改革又不可避免地非常确实地反过来赋予它们以新的形式。"

无论是集体化还是市场化,当代中国农村的变革始终都要面临落后的小农经济。这一问题意识的存在为我们提供了对共和国60年做一个整体观的可能。因为坊间发表的许多总结和反思共和国60年经验教训的文章,关于如何处理传统社会主义时期的前30年和改革开放时期的后30年的关系,一直是争论不休的问题。关键的分歧也在于如何评价农业社会主义。

所谓农业社会主义,指的是希望把社会主义建立在小农经济的基础上,由此放弃了新民主主义路线,过快地走向了社会主义,也就放弃了允许资本主义在中国存在的空间和机会。很显然,对农业社会主义问题的分歧在于究竟社会主义的构想是乌托邦,还是在中国允许资本主义的发展是乌托邦。当然,今天的主流观点是批评农业社会主义,而要克服其弊端是不要过快地改造资本主义,并允许和鼓励它的存在。

一直有人认为赵树理站在农民的立场上写作,所以推测他可能也具有某种农业社会主义的倾向。赵树理始终贴着农民的眼光看问题,但他并非简单地认同农民的立场,而是充分意识到农村必须改变,只不过这种改变需要顾及原来社会内部的结构。如果我们不把农业社会主义做一种简单负面的理解,那么某种程度上在农村人口占绝大多数的落后农业大国如何实现社会主义,也可以称之为农业社会主义。毛泽东早就批评过幻想在小农经济基础上发展社会主义的想法,然而这并不意味着不能把在农业大国的基础上建设社会主义视为对现代资本主义的克服。问题的关键是,如何在一个农民占绝大多数的国家建设社会主义?现代化和集体化两者的矛盾需要构想新的治理方式。

今天回过头来看,比较容易从解决资本原始积累交易成本的角度去理解现代化,也即工业化和集体化之间的关系,"中国工业化面临的是一个平均分配土地的彻底的小农经济,于是它的资本积累的制度成本就非常高。因为我们知道,工业化最早的资本原始积累必须解决工业和农业、城市与乡村之间的交易。小农经济越是分散,得到农户剩余的制度成本就越高。于是,在50年代中期,为了解决城市工业的积累问题,政府建立了农村的集体化制度"。提出这个观点的温铁军甚至更具体化地指出,中国在1949年以后进入了这样一个历史阶段——世界正处于第二次世界大战之后地缘战略尚不稳定的时期,中国在这个历史阶段所经历的工业化过程,和战后大多数发展中国家所走的工业化路径是相似的,也就是资本输出国投资,后发国家承接投资。如果撇开意识形态来看当时苏联的作用,一定程度上也是发挥资本输出国的作用。但资本输出国的投资一定是有条件的,如果不能满足资本输出国的条件,投资就会停止。因为朝鲜战争的缘故,中国获得了苏联的投资,以推动军重化工类型的工业化建

118

设。在此基础上,并没有直接导致城乡二元结构,反而用了好几年的时间,动员2000万青年农民进城工作,这些人是为了配合工业化来挖土方、修马路,进行基本建设,然而众所周知的是,由于涉及国家主权和民族独立的大是大非,中苏关系破裂,苏联突然提出不增加投资,这就意味着后续资本投入趋零。看看世界历史,一般发展中国家在资本输出国停止投资后,都会出现经济崩溃、政治体系坍塌,导致社会动乱,甚至种族屠杀,而中国出现了什么呢?1958年之后的调整直到1960年确立自力更生路线,其实是在资本极度稀缺的条件下,中国不得不以高度的集体化和单位制,成规模地组织低成本的劳动力去替代极为稀缺的资本,最终依靠自力更生、艰苦奋斗完成了国家工业化不可逾越的原始积累。无论是从降低交易成本的角度理解集体化,还是用劳动力替代资本来解释工业化,这种强调功能和效用而非简单地从意识形态出发来重绘历史图景的努力,确实有利于打破仅仅根据左或右的立场给复杂历史乱贴标签的惯性思维:"集体化并非农业自身的错误,而是服务于工业原始积累建立起来的,是有利于工业化提取农业剩余的组织。那么,集体化在农业上的不经济,也是国家为了工业而大量提取剩余造成的。后来有很多人做学术研究,认为集体化的不经济是因为缺乏激励。很好,这些研究都有价值,但大多没有注意,这不是集体化自身的问题。"

但是,这一思路的问题在于过分强调了工业化的铁律,所有其他事物——包括集体化——似乎都应该服从于这一铁律,而没有意识到1949年后的工业化是与对社会主义的追求紧密联系在一起的。工业化固然在物质条件上限制了社会主义的程度,可社会主义同样要在政治意识上规划工业化的路径。1955年7月,毛泽东在中共中央召集的省委、市委、自治区党委书记会议上做《关于农业合作化问题》的报告，报告的第七部分专门谈到社会主义工业化离不开农业合作化的问题："这些同志不知道社会主义工业化是不能离开农业合作化而孤立地进行的。首先，大家知道，我国的商品粮食和工业原料的生产水平，现在是很低的，而国家对于这些物资的需要却是一年一年地增大，这是一个尖锐的矛盾。如果我们不能在大约三个五年计划的时间内基本上解决农业合作化的问题，农业就不可能由使用畜力农具的小规模的经营跃进到使用机器的大规模的经营……其次，我们的一些同志也没有把这样两件事联系起来想一想，即社会主义工业化一个最重要的部门——重工业，它的拖拉机生产、它的其他农业机器的生产、它的化肥生产、它的供农业使用的现代运输工具的生产、它的供农业使用的煤油和电力的生产等等，所有这些，只有农业已经形成了合作社的大规模经营的基础上才有使用的可能，或者才能大量地使用。我们现在不但正在进行关于社会制度方面的由私有制到公有制的革命，而且正在进行技术方面的由手工业生产到大规模现代化机器生产的革命，而这两种革命是结合在一起的。在农业方面，在我国的条件下（在资本主义国家内是使农业资本主义化），则必须先有合作化，然后才能使用大机器。由此可见，我们对于工业和农业、社会主义的工业化和社会主义农业改造这样两件事，决不可以分割起来和互相孤立起来去看，决不可以只强调一方面，减弱另一方面……其次，我们的一些同志也没有把这样两件事情联系起来想一想，即为了完成国家工业化和农业技术改造所需要的大量资金，其中相当大的一部分是要从农业方面积累，这除了直接的农业税以外，就是发展为农民所需要的大量生活资料的轻工业生产，拿这些东西去同农民的商品粮食和轻工业原料相交换，既满足了农民和国家两方面的物资需要，又为国家积累了资金。而轻工业的大规模的发展不但需要重工业的发展,也需要农业的发展。因为大规模的轻工业的发展,不是在小农经济的基础上所能实现的,有待于大规模的农业,而在我国就是社会主义的合作化农业。因为只有这种农业,才能够使农民有比较现在不知大到多少倍的购买力。"

很显然,毛泽东当时的视野已经涵盖了温铁军后来不断强化的工业化思路,既包括集体化降低工农业之间交易成本的问题,也蕴含了合作化为工业化提供资金的问题,只不过温铁军不再使用传统的社会主义概念,而是运用现代经济学的术语重新表述,但他的这种重新表述隐约透露了某种宿命论的味道,譬如他把社会主义中国要走独立自主、自力更生的发展道路,简单地归纳为:"只要遭遇资本绝对稀缺,主流就都会采行亲资本的政策体系。如中国50年代获得苏东资本,主流就是亲苏东的。到了70年代又获得海外西方资本进入,那就在70年代以后,主流就改为亲西方。但有一个特例,那也是属于前提条件改变,就是被封锁。例如,中国60年代被两个超级大国封锁,政府亲不得资本,只好亲劳工、亲社会。实际上,当代中国只有60年代这段时间没有海外资本,且完全被封锁,这时候,可以叫作'去依附'(de-dependent)。"在他的讨论中,仿佛一切都是被客观条件所决定的,无论这种客观条件是资本或是封锁,所有主观的政策、计划和努力只不过是对客观条件的被动反应或回应罢了。按照这种逻辑,中国农业合作化运动也很难开展,因为当时流行的观点——包括苏联的经验——都认为"没有机械化就没有合作化""要想集体化先要机械化",最初刘少奇、刘澜涛和薄一波不支持山西发展农业生产合作社,原因也在于此。而毛泽东用于说服他们的理由是:"既然西方资本主义在其发展过程中有一个工场手工业阶段,即尚未采用蒸汽动力机械、而依靠工场分工以形成新生产力的阶段,则中国的合作

121

社,依靠统一经营形成新的生产力,去动摇私有基础,也是可行的。"后来他在阅读苏联《政治经济学教科书》时还专门谈到这个问题:"先要改变生产关系,然后才有可能大大地发展社会生产力,这是普遍的规律。东欧一些国家,农业合作化搞得慢,到现在还没有完成,这主要不是因为他们没有拖拉机,相对说来,他们的拖拉机比我们多得多。主要是因为他们的土地改革是靠行政命令的,是从上而下地恩赐的,他们没收的土地是有限额的,有的国家一百公顷以上的土地才没收。他们在土地改革以后,又没有趁热打铁,实行集体化,中间整整间歇了五六年。我们则与他们相反,实行群众路线,发动贫下中农展开阶级斗争,夺取地主阶级的全部土地,分配富农的多余土地,按人口平分土地,这是农村的一个极大革命。土改之后紧接着开展了广泛的互助合作运动,由此一步一步地、不断前进地把农民引向合作化的道路。另一个重要原因,就是他们没有我们这样强大的党、强大的军队。我军南下时,各省都配备了从省、地到县、区整套的地方工作的干部班子,而且一到目的地,立即深入农村,访贫问苦,把贫下中农的积极分子组织起来。"针对"机器拖拉机站是对农业实行社会主义改造的重要工具"的说法,毛泽东更是针锋相对地指出:"机器拖拉机站是对农业实行社会主义改造的重要工具。教科书在很多地方都是这样强调机器对社会主义改造的作用,但是如果不提高农民的觉悟,不改造人的思想,只靠机器,怎么能行? 两条道路斗争的问题,用社会主义思想训练人和改造人的问题,在我国是个大问题。"无论是"先要改变生产关系,然后才有可能大大地发展社会生产力",还是"如果不提高农民的觉悟,不改造人的思想,只靠机器,怎么能行",都显示出毛泽东极其灵活的辩证法,不屈服于现实,不拘泥于客观条件,而是在认清现实,把握客观条件的同时,强调用理想改造现实,用主观性和主体性超越客观条件,譬如延安时期,人们都认同"山沟沟"这一现实,期望把新民主主义社会的基础建立在家庭上,毛泽东却要用"机器"来超越现实,提出"巩固家庭"和"走出家庭"的辩证关系,而合作化时期,人们都期待机械化才能带来集体化时,他却转而指出,不能迷信机器,要重视人的力量,要依靠"提高农民的觉悟,改造人们的思想",才能走出社会主义的新路。这种辩证法使毛泽东始终保持一种批判的姿态,既用理想批判现实,也用现实批判理想,在一种高度紧张的关系中保持思想的张力。

《"锻炼锻炼"》作为一部赵树理意义上的问题小说,只有放在这一历史脉络中才能理解他的问题意识。针对如此艰难的问题,赵树理在当时没有也不太可能提出完整的解决方案,但他的写作也指向了一种具体的普遍性:首先是具体的,但在具体的过程中有向普遍性提升的可能。正如赵树理提出的伦理性的法律:法律是普遍性的,伦理是具体的,但问题在于两者如何结合,结合之后又怎样解决矛盾。赵树理把"具体的普遍性"放在劳动计量方式的改变过程中考察,在这个过程中他发现冲突十分激烈,却没有很好的解决方法。赵树理既拒绝王聚海的做法,也不认同支书的态度,即使对杨小四的方式也持某种保留意见。小说无法提出制度性解决方案,只能抽象地指出资产阶级思想的问题。这与赵树理希望将具体与普遍融合起来的想法相去甚远,只能表达出某种困境。这种困境扩展起来看,不仅仅存在于农村,城市也面临同样的矛盾,即劳动的理性化管理和社会主义高度平等诉求之间的矛盾。赵树理小说所描写的农民的落后性,在城市中、工厂里更鲜明地体现在《千万不要忘记》下班后打野鸭子的丁少纯身上。因此,可以把《"锻炼锻炼"》包含的内在紧张,看作是从20世纪50年代后期开始,而到了20世纪60年代愈加明显的社会结构性矛盾的一种预兆和缩影。

引人注目的是,赵树理面对困境或难题,并没有完全接受一条以接受现实为前提的农村发展之路。从特定的角度来观察,我们不难发现20世纪40年代开始的赵树理对农村问题的思考和农民命运的书写,和同样开始于20世纪40年代的费孝通关于乡土中国和乡土重建的研究,有某种奇妙的契合之处,尽管费孝通当时没有接受中国革命的影响,而赵树理已经置身于这场革命的伟大实践中。但如果我们意识到中国革命现代性"是指20世纪中国围绕共产革命与治理而形成的独特实践,它牵涉到一系列既不同于'传统'而又具有中国特色的态度、话语、制度以及权力形式。但是,所谓'中国革命现代性'并非一套可供演绎的理论框架,当然更非一项有待完成的政治工程,而是旨在就20世纪中国历史演变展开多方位、多维度的经验探究的一种设问方式。因此,关于'中国革命现代性'的历史探究不能从先入为主的严格的概念界定开始,而应该也只能是在这一问题关怀下,从经验出发,逐步把握其具体而丰富的历史内涵",那么需要进一步讨论的问题是,这种现代性方案与其他非革命导向的现代性方案之间是什么关系?与强调从乡土社会转化为现代社会的经典现代性方案之间又是什么关系?将赵树理对农村社会的书写与费孝通对乡土中国的研究联系起来看,为讨论上述问题提供了某种可能性。赵树理和费孝通对农村和乡土思考的共同点是,不以接受现实的乡土中国为前提,而以改造农村社会为起点,这既包含了他们成功的经验和失败的教训,同时也显示了他们思考的当下性和难题性。这种思考的当下性和难题性,或许在21世纪的今天可以表述为:中国未来的发展是在保持中国革命和社会主义的某些理念与实践的前提下,构建一个如主流表述的大多数国民实现生活小康的和谐社会,还是继续追随资本的模式,最终在事实上成为一个分裂成两个世界——一个可能越来越富裕和现代、人们纷纷涌入的城市中国与一个依然贫穷落后、人们争相逃离的乡土中国——的国家。

（本文节选自罗岗《英雄与丑角：重探当代中国文学》，东方出版中心，2020年。作者系上海华东师范大学中文系教授、中国赵树理研究会副会长）

山河异域,风韵同辉

——汪曾祺与赵树理的民间性

王　干

　　虽然汪曾祺、赵树理两位先贤已经去世多年,但人们对他们的怀念和研究却始终没有停止过。赵树理作为新文学的代表性作家,一度被尊奉为"赵树理方向",其影响力自然不用说,而之前文学史家们评价并不怎么高的汪曾祺,近年来形成了一股小小的汪曾祺热。汪曾祺被有些学者称之为"最后一位士大夫",属于文人作家的代表人物,赵树理则是新中国民间叙事尤其是农村叙事的代表人物。看上去有点不搭,从表现形态上看,一个属于雅的,而一个属于俗的;就写作的题材来看,汪曾祺描写的是南方水乡的灵动和韵致,赵树理描写的则是北方山地的厚重和悠远,可谓南辕北辙,但如果仔细研究他们的作品就会发现,他们之间居然有一种神奇的相通之处和奇妙的联系。

　　值得一提的是,汪曾祺和赵树理一起共过事。新中国成立初期,汪曾祺在《说说唱唱》编辑部担任编辑,而赵树理正是《说说唱唱》的主编,和赵树理有较长时间的接触,汪曾祺在其文章《赵树理同志二三事》里面记载过他们这段时间的交往,对赵树理给予了很友善的评价。汪曾祺后来多次提及和赵树理共事的经历,认为一个戏曲作家不学习民歌,是写不出好唱词的,写小说的,不读一点民歌和民间故事,就不能成为一个好的小说家。可见,汪曾祺非常珍惜在《说说唱唱》的编辑生涯。有趣的是汪曾祺新时期复出文坛的第一篇作品是关于民间文学的,不是小说,不是散文,也不是戏剧,而是一篇名叫《"花儿"的格调:兼论新诗向民歌学习的一些问题》的论文。和赵树理的交往,对民间文学的了解和熟悉,对汪曾祺小说创作的影响是潜移默化的,这也是汪曾祺的作品后来经久不衰至今流传的原因之一吧。

生活的暖色

中国新文学的一个重大变化,不仅在于从文言走向白话,而在于塑造了一批新的人物形象,特别是农民形象的出现,成为一个新的前所未有的人物画廊。中国是一个农业大国,也是以农民为主体的国家,中国古代文学作品却缺少对农民形象的塑造,尤其是中国的小说,几乎没有正面触及农民的生活。《水浒传》被称为描写农民起义的长篇小说,但全篇只有一位真正的农民,这个农民甫说和宋江、卢俊义、吴用等人物相比,就是和阮氏三雄、鼓上蚤相比也是路人甲、路人乙,可以说是边缘的边缘。这个农民叫陶宗旺,是庄稼田户出身,落草之后,江湖称九尾龟,使的兵器很农民,"惯使一把铁锹,有的是气力",全篇除了用铁锹作为撒手锏有些农民的个性外,并没有什么与农民有关系。连号称写农民起义的长篇小说都不能塑造栩栩如生的农民形象,其他的作品就更不用说了。

五四新文化运动则塑造了一大批的农民形象,鲁迅、茅盾、叶圣陶、李劼人等以乡村生活为题材,塑造了一大批栩栩如生的农民形象,尤其鲁迅笔下的阿Q、祥林嫂、闰土等都成为典型人物,但受当时启蒙文化运动的影响,这些作品中农民基本上是木讷、麻木的悲剧形象。赵树理的作品给人耳目一新的感觉,不仅带着前所未有的新鲜的泥土气息,而且带来了崭新的农民形象,无论是《小二黑结婚》还是《李有才板话》,里面的农民形象不再是祥林嫂和闰土般麻木与愚昧,他们健康欢乐,有正常人的喜怒哀乐,一改农民身上沉闷、悲凉的受迫害受侮辱的基调,新的农民形象跃出文坛。可以说,赵树理的小说开启了中国农民形象的暖色基调,和以前的冷峻色调形成了鲜明的对比。汪曾祺的创作高峰起于20世纪70年代末和80年代初,当时正是伤痕文学流行的时代,汪曾祺的同代人都是以悲剧的方式来反映历史和现实,汪曾祺则奉行"人间送小暖"的美学理想,在痛苦的人生中展现人性的光芒和爱的力量。他的《受戒》《大淖记事》都是写底层社会人群的生存状态的,但都以爱的暖意和人性的光辉照射全篇,而短篇小说《岁寒三友》写世态炎凉,写生活的困境与窘迫,但小说结尾外面一片大雪里面三人热饮的场景,就是他倾心表达的暖——"人间小温"。汪曾祺小说的暖色调,照亮普通人的生活,以至于他笔下的风景、民俗、俚语等都变得那么可爱,和鲁迅笔下的冷峻构成了鲜明的对比。

一个作家选择什么样的色调写作,无论是暖色调还是冷色调,都是很正常的,都能产生伟大的作品。汪曾祺"人间送小温"的文学理念形成于晚年,之前的创作并没有明确形成"小温"的价值理念,比如早期的《复仇》就是一个基调相对忧郁阴冷的小说,和后来的小说是不同的两个腔调。赵树理的创作源于民间天然的文化形态,而中国民间文化自身的乐观和发自内心的喜感,让赵树理笔下的人物没有忧郁和愁苦。现在很难说当初和赵树理的交往有没有影响到汪曾祺小说观念的转变,但两人在对待生活采取的非悲剧的痛感美学观照

128

方式是相通的。汪曾祺多次提到"回到现实主义,回到民族传统",也是对赵树理多年奉行民间写作、民族叙事的一个遥远呼应。

描写民俗的高手

汪曾祺重出文坛,正是伤痕文学、反思文学最热的时候,但他引起人们关注的不是意识形态的话题,而是小说里呈现出来的优美的风俗画。小说里风俗民情的描写,常常是小说的有机组成部分,19世纪以来的一些小说被称为风俗画,也是说明小说这方面的一大功能。汪曾祺认为民俗风情乃是"集体创作的生活抒情诗",他的小说里充满了对民俗的描写。赵树理的小说以民间性取胜,土得掉渣,他的作品里充满了俚语俗事,时常可以读到那些民间文化的段落,自然可以理解,而汪曾祺以文人雅士著称,但两人在描写民俗风情方面都是高手,成为小说的亮点。

他们不约而同地描写了当地的特定风俗习惯,汪曾祺直接以民俗进入小说,以至于有人惊讶于他的小说"还可以这么写",《受戒》开头大段叙写乡村寺庙生活习俗,《大淖记事》的开头也是大段大段地描写大淖这个地方的民俗乡情,犹如一幅慢慢展开的风俗长卷。《受戒》三分之二的篇幅都是在介绍这个地方特殊的民俗,比如和尚娶妻生子、赌钱喝酒,甚至在佛殿上杀猪。当和尚是一种职业,为了赚钱营生。受戒是佛教的剃度,是为了到处云游有斋饭吃,还"不把钱"。貌似庄严肃穆隆重的盂兰盆会,反而成了年轻漂亮和尚出风头的机会,善因寺方丈竟然有个19岁的小老婆。赵树理的小说也非常善于描写乡村生活的民俗,《三里湾》也像《受戒》一样不厌其详地描述了王宝全、王金生的居住环境,从东南西北四个方位介绍了窑洞及使用风俗和功能,例如西边四孔窑洞的分工是这样的:金生、玉生兄弟已娶妻成家,各住一孔。王宝全老两口住一孔,女儿玉梅住一孔,却是套窑,与父母住的那孔窑相通,有窗无门,进进出出必须经过父母的门。赵树理描写太行山这样的窑洞民俗文化和汪曾祺对高邮里下河地区的水文化民俗的描述,可谓异曲同工,山地文化和水乡文化各自发出自己的光辉。

小说的民俗描写除了能够营造特定的地域氛围和人文环境外,还和人物的命运息息相关。赵树理小说喜欢描写晋东南的婚恋习俗,貌似有点猎奇,有点展示奇风异俗的嫌疑,其实是与人物性格的形成和故事的展开密不可分。《小二黑结婚》里关于说媒和相亲的民俗描写,实际上和小二黑、小芹的自由恋爱故事相关联。《登记》中的罗汉钱是小飞蛾和艾艾母女两代人都曾用过的爱情信物,也是晋东南特有的习俗,既是一种暗示,也是一种隐喻。

赵树理小说的民俗和人物性格、人物命运联系得较为密切,汪曾祺的小说不像赵树理小说的故事性那么强,他追求的散文化让民俗风情风物有时候成为小说的主体,但即便如此,也不是闲笔,是与小说融为一体的。一般认为汪曾祺善写民俗、会写民俗,但他不是一味地无条件见风俗就写。他认为,有些风俗与人的关系不大,尽管它很美,也不宜多写,而是要与人的行为、心理有机地融合,比如放荷灯是里下河悼念亡灵的一种风俗,夜晚,荷灯漂浮在水上在星空中渐渐地离去,场景异常凄美,但汪曾祺认为与表达十一子和巧云的爱情不太吻合,有点游离于人物感情之外,他考虑再三还是舍弃了。《受戒》中的民俗虽多,但没有一处游离于人物性格之外,比如对盂兰盆会的描写,其实是和明海与小英子的爱情萌动有一种潜在的联系。

七月间有些地方做盂兰盆会,在旷地上放大焰口,几十个和尚穿绣花袈裟飞铙。飞铙就是把10多斤重的大铙钹飞起来。到了一定的时候,全部法器皆停,只几十副大铙紧张急促地敲起来。忽然起手,大铙向半空中飞去,一面飞,一面旋转,然后又落下来接住。接住不是平平常常地接住,有各种架势,"犀牛望月""苏秦背剑"……这哪是念经,这是耍杂技。也许是地藏王菩萨爱看这个,但真正因此快乐起来的是人,尤其是妇女和孩子。这是年轻漂亮的和尚出风头的机会。一场大焰口过后,也像一个好戏班子过后一样,会有一个两个大姑娘、小媳妇失踪——跟和尚跑了。

放焰口是佛事,也是民俗,民俗背后是"一场大焰口过后,也像一个好戏班子过后一样,会有一两个大姑娘、小媳妇失踪——跟和尚跑了",这些庙里的段子看似闲笔,其实都是在为后面小英子和明海的情窦初开埋下了伏笔。和尚在一般人的心目中,应该是六根清净的,而善因寺的这几个和尚娶老婆、杀猪、打牌,充满了人间的世俗气息,很难和佛门圣地联系在一起。因而对小英子来说,见惯了这些和尚的日常举动,才会主动提出来要给明海当老婆,要不受戒仪式刚刚完成,明海怎会和小英子有湖上那样一段让人心旌摇荡的描写:"英子跳到中舱,两只桨飞快地划起来,划进了芦花荡。芦花才吐新穗。紫灰色的芦穗,发着银光,软软的,滑溜溜的,像一串丝线。有的地方结了蒲棒,通红的,像一支一支小蜡烛。青浮萍,紫浮萍。长脚蚊子,水蜘蛛。野菱角开着四瓣的小白花。惊起一只青桩(一种水鸟),擦着芦穗,扑鲁鲁飞远了。"这当然是爱情的象征,也是爱情的升华。

《大淖记事》讲这里的婚嫁婚俗,极少是明媒正娶,"媳妇多是自己跑来的,姑娘一般是自己找人"。作者在介绍了这样一种风俗后,接下来巧云妈的私奔和巧云与十一子的相爱就合乎情理了,这里的人们有自己的生活方式、伦理道德观念和是非标准。汪曾祺通过风俗的外衣,写出了芸芸众生对人性的诉求,也写出了对美好生活、美好爱情的向往。和《小二黑结婚》的破旧俗、立新风一样,大淖人的婚俗早就新社会了。

白描与绰号

汪曾祺和赵树理都是地道的中国味,中国味的一大特点就是雅俗共赏,而不是俗不可耐,也不是雅到阳春白雪和者孤寡。所谓的大雅大俗,就是俗中见雅,雅能入俗,这有点像中国哲学的入世和出世的关系。所谓"大隐隐于市",也是大俗大雅的意思。汪和赵都熟悉中国传统文化和民间文化,他们深谙影响雅俗之间的那堵墙在哪里。赵树理是从俗入手,俗到极致的时候,反而呈现出一种天然的雅趣。这个极致,当然是作家内心的那杆秤,审美的那杆秤,没有审美的那杆秤,就真的像赵树理说的"地摊文学"了。孙谦谈到赵树理的语言时,认为他"没用过一句山西的土言土语,但却保持了极浓厚的地方色彩;他没有用过脏的、下流话和骂人话,但却把那些剥削者、压迫者和旧道德的维护者描绘得惟妙惟肖,刻画得入骨三分。赵树理的语言极易上口,人人皆懂,诙谐成趣,准确生动。这种语言是纯金,是钻石,闪闪发光,铿锵作响……"而汪曾祺的小说曾经非常崇拜伍尔夫等西方现代派的洋气,他对西方现代派的熟稔和理解,落到笔下却都是寻常的大白话,比如《受戒》的开头"明海出家四年了",和赵树理的口语如出一辙,他们写得最得心应手的,都是中国小说最传统的白描手法,可谓洗净铅华见真容。

赵和汪都是白描的高手,两者几乎把白描推向了当代文学的高峰。赵树理在《小二黑结婚》中对三仙姑的白描已经成为经典:"三仙姑虽然已经四十五岁,却偏爱当个老来俏,小鞋上仍要绣花,裤腿上仍要镶边,顶门上的头发脱光了,用黑手帕盖起来,只可惜官粉涂不平脸上的皱纹,看起来好像驴粪蛋上下了霜。"赵树理是借美写出了丑,而汪曾祺在《大淖记事》中这样写巧云:"巧云十五,长成了一朵花……瓜子脸,一边有一个很深的酒窝。眉毛黑如鸦翅,长入鬓角。眼神有点吊,是一双凤眼。睫毛很长,因此显得眼睛经常是眯唏着;忽然一回头,睁得大大的,带点吃惊而专注的神情,好像听到远处有人叫她似的。她在门外两棵树杈间结网,在淖边平地上织席,就有一些少年装着有事的样子走来走去。她上街买东西,甭管是鱼肉、蔬菜……同样的钱,她买回来什么都比别人多,东西都比别人的好。"汪曾祺自己坦陈这段描写受到民歌和《古诗十九首》的影响。这种客观的白描,是中国小说的精华,两者都运用得出神入化。

如果说白描不足以说明他们在艺术上的共同追求,因为白描作为中国小说最传统的手法,虽然赵树理和汪曾祺用得高超,但也属于家常手艺,不能说是独家绝技,但在给人物起绰号这样的手段上,二者有着相同的偏爱。王国平在《从"小黑子"到"外号大王"》一文中有着详细的论述,比如《异秉》1980年重写的版本,出现了一个"卖活鱼的疤眼"。他得过外症,治愈后左眼留了一个大疤。小学生想起课堂上所学的,在疤眼这个外号的基础上再往前推进一步,喊他巴颜喀拉山。当然,这个外号在很多人的中学时代可能都会给同学起,尤其是学过初一地理以后。当然,美食家汪曾祺起绰号也与吃联系到一起。《非往事·鞋底》中有个读小学二年级的8岁孩子,姓萨,整座楼的孩子都叫他萨其马,由萨而萨其马。《故乡的食物》中写到蒌蒿,说小学有个同班同学,姓吕,"我们就给他起了个外号,叫'蒌蒿薹子'"。《草木春秋·车前子》中说张家口的山西梆子剧团有个老生演员,外号是车前子。这就奇怪了,没说这人姓车。原来,他的演出既无聊又无趣,不太受欢迎。他一出场,农民观众才不顾及你的什么颜面,反而"尿点"到了,纷纷起身上厕所。大家打趣说这个人利小便,而车前子这味药材恰好可利小便,于是车前子的外号送上了门。在《八千岁》里,主人公号称八千岁,传说是靠八千钱起家的,汪曾祺分析了一下,八千钱也就是8000个制钱,即800枚当十的铜圆。当地以100铜圆为一吊,八千钱也就是八吊钱。按当时银钱市价,三吊钱兑换一块银圆,八吊钱还不到两块七毛钱。两块七毛钱怎么就能起了家呢?再说了,为什么是整整八千钱,不是七千九,不是八千一?"这些,谁也不去追究,然而死死地认定了他就是八千钱起家的,他就是八千岁!"

与汪曾祺相比,人们记住赵树理笔下的人物不是姓名而是他们的绰号,赵树理在他的小说作品中大量地使用富有太行山地区民俗风格的绰号:小腿疼、糊涂涂、常有理、铁算盘、惹不起、三仙姑、二诸葛……我们现在提起《小二黑结婚》,立刻想到的就是三仙姑、二诸葛这样性格鲜明的人物,赵树理被称为"当代语言艺术大师",其语言的魅力也体现在起绰号的能力上。虽然都是起绰号,汪曾祺还被称为"外号大王",但在这一点上,赵树理更胜一筹。这也是汪曾祺对赵服气的原因,在语言上汪曾祺看得上的作家不多,恩师沈从文除外,老舍、废名、孙犁对赵树理的语言也是称赞的。

当然,给人物起绰号也是中国传统小说最常用的手法,《水浒传》几乎是人物绰号大全,对中国小说的创作影响极大,汪曾祺也曾著文专门谈过《水浒传》里人物的绰号,可以说,起绰号是最中国化的白描手段。

山药蛋与里下河

赵树理和汪曾祺的文学贡献还在于影响了一代人的写作,"赵树理方向"对新中国成立后的农村题材创作产生了极大影响。他的《李家庄的变迁》几乎成为后来创作长篇小说的一个结构样板,《创业史》《槐树庄》《艳阳天》等都沿袭了他的这种变迁模式,遗憾的是很少有人发现它们之间的内在联系。在赵树理的影响下,山西出现了当代文学史上为数不多的流派——山药蛋派,如马烽、西戎、李束为、孙谦、胡正等,他们创作出了一批现实感强、风格鲜明的乡土小说。这五位作家,人称马西李孙胡,汪曾祺在《赵树理同志二三事》中也曾提及他们。赵树理作为山药蛋派的旗帜,在当代文学史上,尤其在十七年文学史上占有极其重要的位置,山药蛋派和荷花淀派各自支撑了中华人民共和国成立以后现实主义小说创作的半壁江山。赵树理创作的《登记》《三里湾》等小说撇开强烈的时代色彩外,还体现了个人的审美特色。显然,"赵树理方向"不仅影响了山西作家的写作,对柳青、路遥等人的写作也产生了深刻的影响,是当代乡土现实主义写作的奠基石。山药蛋派作为一个流派,在当代文学史上占有一席之位。

汪曾祺没有赵树理那么幸运,他也一直认为自己是上不了"头条"的作家,但崇尚汪曾祺风格的作家一直不在少数,汪味小说也在文坛绵延不绝。近年来日渐被文坛关注的里下河文学,则勇敢地举起汪曾祺的大旗,聚集了一些优秀的小说家。里下河不是一条河,而是江苏苏中地区的一块水域,包括泰州、扬州、盐城、南通等地,在当代文学史上涌现出了像汪曾祺、李国文、陆文夫、曹文轩、毕飞宇等小说名家,所以有论者称里下河是文学的一条河。和赵树理当年成为山药蛋派的一面旗帜不一样的是,里下河文学是汪曾祺去世多年以后,里下河地区的作家长期受他的熏陶,于是尊奉汪曾祺为里下河文学的一面旗帜。近年来出现的小说家朱辉、刘仁前、顾坚、庞余亮、刘春龙、黄跃华,以及年轻的庞羽、严孜铭等都深受汪曾祺的影响,形成了一个很有特点的作家群,有人称之为里下河文学流派。当然,里下河文学作为一个流派还在成长之中,可能还需要时间的考验,但赵树理、汪曾祺作为一代宗师,其影响流韵久远。

(本文原载《文艺争鸣》2020年第5期,作者系扬州大学文学院教授)

毛泽东《延安讲话》与赵树理的戏剧创作

裴余庆

2021年是中国共产党成立100周年。"学史明理、学史增信、学史崇德、学史力行",人民作家赵树理因其文学的突出贡献而被列入中共党史人物。笔者选择毛泽东《延安讲话》与赵树理的戏剧创作这样一个课题,努力探讨两者之间的内在关联。

上党梆子向现代戏转化的先行者和开创者

赵树理以小说家名世,但他却以"生于《万象楼》,死于《十里店》"来概括自己的一生。这表明在赵树理的一生和文学中,戏剧占了很大比重。正如有的学者指出,赵树理的一生是戏剧人生。

赵树理从小就生活在上党梆子、八音会、民间曲艺的熏陶中,爱戏到了痴迷的程度,浓浓的爱国主义和英雄主义情怀浸润和培育了他。他崇拜白袍小将罗成,常和小伙伴拿着高粱秆演罗成与张飞打仗的故事。在家庭严格的儒学教导和浓厚的宗教氛围影响下,赵树理中规中矩,是个知礼懂事的孩子,但在戏里,他俨然就是小英雄罗成,无往而不胜,是戏剧给了他在精神世界自由驰骋的空间。

赵树理具有戏剧天赋。他懂戏,对上党梆子的戏文、唱词、唱腔、音乐、历史都有钻研,他用心用情看戏听戏,比画着戏中人的一招一式,揣摩着戏中人的一举一动,又拼命背着村里戏剧爱好者家藏的戏曲唱本。他不仅成了吹拉弹唱的全把式,而且记忆力惊人,把许多唱词和曲牌熟记于心。

抗日战争这个历史大舞台给了赵树理英雄用武之地,1937年7月,全面抗战爆发,赵树理全身心投入了伟大的抗日战争,回到党的怀抱,成为宣传文化战士。1937—1942年,他的工作主要是组织剧团演戏和当报纸副刊编辑。在百忙之中,他挤出时间为阳城学生界组织的大众剧团赶写剧本,并帮助他们排练;为上伏村儿童话剧团编导了一场反映东北人民打日军的小戏。

1939年初,赵树理被调往长治第五专署民宣科工作,主要任务仍然是组织戏剧演出。他参加了在长治举行的中华全国戏剧界抗敌协会太行山区分会成立大会,组织了由陈荒煤率领的延安鲁艺实验剧团在长治地区的演出。在此期间,令赵树理兴奋不已的是,喜欢戏剧的王聪文也调来民宣科,又与上党落子的程联考相识。他们兴趣相投,对戏曲如痴如醉;赵树理如虎添翼,三人勠力同心,组织起了抗战剧团,在乡村宣传党的抗日主张。赵树理开始思考,如何在旧瓶装新酒的基础上,创作出既能弘扬上党梆子传统戏曲的表演形式和唱腔,老百姓喜欢看,又能实现发动群众团结抗日之目的。这一时期,赵树理改编了《慈云观》《韩玉娘》《邺宫图》等3部以宣传爱国主义、抗御外侮为主题的上党梆子传统戏,这些戏成了抗战剧团、光明剧团、襄垣剧团的当家戏,战士和老百姓都爱看,激励了根据地军民的抗战热情。与此同时,他还写出了现代小戏《做军鞋》。

1942年1月,在太行山区文化人座谈会上,赵树理旗帜鲜明地提出了文艺大众化和反对封建迷信,要以先进思想占领农村文化阵地的主张。王春、吕班等人非常赞同赵树理的观点,但也受到了根据地来自大城市知识分子的非议。赵树理深知农民一旦受到封建迷信的诱惑,十分危险。座谈会一结束,他立即深入黎城实地调查,开始创作以反对封建迷信为主题的上党梆子现代戏《万象楼》,于1942年5月成稿。

当时,太行抗日根据地正遭受日军"扫荡",战斗的惨烈程度难以想象:左权、何云、北方局调查研究室的同志全部牺牲。赵树理在转移中摔下山沟,幸运的是挂在半山腰的树枝上而大难不死。

反"扫荡"刚一结束,赵树理就扎在抗战剧团排演《万象楼》,一经上演在整个太行区引起轰动。这是第一部反映抗战的上党梆子现代戏,根据地剧团争相上演。赵树理又改编出上党落子剧本,太行区的农村剧团演出上百场,为人民群众破除封建迷信、坚持抗战起到了重要的动员作用。

从《万象楼》到《小二黑结婚》:赵树理的创作实践与《延安讲话》精神相契合

党历来十分重视宣传工作,注重利用戏剧等各种文艺形式进行抗战动员。抗日战争全面爆发后,从延安到各抗日根据地,抗日戏剧宣传如火如荼,各种剧团如雨后春笋般冒了出来。1939年1月,在晋东南戏剧界的一次集会上,朱德明确指出,戏剧是宣传民众最有力的武器,应针对敌人的欺骗宣传进行教育民众与动员民众的工作;应善于运用旧形式,特别是为大众所爱好的地方戏的形式,动员民众参加抗战。1939年11月28日,赵树理参加中华全国文艺界抗敌协会晋东南分会成立大会,会上选出李伯钊、何云、刘白羽、陈荒煤等人为理事。分会成立宣言表明:"我们立下志愿,要使敌后文艺形成一支巨大的力量,给敌人以致命的打击。"从红军时期即从事文化戏剧工作的李伯钊在报告中强调:"开展新文化运动的建设工作。""运用民族的、民间的作风","努力创造出真正'新鲜活泼的,为中国老百姓所喜见乐闻的中国作风,与中国气派的东西来',这样使新文化的启蒙运动,易于为广大群众所接受,易于获得普遍的发展"。同时期,北方局宣传部部长李大章发表文章指出,戏剧是"容易影响与教育人民的最好宣传教育工具……今后戏剧运动的方向,除了依据地区,组织与培养几个模范剧团外,主要力量应放在农村剧团上,努力争取与帮助他们改造,在演技与内容方面,应供给他们以大量正确的剧本,力求现实化、民族化,使之适合于今天抗战的需要"。

由此可见,从党中央、毛泽东到各个抗日根据地党政军领导,认识高度一致,要求明确而具体,这正是中国共产党具有强大战斗力和生命力的体现。迅速兴起的抗战戏剧活动遇到了新问题:新兴戏剧主要是街头剧、小话剧、活报剧、诗歌朗诵等,传统剧团努力创作的也多是利用古装戏形式,如宣传平型关战役的小戏,朱德总司令的扮演者身着绿色盔甲背插八面旗帜,大吼一声"我是八路军总司令朱德是也"闪亮登场,身后跟随的八路军将领都是举着大刀长矛的古代武将形象,唯一着现代装束的是日军。这种旧瓶装新酒的剧作令人啼笑皆非,而从城市来的艺术家根本看不起地方戏剧。

农民出身又精通民间文化的赵树理走的是完全不同的一条路子。从1939年改编传统戏目开始,到1942年创作上党梆子《万象楼》,赵树理开始从传统戏向现代戏的转变。

两种主张、两条路子,究竟走什么路子,引起了很大的争议。延安文艺座谈会正是在这样的历史大背景下召开的,毛泽东的《延安讲话》,站在时代的制高点,从中国革命的实际出发,科学系统地回答了一系列革命文艺创作的基本问题。我们必须理清的问题是:《万象楼》和《延安讲话》是巧合,还是历史的必然?

从时间上来看,是同时发生的。我们既不能简单地表述为《万象楼》的创作是在《延安讲话》指引下完成的,但也绝不能简单地割裂两者内在的联系。

赵树理之所以能创作出与时代同步,与毛泽东革命文艺理论同频共振的戏剧作品来,原因很多。比如,时代的机遇,抗日战争的历史大舞台。这是许多人都认识到的。如孙犁讲:"这一作家的陡然兴起,是应大时代的需要产生的。是应运而生,时势造英雄。""正当一位文艺青年需要用武之地的时候,他遇到了最广大的场所,最丰富的营养。""如果不是这样,作家是不会如此得心应手,唱出了时代要求的歌。"又如,赵树理作为共产党员、革命战士的努力奋斗与他的戏剧天赋。但是纵观党的百年历史,毛泽东革命文艺思想对赵树理文学创作实践的指导是最根本的一条。

回到历史现场,可以看得更为清晰。

1940年1月,毛泽东发表了《新民主主义论》,作为党报编辑的赵树理,心中点燃了一盏明灯,多年来苦苦追寻文艺大众化道路的赤子之心被照亮了,对大众化文学的认识提高了。

1938年5月,毛泽东发表了《论持久战》。用《论持久战》统一根据地军民的思想十分重要,《新华日报》(华北版)社长何云将任务交给了赵树理。他不负众望,在认真学习了《论持久战》后,果然写出了十分精彩,不仅八路军战士就是老百姓也喜欢看、听得懂的评论《漫谈持久战》。

毛泽东在《论持久战》里一再强调:"如此伟大的民族革命战争,没有普遍和深入的政治动员,是不能胜利的。""怎样去动员?靠口说,靠传单布告,靠报纸书册,靠戏剧电影,靠学校,靠民众团体,靠干部人员。"赵树理自参加抗日斗争后,主要的工作就是宣传和动员民众。他读到毛泽东的话,一定是非常欣喜的,之后,更加自觉地投身于宣传动员中去。赵树理对自己的身份进一步明确了:革命文化战士。

正是在毛泽东革命文艺理论的指导下,在抗日根据地文化建设实践的基础上,赵树理的认识实现了新的突破。1941年8月上旬,由赵树理、王春、林火等人发起,以《抗战生活》编辑部的同志为主,成立了通俗化研究会。经过赵树理、王春等集体讨论,9月25日在《抗战生活》革新号二卷第1期上发表了《通俗化"引论"》的重要文章,对"通俗化问题的一些基本概念"做了论述。文章指出:"通俗也不仅仅是抗战动员的宣传手段,周文先生说:'通俗化……的任务是在普及,是在使大众能够接受,并且成为他们能够把握的新文化。'因此,它还得担负起'提高大众'的任务……这样一来,通俗化的意义就更加重大了:它应该是'文化'和'大众'中间的桥梁,是'文化大众化'的主要道路;从而也可以说是'新启蒙运动'一个组成部分——新启蒙运动。"10月25日,在《抗战生活》革新号二卷第2期上发表了《通俗化与"拖住"》一文。

显然,这两篇文章是通俗化研究会的宣言书和行动纲领,更是研究、理解这一时期赵树理所言所思所行的关键。

1942年1月召开太行山文化界座谈会,赵树理在讨论中发言,大声疾呼文艺大众化,大声疾呼要反对封建迷信的小册子。他在《通俗化"引论"》中曾说:

关于宣传动员——也可以说是对抗"小书"的问题,我们历来感觉到是这样:任凭多少宣传家,文化人,怎样努力把动员抗战的东西大量编写，然而旧的"小书"，却不声不响地始终盘踞着绝大的读者地盘。直到今日，一般老百姓阅读的，不是我们写出来的抗战读本，也不是大家早已写成的"大众文库"，而是《七侠五义》《小上坟》之类！我们作品的流行量，既然赶不上这些"小书"的万分之一，从而它们里面的有毒的东西，便自然取我们的抗战知识而代之！……我们在一边大讲其抗战宣传，而大众则依旧被"小书"抓得紧紧的！这非当作触目惊心的现象来注意不可！

理清了赵树理戏剧创作的过程，我们自然明白了，同《小二黑结婚》和《李有才板话》一样，以《万象楼》为代表的上党戏剧同样是：如何服务于抗日大局，如何为农民服务的理论与实践的统一、历史与逻辑的统一。

坚定贯彻《延安讲话》精神，终生不渝戏剧情

1943年10月19日，在纪念鲁迅先生逝世7周年之际，延安《解放日报》正式发表了《延安讲话》全文，随即传到了太行抗日根据地。如沐春雨，赵树理欣喜若狂，他一遍又一遍地读着，"以为自己是先得毛主席之心的，以为毛主席讲话批准了自己的写作之路"。

当时，《小二黑结婚》已经出版。襄垣秧歌剧团和武乡光明剧团已将《小二黑结婚》搬上了舞台。正在忙于《李有才板话》创作的赵树理忙里偷闲，夜晚悄悄地站在群众中间看戏。武乡光明剧团的编剧张万一见到赵树理，请他看戏和提修改意见。让他没有想到的是，赵树理早已看过了，并且提出了三点意见："首先，改编个戏，照葫芦画

瓢的比较好办,要紧的是吃透原作又不拘泥于原作;其次,这个戏不要'闹'得太厉害了,不要过分出落后人物的'洋相',要像大夫扎针一样,正好扎在病人的穴位上去;第三,就用你熟悉的武乡生活、武乡人物、武乡语言对《小二黑结婚》这个戏继续补充修改。"这些话对张万一的影响很大,他铭记在心,在以后的创作中,他一次又一次地对照赵树理的话反思自己,后来张万一成长为知名剧作家。这年的12月,赵树理在平顺创作了三幕话剧《两个世界》。

得知上党梆子名角段二淼避难在家后,早在长治上学时就喜欢段二淼演出的赵树理三次登门动员段出山。因胜利剧团是演落子戏的,段犹疑不定。赵树理和王聪文、程联考反复向段二淼承诺,今后胜利剧团既演落子,也演梆子,终于说服他参加了胜利剧团。两个剧种,互学互鉴互融,大大地提高了上党戏的艺术水平。段在《小二黑结婚》中扮演二诸葛刘修德,由于他有深厚的传统戏功底,又在排演中苦苦探索,虚心听取赵树理的建议,段二淼终成为上党梆子表演艺术家和一代宗师。中华人民共和国成立后,这种优良的传统被很好地继承了下来,《三关排宴》中饰演佘太君的郝聘之,就是唱红落子后又学唱上党梆子的,成长为上党戏的表演艺术家。

正如《延安讲话》精神所要求的那样,党的文艺工作者如何和传统旧艺人结合好,是传统戏剧向现代戏剧转变的关键。在这方面,赵树理同样是榜样、典范。赵树理对王聪文、程联考、段二淼不仅从内心里尊重,自觉地学习与合作,而且想方设法提高他们的创作和演出水平。1944年春节前,赵树理来到胜利剧团,提出过春节时要开展拥军爱民活动,需要配合活动写个剧本。程、王、段三个人都很为难,没写过本子不会写,没有材料不能写。赵树理耐心地鼓励他们:"不要紧,我可以帮助你们写,咱天天与战士、群众接触,凑一凑,发生过什么事。"赵树理以这次创作为机会,详细讲解了什么叫收集素材、什么叫剪裁、什么叫塑造人物、什么叫搭起架子。为了培养程联考,他让程执笔,程不敢,赵树理说:"不,你写,我修改。"剧本完成后定名《双回头》,又叫《双转意》。在署名问题上,赵树理坚持不署他的名字,只署了程、王、段的名字。该剧春节演出很成功,几乎每个村剧团都自排自演了。以后谈起赵树理,程、王、段始终坚持这部戏是赵树理的作品,是赵树理辅导他们的习作。

因为创作出了《小二黑结婚》《李有才板话》,赵树理成了根据地的知名作家,工作重点转向了写小说,如《李家庄的变迁》《孟祥英翻身》等,但他始终念念不忘上党戏的发展和提高,在小说创作中坚持增加戏剧元素。1947年初,为给晋冀鲁豫军区南下同国民党军打仗的战士提高士气,赵树理创作了《刘二和与王继圣》,《新大众》从第34期开始连载。文章的主题自然是地主阶级对农民的压迫和农民的反抗,但通篇充满了戏剧味道,前线战士非常喜欢看。

中华人民共和国成立后,赵树理参加了中华全国曲艺改进会的筹备会并担任副主任委员。10月,任文化部戏剧改进局曲艺处处长。赵树理的戏剧改革责任更重大了。他在深入天桥调研时,发现了新凤霞,并把她推荐给了老舍。

为宣传婚姻法,赵树理为《说说唱唱》赶写的《登记》一炮打响,沪剧将它改编为《罗汉钱》,成为沪剧经典。赵树理念念不忘家乡戏的发展,从1956年起,他多次把晋东南上党梆子剧团请到北京演出,请专家看戏。他挤时间创作出了泽州秧歌剧《开渠》,大胆借鉴西方歌剧的表现手法,全剧都是唱词。

历经6年打磨,由赵树理亲自改编的上党梆子《三关排宴》于1962年3月由长春电影制片厂拍成戏曲电影。在罗瑞卿的安排下,剧团回乡途经北京时演出多场,并在中南海国务院小礼堂演出,朱德、周恩来、李先念、罗瑞卿、乌兰夫、包尔汗、李雪峰等党和国家领导人观看了演出。上党梆子从此走向北京,走向了全国。上党梆子不仅有了自己的经典剧目,《三关排宴》还成为中国戏曲电影中的经典剧目。培养和锤炼出了郭金顺、吴婉芝、郝同生、郝聘芝等一代又一代上党戏剧表演艺术家。

在多年回乡调查研究的基础上,赵树理发现,农民看戏的热情要远远超过读书、看小说。赵树理下决心利用一切机会狠抓农村剧团的发展。他不仅关心地区剧团,而且关心县剧团。晋东南各县的剧团都得到过他的帮助,赵树理帮助农村剧团克服困难,创造条件,寻找演出机会。他曾为晋城、阳城、沁水的梆子团,武乡、壶关的秧歌团和襄垣、屯留、潞城、长子的剧团改剧本,排练演出,提建议、出主意。名演员是他的知心朋友,无话不谈;新演员是他的学生,他耐心指导。在接连不断的政治运动中,他尽可能地保护了许多角。

从20世纪60年代起,他积极组织晋冀鲁豫的地方剧团会演。他坚定地贯彻"百花齐放,推陈出新"的方针,积极投身于戏改事业。1963年10月,他给河北省永年剧团的题词"从革命实践中脱胎换骨,在传统基础上推陈出新",就是实践一戏改方针的集中体现。

1963年,中央决定在农村开展社会主义教育运动。赵树理决心为农民教育写部好戏,他呕心沥血创作了《十里店》,在长治、晋城、阳城上演时,群众争相观看。虽然一次又一次审查修改,但《十里店》始终没有登上中国戏曲的舞台!

1966年2月7日,《人民日报》发表了长篇通讯《县委书记的榜样:焦裕禄》,时任晋城县委副书记的赵树理坐不住了,他深入兰考听老百姓讲焦裕禄的故事。可惜,仅仅写了三场,"文化大革命"就开始了,他被剥夺了创作的权利。1970年9月23日,赵树理带着对戏剧的念想,离开了人间。

在他百年诞辰之时,家乡的戏剧工作者编创了一部现代戏《赵树理》,以此纪念他为人民的赤子心和戏剧情,以告慰他一生的戏剧之心。

（作者系中国赵树理研究会副会长、晋城市赵树理研究会会长）

党员文学艺术家的责任与使命

——以赵树理为榜样

刘泽宇

今天,我们身处中华民族"两个一百年奋斗目标"的历史交汇点,实现中华民族伟大复兴,需要一代代中国共产党人接续奋斗。作为一名文学艺术工作者,笔者想以赵树理为榜样,谈谈党员文学艺术家在新时代的责任与历史使命。

党员文学艺术家必须始终不渝地坚持正确的政治方向

赵树理是在全面抗日战争爆发后重新回到党的队伍参加革命的,他是宣传文化战线的一名战士,更是革命队伍中的一名共产党员。始终不渝听党话、跟党走,是赵树理一生的本色。

延安文艺座谈会召开之前,陈云曾找丁玲和刘白羽谈话,提出"对于共产党作家来说,首先是共产党员,其次才是作家","不但组织上入党,思想上还要入党"。毛泽东在讲话中进一步明确:"对于共产党员来说,也就是要站在党的立场,站在党性和党的政策的立场。"

远在太行山抗日根据地的赵树理虽然没能亲自聆听毛泽东的讲话,但在赵树理所从事宣传文化工作的太行山抗日根据地,正是按照党中央和毛泽东的要求,在动员和组织民众反抗日本侵略者的同时,开始了新民主主义文化建设的探索和实践。先后担任北方局书记的彭德怀和邓小平疾呼："要在根据地提倡、坚持、发展民主的、大众的、科学的新民主主义文化。"邓小平要求"每个文化工作者要做农村社会调查，来丰富作品的内容"。赵树理正是在创作上进行了这样的实践。

作为宣传文化战士，担任报纸副刊主编的赵树理，不仅认真学习宣传根据地党的方针、政策，在宣传学习毛泽东革命理论和文艺政策中同样走在了前面。

1940年1月，毛泽东发表了《新民主主义论》，提出："民族的科学的大众的文化，就是人民大众反帝反封建的文化，就是新民主主义的文化，就是中华民族的新文化。""新民主主义的文化是大众的，因而即是民主的。它应为全民族中百分之九十以上的工农劳苦民众服务。"赵树理学习文章后，对新民主主义文化的认识实现了提升。《新民主主义论》应该说是赵树理坚持文学大众化方向的理论来源，毛泽东《延安讲话》发表之后，赵树理的实践更加自觉了。另一方面则是对鲁迅的认识提高了。毛泽东在《新民主主义论》中高度肯定了鲁迅先生："而鲁迅，就是这个文化新军的最伟大和最英勇的旗手。鲁迅是中国文化革命的主将，他不但是伟大的文学家而且是伟大的思想家和伟大的革命家。鲁迅的骨头是最硬的……鲁迅的方向，就是中华民族新文化的方向。"崇拜鲁迅，立志走文艺大众化道路的赵树理，发奋要像鲁迅先生学习。1941年10月，在纪念鲁迅先生逝世5周年之际，赵树理在《抗战生活》上发表了文章《多看看》，赵树理明确提出：

根据地已是新民主主义社会了，可是我们在文艺作品中反映得还有限。假如鲁迅先生健在,他看到这样的新社会,说不定已有一部比《阿Q》更伟大的作品出世了。然而他老人家已经离开我们五年了,为了使我们能够有新的杰作出现,大家自然该喊一句"在创造上学习鲁迅先生"的口号。

在艰苦卓绝、敌强我弱的情况下,用《论持久战》统一全国人民的思想,无疑是中国共产党宣传工作的重点之一。赵树理在认真学习了《论持久战》之后,写出了一篇不仅十分精彩,而且老百姓喜欢看、听得懂的评论:《漫谈持久战》。

正是抗日战争中党组织对赵树理的要求,毛泽东革命理论对赵树理的科学指导,使得赵树理始终保持了坚定正确的政治方向,忠诚于党,服务人民。

党员文学艺术家必须始终不渝地坚持以人民为中心的创作导向

以人民为中心的创作导向,应该说赵树理是当之无愧的典范。

从《小二黑结婚》《李有才板话》《孟祥英翻身》《地板》《福贵》《催粮差》到《登记》,赵树理笔下的主要人物都是翻身当家做了主人的农民;主要内容、重大事件都是发生在共产党领导下觉悟起来的农民群众,同反动地主斗,同日本侵略者斗,同国民党蒋阎反动势力斗,同统治中国人民几千年的封建思想斗,争取民主当家、婚姻自主、生活幸福的故事。赵树理深深地懂得,作家的职责就是创作文学作品,特别是"老百姓喜欢看"的好作品,通过作品来影响和引导人,所以他立下了"上地摊不上文摊"的坚定志向。用汪曾祺评价赵树理的话来说,就是写"鸡蛋书",让老百姓不仅喜欢看,而且买得起。

由于历史条件的限制,社会上广泛传播的只是部分经典作品。其实,在《小二黑结婚》发表之前,赵树理已写出了不少以人民群众为主体的文学作品。

1941年4月16日—6月25日《中国人》报第4版连载了赵树理以杨二牛为主人公,描写发生在河北的群众游击队抗击日军的章回体小说《再生录》,共8回,1.5万多字。据董大中先生考证,这是抗日根据地发表的第一部章回体小说。

至于赵树理以农民、民兵为主人公的小小说、诗歌、散文、杂文就更多了。由于战争的残酷,许多作品已遗失。经过董大中、黄修己等人的不懈努力,终于找到了一部分。有人对《赵树理全集》做过统计,仅找到的1940—1942年赵树理创作的小小说就有32篇。赵树理通过文学艺术作品揭露日军的凶残,表现人民群众的痛苦,讽刺了日伪统治者的虚伪。

小中见大,是赵树理作品的特点。1941年7月2日《中国人》报第4版登载了《李二嫂的炉边闲谈》:"上月27日,罗斯福发表了炉边闲话。28日早晨七点钟,李二嫂的炉边闲话接着也发表了……"

谁会想到,在赵树理眼中,太行山区的农妇和美国总统罗斯福都是国际反法西斯战士,他十分巧妙地把太行根据地的抗日斗争和全世界的反法西斯战争联系在了一起。

赵树理虽以小说家名世,但他不是单纯的小说家,同时也是戏曲家、曲艺家。他深知老百姓对地方戏剧的喜欢和热爱,也深知好戏对老百姓的宣传教化功能。从发动群众、宣传群众、教育群众的目的出发,赵树理把传统戏的改编和新编作为宣传工作的重点之一。1939年,他就着手改编以南宋抗金为题材的《韩玉娘》。1941年10月,在太行山抗日根据地腹地的黎城发生了日伪利用封建会道门发动的反革命暴乱。赵树理很快创作出了以此事件为素材的上党梆子《万象楼》，形象而深刻地揭露了日伪利用封建迷信毒害群众，反对抗日的反动罪行，对根据地群众起到了很大的教育作用。小说《小二黑结婚》还没有正式发表之前，即被改编为上党梆子、上党落子、武乡秧歌、襄垣秧歌，各个剧团竞相演出，曾有人用"又一个百团大战"来形容演出盛况。

赵树理能够写出这么多老百姓喜欢看、喜欢听的作品，最根本的原因是他深入生活、扎根人民。他出生在太行山区，熟悉农民、了解农民，和农民有着天然的感情。参加革命后，他面对的仍然是农民和穿了军装的农民。他坚持深入基层，调查研究。《小二黑结婚》和《李有才板话》就是他在调查研究后写出来的。他头脑中贮存了许多鲜活的人物和生动的故事，写作时常常呼之即来。用赵树理的话来说，就是"做生活的主人"。

1950年4月15日，《中华人民共和国婚姻法》颁布。《说说唱唱》亟须一篇小说来配合宣传，可来稿中没有这类稿子。情急之中，编辑部的同志求助于总编辑赵树理："老赵，你自己来一篇吧！"赵树理赶出了《登记》，在全社会引起了轰动，全国许多剧种争相改编。特别是上海沪剧团改编的《罗汉钱》最为成功，1952年10月17日首演于北京，1956年由上海电影制片厂拍成戏曲艺术片，成为沪剧史上的经典。

党员文学艺术家必须始终不渝地坚持艺术风格的创造与创新

赵树理之所以成为解放区文学和新中国农村题材文学的方向和旗帜，之所以成为经典作家，他创作的文艺作品之所以至今仍有生命力,最根本的原因,就是他在继承传统文化的同时,不断接受新的文化理念,在创作中不断创新。

1925年,考入山西省立第四师范的赵树理,他的理想是艺术至上。受五四新文化影响,他也勇于向西方现代文学学习,写出过欧式风格的作品,但当他给乡亲们读鲁迅先生的作品时,乡亲们冷漠的态度深深地刺激了他,引起了他的思考和探索。20世纪30年代,在左联文学大众化的影响下,他找到了自己的出路,用农民的语言写农民的故事。1935年,赵树理创作出了以农民为主人公以及反封建为主题的《盘龙峪》(未完成)。半个世纪后,曾给山药蛋文学流派命名的评论家李国涛先生高度评价这一作品:"在20世纪30年代上海进行大众化问题论争,而没有产生出大众化作品的时候,在偏远的太行山山沟里,却有人实践了革命的主张,并得到可喜的成绩。这个人就是赵树理。"

1941年8月,赵树理与王春、林火等人在太行抗日根据地成立了通俗化研究会,并在《抗战生活》发表了《通俗化"引论"》和《通俗化与"拖住"》两篇文章,系统地论述了通俗化研究会的理论主张,这也是文艺大众化的主张和宣言。

1943年,赵树理响应党中央号召,在下乡调查研究的基础上,创作了《小二黑结婚》和《李有才板话》,顺应了时代的要求,写出了人民群众对新生活的呼唤,特别是与毛泽东《延安讲话》精神相呼应。

1946年,当赵树理的作品走出革命根据地,传播到国统区的时候,郭沫若,茅盾等深受震动。

郭沫若说:"我是完全被陶醉了,被那新颖、健康、朴素的内容与手法。这儿有新的天地,新的人物,新的感情,新的作风,新的文化,谁读了,我相信都会感兴趣的。"

茅盾认为,《李有才板话》是一部新形式的小说,然而这是大众化的作品,也是标志了进向民族形式的一步。

作为宣传文化战线上的组织者和领导者的周扬,则站在时代的高度,写出了《论赵树理的创作》,对赵树理的作品给予了高度肯定。

1947年8月,晋冀鲁豫边区文联召开会议,认为应该把"赵树理方向"提出来,作为旗帜,号召边区文艺工作者向赵树理学习、看齐!

中华人民共和国成立后,由于社会主义的实践性、探索性和不确定性,赵树理的作品饱受争议。赵树理在接受批评的同时,仍坚持自己的艺术追求,如《三里湾》。赵树理能坚持这一点的深层原因,就在于他的文化自信。一方面,赵树理坚信他是在继承传统文化,学习和借鉴西方文化的基础上努力创造和创新的;另一方面,赵树理坚信,他响应党的号召,紧跟时代步伐,服务重大题材(如合作化),在努力塑造新的人物。

赵树理在《回忆历史 认识自己》中说:"我自参加革命以来,无论思想、创作、工作、生活各方面有何发展变化,有什么缺点、错误,也就是说是个什么成色,始终是自成一体的。"

2018年6月12日,《光明日报》发表了何向阳的文章《现实题材文学创作的逻辑起点与最终归宿》:

　　鲁迅之后体察农民最为深切的作家,应该是赵树理。赵树理笔下,虽然还有二诸葛、福贵、三仙姑、小飞蛾这些人物,延续着闰土、阿Q、祥林嫂、爱姑们的命运,但更多地出现了小二黑、小芹、铁锁以及老槐树下的"小字辈"这样的"新的人"。农民中新人形象的出现,使中国新文学从对个人的关注而跳跃到对于人民的塑造。正如有人所言,"这里的'人民'不再是五四时期需要被启蒙的大众,而是历史的、能动的主体"。这一主体的发现,与《延安讲话》把人民放在文艺创作的主体地位上的指导与引领密切相关,同时也与一个生于农村、了解农民、热爱农民,发自内心对农民利益关心,愿意以才智和热情书写农民并供农民阅读的作家的自觉意识不无关联。那个时代,因为有赵树理的文学实践,我们今天才能相对完整地看到20世纪30年代到60年代太行山区人民的生活情景,了解当时晋东南和晋北百姓的生产劳动、生活习惯、婚丧嫁娶、心理嬗变,并在小二黑、孟祥英、李有才、田寡妇、潘永福这些具体的农民身上看到人民的成长和人民的向往。赵树理的小说,堪称新民主主义革命时期中国农村社会发展的一面镜子。

这篇文章,是新时期对赵树理文学成就的又一次重新认识。

今天,我们已经进入了中国特色社会主义的新时代。如何用文学艺术来反映这个时代,是我们文学艺术工作者的使命和责任,更是党员文学艺术家的使命和责任!在这一点上,赵树理仍然是一面旗帜,是我们学习的榜样。

2021年6月

(本文原载2022年5月26日《太行日报》,作者系晋城市文联党组书记、主席)

透过赵树理感知"今日中国"

——中国经典作家在海外

段文昌

赵树理创作起步较早,20世纪30年代就已形成其独特风格,但直到1943年9月《小二黑结婚》发表,其创作才引起社会广泛关注。1946年,《李家庄的变迁》出版后,郭沫若、茅盾、周扬等人对赵树理的创作给予了高度评价,更是确立了其人其作的文学地位,但由于当时解放区条件有限,赵树理作品的海外传播,直到20世纪40年代末才真正得以实现。作为一位享有世界声誉的中国作家,赵树理通过他的作品让世界读者了解了中国社会,尤其是解放区农民翻天覆地的变化。

20世纪50年代达到译介高峰

20世纪50年代,赵树理作品的海外传播主要集中在日本、苏联和东欧,其中又以日本和苏联为主。

由于与中国有着特殊的地缘政治关系与文化渊源,日本学者对中国现当代文学的发展一向观察敏锐,对赵树理的作品更是关注有加。学界多认为,侨居中国多年的日本学者伊藤克(笔名萧萧),第一个向日本民众译介了赵树理的作品。她曾于1948年翻译过《小经理》等8篇赵树理的小说。20世纪50年代后，小野忍、竹内好、鹿地亘等人也相继对赵树理的作品进行了译介和研究。据统计，1952—1958年，日本翻译出版了30多种赵树理的作品，其中小说《小二黑结婚》《李家庄的变迁》至少各有5种以上译本。同时，日本的赵树理研究也达到了高潮。

1949年，苏联汉学家克里弗佐夫首先翻译了赵树理的长篇小说《李家庄的变迁》，在《远东》杂志上连载，紧接着又由莫斯科外国文学出版社出版了单行本，该社还同时出版了《赵树理小说集》。翻译赵树理作品的苏联翻译家还有帕霍莫夫、科托夫、罗果夫等人。1952年前后，《小二黑结婚》之后至1949年以前赵树理创作的作品几乎都被介绍到苏联，受到苏联学者的肯定，认为他是真正的"人民的作家"，甚至有人认为"近30年来在描写中国农村生活方面还没有哪一个作家能超过他"。

20世纪50年代，同属社会主义阵营的东欧国家，如捷克斯洛伐克、波兰、匈牙利、罗马尼亚、南斯拉夫、保加利亚、阿尔巴尼亚等国，译介了许多赵树理的作品，其中还涌现出许多赵树理研究专家，如著名的捷克斯洛伐克汉学家普实克。

美国记者贝尔登在《中国震撼世界》第四章提到了赵树理和他的作品，"我翻译了赵树理的三本书。第一本是写农村选举的，第二本是写婚姻自由的，第三本是写一个乡村的战时生活的"，并说赵树理"可能是共产党地区除了毛泽东、朱德之外最出名的人了"。很显然，贝尔登翻译的3本书分别是赵树理的小说《李有才板话》《小二黑结婚》和《李家庄的变迁》。《中国震撼世界》出版于1949年，董大中据此推断，"本年（指1947年）是他最早可能翻译的年份"，"如确实翻译且已出版，则这是赵作的最早的外文译本"。夏志清在《中国现代小说史》序言中提到，1951年在耶鲁大学图书馆查找资料时发现了赵树理的作品。这也表明，赵树理的作品最迟在1951年就已开始在美国传播了。

20世纪50年代，特别是1950年和1951年，每年都有十几个国家翻译介绍赵树理的作品，其中既有单篇作品，也有赵树理作品集。翻译语种有日语、俄语、英语、朝鲜语（韩语）、波兰语、越南语、捷克语、法语、匈牙利语、德语、保加利亚语、泰语、孟加拉语、世界语等。1953年以后，赵树理作品的海外翻译数量逐渐减少，特别是20世纪60年代中期以后，就很少有新的海外译作了。

但海外的赵树理研究并未停止，20世纪70年代后，直至21世纪的今天，赵树理及其作品持续受到日本和欧美专家学者的关注，他们中有华裔学者如王德威、李欧梵、茅国权等，也有本国的中国研究专家和中国文学研究专家，比如英语国家的林培瑞、葛浩文和日本的釜屋修、加滕三由纪等。加滕三由纪近几年还多次来山西，走访赵树理当年生活的地方，2019年1月连续在《日中友好新闻》发表4篇文章，介绍当地农村的变化。一些外国青年学者对赵树理及其作品也产生了兴趣，如美国的章毅诚等。

新颖的赵树理文学

由于赵树理是解放区文学的典型和方向性的作家，许多海外译者认为可以从他的作品中了解社会主义新中国的政治、社会等各方面的情况。日本学者洲之内彻的观点就很有代表性，他在《赵树理文学特色》中指出，日本国内对赵树理的关注与对中国共产党的关注分不开，"人们希望了解中共所做的事情，希望了解中共的文学，这种兴趣就转向了赵树理。而且,仅仅在这一点上,赵树理对这个要求给予了我们最好的回答。因为,赵树理不仅拥有文学爱好者,而且拥有广泛的读者阶层","从论文、统计数字中体会不到的具体知识,从赵树理的小说中开始体会到了"。

作为最早译介赵树理作品的社会主义国家,苏联学者在赵树理作品中显然发现了与本国革命相一致的地方,正如当时论者西维特洛夫、乌克伦节夫所指出的那样,"他让我们看到了最近15年(1934—1949年)来中国在政治上、经济上、文化上发展的一幅真实图画。他的意义不仅是暴露了国民党反动统治的本质和中国共产党惊人的建设力量,而且这里面忠实地描写出中国人民的觉醒与政治力量的成长","每一个读者能够从作者这本书中看到和感觉到今日中国的真实情形"。以美国为代表的西方国家起初对赵树理及其作品的评价明显地存有偏见,但随着国际形势的发展和中外交流的日益频繁,欧美学者也更加注重通过赵树理的作品了解中国人的生活与思想。

除了文学的认识功能外,以日本学者竹内好为代表的海外学者也注意到赵树理作品中的新颖性和独特性。他在《新颖的赵树理文学》一文中指出:"在这里,赵树理具有一种特殊的地位,它的性质既不同于其他所谓的人民作家,更不同于现代文学的遗产。"他鲜明地提出了赵树理文学的"超现代性"和对"现代文学""人民文学"的双重超越。竹内好进而认为,赵树理的作品"如果仔细咀嚼,就会感到的确是作家艺术成功之所在。稍加夸张的话,可以说其结构的严谨甚至到了增一字嫌多、删一字嫌少的程度"。小野忍则指出,赵树理的小说"承继、发展了中国说唱文学的传统,形成了一种独特的表现形式。或许可以说,这位作家的最大业绩,就是创造出了这种表现形式。"他所说的"独特的表现形式"主要是指"主题的明确化、描写的单纯化、采用民间故事的形式"等创作手法。即使是受冷战思维和西方文学标准影响的欧美学者,也发现了赵树理的作品在继承传统叙事基础上的创造性叙事、独特的叙事语言与写作风格、民族形式的成功运用等方面的创新。

概言之,中华人民共和国的成立是赵树理作品在国际上迅速传播的前提,独特而新颖的艺术形式和多样化的思想内涵则是其作得以在国外传播的决定因素。赵树理用评书体的现代小说形式成功塑造了历史变革中的中国农民形象,他的作品以浓厚的地域文化色彩和通俗易懂的语言真正融入了当时农民的文化生活。正如小野忍所指出的,赵树理对中国农民特有的幽默感和乐观精神的刻画,是其作在中国现代文学史上具有划时代意义、深受中国民众欢迎的重要原因。

（本文原载 2022 年 2 月 10 日《人民日报》海外版,作者系晋城市图书馆馆长、中国赵树理研究会常务理事）

论赵树理小说叙事形式的传承与创造

袁盛勇　刘　飞

1947年8月15日,赵树理在《人民日报》副刊《文艺通讯》上发表了一篇题为《艺术与农村》的文章,具体分析了当时农村艺术活动的现实状况,明确指出发展农村文艺的迫切性和必要性。他说,"只要承认艺术是精神食粮的话,那末它也和物质食粮一样,是任何人都不能少的","至于说农村的艺术活动低级一点,那也是事实,买不来肉自然也只好吃小米"。又说,要"到农村对各种艺术活动加以调查研究,尽可能分时期按地区做出局部的总结,再根据所得之成绩及自己之素养,大量制成作品,来弥补农村艺术活动的缺陷和空白"。赵树理在20世纪40年代的人生实践,无论是个人生活、革命工作还是文学创作,都与农村密不可分。他在小说创作中比较真实地叙写了不同时期共产党与农村如何结合的革命状况,在表现农村革命的同时,也从叙事角度为人们动态呈现了较为独特的现代性维度和内涵。

在赵树理小说创作中,文学的民族性、现代性和革命性不断融合,显示出赵树理具有较为独特的文学理念。其中既有革命工作的需求,也有艺术方面的考量;既有民族性的承续,也有现代性的发展,并且它们与党领导的农村革命事业达到了一定水乳交融、辩证相生的程度。赵树理文学的现代性是一种较为复杂的现代性,并非某种固有的文学理论可以涵盖,即是说,赵树理文学在其内在肌理、语言、结构、叙事等方面,有着跟其他作家作品不太一样的品性。赵树理在其创作中逐渐形成了自己的一些文学观念,并产生了一些相应的文学叙事形式。

1955年,赵树理在谈论《三里湾》时提到,他在创作中有受到"世界进步文学影响的一面"。美国记者贝尔登在1947年的采访中,也记录了赵树理在师范学校上学时就曾接触过屠格涅夫、易卜生的作品。这些进步文学中的现实主义创作方法及其传统对赵树理的小说叙事产生了深刻影响。这首先表现在他对小说宏大叙事的追求上。贝尔登曾经记录道:"他不喜欢在作品里只写一个中心人物,他喜欢描写整个村子、整个时代。"赵树理后来也曾指出,"农村是个广大而具体的社会面,所包涵的和所联系的方面甚广"。从《小二黑结婚》到《李有才板话》再到《李家庄的变迁》等,赵树理小说所涵盖的农村生活范围越来越大,小说规模也愈益宏伟。这表明赵树理在创作小说时不是对农村中的人与事进行简单摹写,或只注意琐碎生活细节的描摹,而是试图反映较为广阔的农村世界,叙写农村生活较为真实的状态,艺术地呈现共产党领导下农村变革的艰难。阅读延安时期的赵树理小说,如同欣赏当时农村生活的"清明上河图",能将人们带回到那个正经历着翻天覆地的农村社会:大到反动军阀对农村社会的压榨和迫害,小到三仙姑装神弄鬼时米烂了的滑稽;紧张处有不同阶级人员在斗争会上的针锋相对,闲淡时有农家子弟围坐树下粗茶淡饭的亲切;痛心处有贫苦大众在阶级压迫中的饱受欺凌,高兴时有人民翻身做主的愉悦与豪情。如此等等,均表现了当时农村的真实场景。其次还体现了他在小说创作时的革命功利性追求。赵树理以问题小说来定义自己的创作,其目的之一就是想"发挥实用性功能,帮助政治解决实际工作中存在的问题"。他写作《邪不压正》,就是想

"写出当时当地土改全部过程中的各种经验教训,使土改中的干部和群众读了知所趋避"。这就道出了小说写作的目的,希望作品发表后,能够帮助干部和群众在实际工作中有所改变和完善,以利革命工作和农村生活的进步与发展,这就是一篇小说的革命功利性观念,所以在一定意义上,赵树理的问题小说,既是社会小说、乡土小说,又是教育小说、成长小说。这在当时显然也是符合党的文学、工农文学和人民文学等主流文学观念的。

更为值得称道的是,赵树理在自觉作为一个党的文艺工作者之外,始终具有一个地道农民的立场,这一立场使得赵树理始终能够秉持一种较为坚实而朴素的现实主义创作姿态,它在很大程度上只忠实于作者对于乡村与农民生活的观察和感受,具有一种鲜活而生动的感性特征,但也正是对于此种现实主义观念的执着,带来了赵树理小说及其文学观念的悲剧宿命:有限的现实主义和党的文学观往往具有难以调适的特征,其既相适应又不相适应的状态,往往取决于不断变化着的党的政策,而非现实主义和作家本身。本来,赵树理采取的便是一种二者兼顾的态度,他既要立足农村和农民,忠实于农民的感受和体验,又要服从党的政策和利益的要求,使自己的小说发挥较大程度的政治性作用。赵树理自觉地使通俗化为革命服务,又说自己的创作宗旨为"老百姓喜欢看,政治上起作用",此种写作姿态无疑是较为理想的,但是党的具体政策跟赵树理所观察和体验到的农村生活往往既相一致又不一致。当两者一致时,赵树理的作品就符合党的文学观念的要求,而当两者不相一致时,就会产生矛盾,就会不太符合甚至背离党的文学观念的要求。果真如此,赵树理就会受到批评和冷落。赵树理后来创作的小说《三里湾》《"锻炼锻炼"》等大都受到愈来愈严厉的批评,主要原因就在于此。在农民立场和党的立

163

场之间,赵树理更为基本的农民立场和忠于生活的写作姿态,使他不仅注意到了农村问题的实际存在,而且执意要在文学创作中反映这些问题的存在,但是这已经超越了不断变化着的党的政策和意识形态所许可的边界与限度。赵树理的小说是写给农民的,但以一个真正党员作家的诚挚立场来考察,又是向党反映和倾诉问题的。这样一种表达,自延安时期开始,他在文学实践中可说是一以贯之。因此,不是赵树理变化了,而是时代变化了,主流的审美规范和期待变化了,更是党的意识形态要求和政策变化了。比起社会和政策的变化来,赵树理不会与时俱进,不会像当时一些作家那样机智而稳妥地应对现实语境的变化,自然就有些落伍了,不伦不类了,但也恰恰于此彰显了他作为一个质朴的农民式知识分子所具有的良知和正气。套用一句现成的话来说,也是体现了现实主义(哪怕是有限的现实主义)创作的胜利吧。在这个意义上,赵树理并非仅仅是一个农民作家,而是一个有着真正知识分子情怀和革命道义的作家。这样一些情怀和道义的综合,其实在我们看来体现了赵树理文学在党的文学观和现实主义文学观之间的复合性特征,赵树理在小说创作中坚守了一个真正革命者和党员作家对于艺术和土地的忠诚,这份忠诚的内核其实就是信仰。在这个意义上,赵树理是一个具有真实信仰的作家,作家及其作品所表征的乃是一种基于信仰的文学和基于文学的信仰。在中国现代文学史上,赵树理尽管不是第一个这样的作家,却把如许值得称道的信仰文学推向了一个历史高度,也把延安文学现代性所具有的信仰维度带向了一个更为真实的境地。

文学观念和文学创作密不可分,它既来源于艺术实践,也深刻影响着作品的内容与形式。在赵树理的文学批评、经验论述、艺术总结等相关文字中,大部分着重于文学的人民性、功能性、通俗性等方面的阐述,却也并没有忽略艺术方面的追求。延安时期,赵树理总结太行根据地秧歌剧本评选时就强调,"所选择的主题是对了,但不会用艺术的手段去处理它,也是不能取得服务于群众的效果",优秀的作品"不仅在于内容好,而表现这内容的艺术性也是好的。这里所谓艺术性,也并不是一个超然不可捉摸的东西,既是服务于群众的意志坚定了,艺术上的努力如何,也是求之于群众,群众所喜好的东西,也就是艺术上所应致力的东西,面向群众来研究,也就自能提高艺术的效用"。不难看出,在内容与形式关系的认知上,赵树理具有清醒的认识:内容当然是作品的核心,但是没有相应富有审美性的艺术形式,也不会产生更好的社会效应,而艺术上的追求和运用,首要的还是要考虑群众的喜好和接受程度。赵树理并非没有艺术上的自我追求,而是在小说叙事形式的传承与创造上,有着自己明确的追求。

延安时期的赵树理在创作方面横跨雅俗、纵贯古今,不断突破现有文艺体裁和形式的限制,在小说、杂感、诗歌、戏曲、鼓词、快板等不同创作领域均有建树,走上了一条不断自我发展、自我超越的艺术道路。回顾赵树理在延安时期的作品,尤其是他的小说,我们不难看出,他在其文学实践中不断进行着文学形式的变革,从古典和民间的角度而言,既有传承,更有创造,并且是一种富有民族—现代意味的文学叙事形式创造。

在论及创作时,赵树理多次提出:"最好的办法,是多读古今中外的好作品。"面对古典的、民间的、外国的三份艺术遗产,赵树理在一定程度上也是秉持开放的态度,但从其内心而言,他受到影响最深且最愿意谈的,还是以中国古典的、民间的文化遗产为主。严文井在中华人民共和国成立后曾和他对门而居,两人几乎天天辩论中外文学的优劣。严文井一方面惊愕于他的古典文学修养,断定他不是个通俗作家,另一方面则感到他不仅不想改造自己的知识结构,而且想说服别人也不必去钻研外国文学名著。谈及民间曲艺时,赵树理如数家珍:"我认为曲艺的韵文是接受了中国诗的传统的,评话是接受了中国小说的传统的。我觉得把它作为中国文学正宗也可以。"论及对传统文艺的继承时,赵树理显得忧心忡忡:"以前我们有些理论工作者对中国传统的东西接受就不是太够。"

赵树理曾对新中国成立后文艺中存在的崇洋媚外现象痛心疾首:"小说咱们有,诗歌咱们有,为什么要丢掉自己的,去学人家的?学人家的长处可以,但学了以后最好把它化为自己的,化不了也不过使它作为另一种形式,不能因此把咱自己的传统丢掉。有些人误以为中国传统只是在普及方面有用,想要提高就得加上点洋味,我以为那是从外来艺术环境中养成的一种门户之见。即使文化普及之后,也不应该辛辛苦苦去消灭我们这并不低级的传统。"而谈起民间的传统曲艺,赵树理是那样爱不释手:"如果从直接为工农群众服务来看,曲艺还是比较直接一点,它的读和说差别不大,听了叫人懂,不但懂,还使你感兴趣。中国几部重要的小说,如《红楼梦》《水浒》等,基本上都是评话体,流传了好几百年。""我们的东西满可以像评话那样,写在纸上和口头上都是统一的。这并不低级,拿到外国去决不丢人。评话硬是我们传统的小说,如果把它作为正统来发展,也一点不吃亏。"正如詹姆逊在研究文化的变革时指出:"每种艺术形式都负载着特定的生产方式及意识形态所规定的意义。当过去时代的形式因素被后起的文化体系重新构入新的本文时,它们的初始信息并没有被消灭,而是与后继的各种其他信息形成新的搭配关系,与它们构成全新的意义整体。"现代中国文学的发展绝不意味着与原有文学形式的割裂,而应该是如何进行有效的传承与创新,即致力于一种传承转化中的创造与创造转化中的传承,然后达到一种新的文学创造。在这方面,赵树理展现出极高的热情,他对多种文艺形式都有过实践,并尝试将其融入文学创作中。从延安时期的作品来看,赵树理明显表现出对民族叙事传统的认同,在创作中也具体意识到自己在这一传统中的位置,表现出对赓续叙事传统的强烈责任感,主动参与到对传统叙事形式的吸收、改进、激活、绵延之中。赵树理正是在这种传承与创造中开创了一片新的文学天地,在叙事语言、叙事结构、叙事视角等方面形成了自己的文学叙事特色。

首先,来谈其小说叙事语言的传承与创造。1946 年,郭沫若阅读了《李家庄的变迁》后,热情地称赞赵树理的小说:"最成功的是语言……全体的叙述文都是平明简洁的口头话,脱尽了五四以来欧化体的新文言臭味。然而文法确实谨严的,不象旧式的通俗文字,不成章节,而且不容易断句。"相比于当时部分新文学作品过分欧化的现象,赵树理小说的通俗性无疑对现代文学的发展产生了新的冲击与推动。赵树理在1964年撰写的《语言小谈》中曾说,他在语言的使用中特别关注读者能否"听得懂"和是否"愿意听"两个方面,而他在延安时期的叙事语言探索也可从这两点展开考察。前者强调文本的表意功能,要求"说得通",强调叙述事实的顺畅通达、表情达意的清晰易懂,而后者是语言的应用技巧,要求"说得好",强调使用语言的具体技巧,即口语化的特点。两者相辅相成,共同构成赵树理的叙事语言特征。

1946 年 5 月,赵树理与记者李普交谈时,曾经将新文学语言过分欧化的缺陷比喻为"拦路羊":"那种复杂的甚至古怪的欧化句子,即使由比较习见的字眼组成,却像羊一样,一群一群的来,比拦路虎更可怕。"繁重的劳务使群众无暇去咀嚼文辞的华丽,落后的教育与文化让农民无力去品味篇章的精妙。早期的赵树理曾尝试用"翻译"，赵树理在《也算经验》中写道："有时候从学校回到家乡，向乡间父老兄弟们谈起话来，一不留心，也往往带一点学生腔，可是一带出那等腔调，立时就要遭到他们的议论，碰惯了钉子就学了点乖，以后即使向他们介绍知识分子的话，也要设法把知识分子的话翻译成他们的话来说，时候久了就变成了习惯。说话如此，写起文章来便也在这方面留神。"赵树理有意解决这个问题，从他的创作中也能窥得一二。但随着创作的深入，赵树理意识到要想让群众"听得懂"，作品的叙事就必须使用"选择活在群众口头上的语言"。他采用常见的文字，重视表意功能，遣词造句使用通俗易懂的口语，减少方言土语和地方语汇的使用，形成了叙述功能丰富、语言逻辑清晰的叙事语言。1947年，赵树理在采访中自豪地宣称，现在的自己"用农民的语言写作"，并热情解释道："我用词是有一定的标准的。我写一行字，就念给父母听，他们是农民，没有读过什么书。他们要是听不懂，我就修改。"这种修改并非单纯将"然而"改成"可是"，将"所以"变为"因此"的文字调整，而是真正从农村的艺术沃土中生长创造出来的语言，并以叙事为重心，着重将事情交代完整、表达清楚。叙事语言选择的背后蕴藏着思想与价值观的立场，赵树理摒弃了五四以来知识分子对农民的启蒙态度，自觉成为劳动人民中的一员，将地道的农民口语登堂入室，折射出他与劳动人民同甘苦、共进退的决心。正如茅盾评价："他是人民中的一员，而不是旁观者，而他之所以能如此，无非因为他是不但生活在人民中而且是和人民一同工作、一同斗争。"延安时期的赵树理形成了朴实简洁、情感丰富、通俗易懂的叙事语言风格，客观上达到了《延安讲话》提出的简单浅显、容易为广大人民群众所迅速接受的要求，但要真正形成劳动人民的语言，达到群众愿意听的程度,还必须从应用技巧入手,形成叙事语言的口语化特色。

在赵树理看来,叙事语言的运用绝不能全盘照搬理论,因为"光从那里边学不到语言",也不可以机械地"记录"生活,那是"语言还没有学到足够应用的程度"的表现,而是应该从真实生活中采集语言,提炼出群众口语表达的特点,对其进行艺术化的加工和改造,将其运用在叙事中。不妨读一段赵树理延安时期的作品来领略其中的奥妙吧:

一天,孟祥英给丈夫补衣服,向婆婆要布,婆婆叫她向公公要。就按"老规矩",补衣服的布也不应向公公要。孟祥英和她讲道理,说得她无言答对,她便骂起来。孟祥英理由充足,当然要和她争辩,她看这情势不能取胜,就跑到地里叫她的孩子去:

"梅妮(孟祥英丈夫的名字)!你快回来呀!我管不了你那个小奶奶,你那小奶奶要把我活吃了呀!"

娘既然管不了小奶奶,梅妮就得回来摆一摆小爷爷的威风。他一回来,就按"老规矩"自然不用问什么理由,拉了一根棍子便向孟祥英打来。不过梅妮的威风却也有限——十六七岁个小孩子,比孟祥英还小一岁——孟祥英便把棍子夺过来。这一下可夺出祸来了:按"老规矩",丈夫打老婆,老婆只能挨几下躲开,再经别人一拉,作为了事。孟祥英不只不挨,不躲,又缴了他的械,他认为这是天大一件丢人事。他气极了,拿了一把镰刀,劈头一下,把孟祥英的眉上打了个血窟窿,经人拉开以后还是血流不止。

赵树理强调叙事语言的简洁。在文字使用上他节俭和精密均达极致,语言极尽简单之能事,将每个汉字的表意功能发挥得淋漓尽致,言简意赅,直击要害。"一番话从哪里说起,说到哪里为止,应该以说得最少又说得最周全为标准。"上述引文仅用300余字,寥寥几笔勾勒,就将混乱的家庭闹剧交代明白,且清晰展示出背后复杂的婆媳矛盾、夫妻隔阂和家庭压迫等多重矛盾。赵树理的叙事语言多用短句,一方面,方便读者理解;另一方面,加快了叙事节奏,加速了情节发展,更容易形成画面感,达到吸引读者的目的,形成独特的艺术效果。追求叙事功能极致的同时,赵树理注重对语言的锤炼:叙事语言应该注意使用"劳动人民的口气",采用生活化的语言展开叙述。口语化的叙事语言,带来一种特殊的语言张力,对农村读者而言,具有天然的亲切感,更容易产生呼应与共鸣。还原生活语言的同时,赵树理还注重对语言文字的创造性使用,主动发掘日常口语中的精华,采撷群众"话海"中最美的浪花。引文中最细腻也最直接展现生活真实感的就是对"老规矩"一词的使用,放在不同的语境中形成迥异的叙事效果:用在婆婆处代表家长的权威,用在丈夫处代表夫权的蛮横,放在孟祥英身上则是封建婚姻的枷锁。无形中"老规矩"具有了意象的功能,用来指代农村落后思想、包办婚姻对妇女的荼毒,体现旧俗的可恨,凸显翻身的可贵。类似的语言细节如《小二黑结婚》中的"恩典恩典"、《邪不压正》中的"看看再说"等在赵树理延安时期的创作中比比皆是。正是对语言的千锤百炼,才使得赵树理的叙事丰富多彩,字里行间氤氲着迷人的泥土芬芳,形成了极具个人特色的语言艺术风格。

其次,来看赵树理小说在叙事结构方面的传承与创造。杨义在研究中国叙事传统时指出:"('年—月—日')的时间意识和整体性的思维方式,深刻地影响了中国叙事作品的时间操作方式和结构形态。"传统文学受史传传统的影响,多采用顺序结构,以时间流转来引导叙事进行,强调情节间的连贯。赵树理在延安时期的创作基本上是以时间的线性流动展开情节,较少以倒装、交错等打乱时间。例如在《李家庄的变迁》中可以看到"到了晌午""晚上""第二天早上""第三天""一月之后""到了民国十九年夏天"等大量标示时间的名词。在小说第一节,用"正做早饭""把饭做成""吃过了饼"等具体的人物动作表现时间的线性流动,推进情节发展。在情节衔接处强调首尾连贯,形成完整的叙事链条,使整体结构清晰完整。这种叙事结构迎合了农村读者长期形成的阅读习惯,也兼顾了农村地区群众文化水平较低的现实。正如赵树理所言:"群众爱听故事,咱就增强故事性。爱听连贯的,咱就不要因为讲求剪裁而常把故事割断了。"

袁枚《随园诗话》云"文似看山不喜平",这提示人们传统文学叙事形式的审美,不仅希望叙事如山脉般连绵不绝,更强调叙事之中如山峰般的危峰兀立。的确,单纯依靠时间来推动故事发展的顺序结构,常常会使作品陷入流水账式的叙事陷阱,使小说枯燥乏味。如前文所述,赵树理在叙事过程中,重视故事性,强调情节曲折动人,无疑是从传统文学中汲取的经验:"(他)读过许许多多旧式的章回小说,弹词唱本之类,凡事找得到的,他都看过,都有这个优点。"在这方面,他主要依靠叙事节奏的变化和悬念的设置来实现自己的意图。叙事时间流动的缓急会赋予叙事不同的节奏,产生情节的起伏,并影响读者阅读心理的变化。以小说《邪不压正》为例,在小说的第一节的订婚部分,赵树理不厌其烦地用"十五这天""就要开饭了""天已经晌午了"等时间单位,以及"起得晚一点儿""睡了一小会""送礼的来了"等表现具体进程的词语,而在情节发展的重要关节处更是屡屡强调时间的存在,从感觉上使读者意识到叙事时间的加速,使读者在阅读中产生紧迫感。在叙事的串联方面,赵树理则借鉴传统曲艺表演中设悬念、"留扣子"等手法,在正常的连贯叙事中故意切断线索,设置悬念,如在《小二黑结婚》中提到三仙姑吸引青年的本领时故意设问,形成一种悬而未决的阅读感受,吸引读者继续阅读。

在中国传统叙事形式中,叙事结构完整最重要的标志是故事的完整收束,赵树理通常使用大团圆结局作为叙事的终点。深谙中国传统文艺的赵树理曾在中华人民共和国成立后明确指出大团圆的意义:"有人说中国人不懂悲剧,我说中国人也许是不懂悲剧,可是外国人也不懂团圆。假如团圆是中国的规律的话,为什么外国人不来懂懂团圆?我们应该懂得悲剧,他们也应该懂得团圆。"从叙事结构上来看,赵树理的问题小说是依据革命生活中遇到的问题展开,情节也沿着处理问题的过程发展,最后在党领导的革命力量或政权的直接与间接影响下,圆满解决问题,皆大欢喜,最终团圆。在古典文学和民间文艺视阈中,大团圆式结局不仅体现着对叙事结构完整的追求,更内含了千百年来中国人对美好生活的向往与希冀,形成了一种审美上的民族无意识心理结构。赵树理将其放在现代革命语境中,肯定在共产党领导下,群众团圆、事件圆满不再只是一种想象,而是"实际和可能的事情了,它是生活中的矛盾的合理圆满的解决",所以赵树理小说的大团圆式结尾并非只是一种古典的传承,更是一种革命叙事观照下的农村生活与人事的现代表征,具有其新的现代内涵,不可予以简单批评甚或否定。

再次,赵树理小说在叙事视角方面的传承与创造。延安时期赵树理创作的小说,文学史家称其为新评书体小说,这是比较准确的。韩南曾将古典小说中那种源于评书表演的叙事方式称为"虚拟的说书情境"。传统评话体小说多模仿说书人的口吻叙述,在叙事中使用评书表演的固定套语，从形式上还原勾栏瓦舍听故事的情境。赵树理的小说在形式上完全摒弃了古典小说"书接上回""且听下回分解"等僵化套语，而将重点集中于叙事视角的创造性运用。赵树理的小说基本上采用第三人称叙事，即全知全能的叙事视角。在全知视角下，叙事者是作者在文本中的心灵投影，是无所不知的上帝，负责完成具体的叙述任务。在讲述故事、串联情节的过程中，叙事者可以随时出现，补充说明、评点内容，从而加强叙事的完整性和表现力，满足读者对故事完整性的期待，而在具体的叙事过程中，叙事者又可以在故事内部穿梭自如，随时进入故事内部，将笔触集中在某一具体人物上，成为小二黑、李有才、张铁锁等，以角色为依托观察世界，形成叙事的局部限知视角。小说通过具体表现人物语言、动作、心理等细节，在事件的发展中塑造人物，拉近读者与人物的距离，使呆板的第三人称叙事更加细腻丰富，使叙事更富有活力。整体上看，限知视角是对全知视角的补充，它让情节的推动变成一个自然发生过程。如在《李家庄的变迁》中，读者正是通过限知视角观察张铁锁在太原流浪的悲惨经历，对贫苦农民饱受欺凌的无奈和悲凉感同身受，认识到反动军阀统治的腐朽和荒谬，而全知视角为限知视角提供了逻辑方面的补充和必要说明，保证叙事的完整和故事主线的顺利进行。赵树理正是在全知视角与限知视角的流动贯通中，形成了独具中国特色的叙事效果，一定程度上契合了中华民族的审美认知心理结构，而视角转换的频率又从侧面带动叙事节奏：紧张处，视角转换较为频繁；舒缓时，视角转换只是偶尔出现，较为稀少。

　　除了形成叙述视角的作用，叙事者还是"作者和文本的心灵结合点，是作者把他体验到的世界转化为语言叙事世界的基本角度，同时它也是读者进入这个语言叙事世界，打开作者心灵窗扉的钥匙"。古

173

典小说中叙述者一般应该完美地诠释作者观察世界的眼光和角度，表达作品的思想内涵，更方便地实现小说的社会功能。文以载道的传统在赵树理心中具有重要地位，他认为："写小说和说书唱戏一样（说评书就是讲小说），都是劝人的。"只不过，他是从革命功利角度出发，将传统的道替换成革命道理，"给自己的作品提出了崇高的教育使命，处处用中国农村及其变革中发生的真实而常常又很复杂的问题，来努力教育读者"。利用传统文学形式赋予的创作自由，尽情地释放革命激情，宣传革命思想，将审美的社会效益发挥到极致。

此外，赵树理小说在叙事技巧上也有所传承与创造。传统话本小说在引入故事、介绍背景时常常如刘姥姥进大观园一般，以人或物作为向导，用人物的行动、语言等展开叙述，避免静止地介绍人物、风景和社会结构，赵树理形象地将其称为"领路人"，"让读者跟随着人物的行动去熟悉环境"，"把环境、人物和故事情节结合起来"。比如刘家峧的二诸葛和三仙姑、阎家山的李有才等均出色地完成了引导叙事的任务。赵树理还在《李有才板话》中创造性地将诗词韵文与快板置换，摒弃了传统的定场诗等呆板套路，而用富有节奏感的快板代替严肃的诗文，用快板来形成"有诗赞曰""有诗为证"的叙事形式，以利突出重点、标识人物、增强渲染、启蒙民众、调控叙述，能够生动地呈现农民的智慧和民间的率真。

赵树理曾经指出："农村艺术活动，都有它的旧传统。翻身群众，一方面在这传统上接收了一些东西，一方面又加上自己的创造，才构成现阶段的新的艺术活动。"在文学的传统与现代之间，赵树理的小说在叙事形式上做出了贡献。赵树理将革命道理融入小说叙事，利用传统形式满足群众的阅读习惯和欣赏水平，但又摒弃了跟现实生活不相适应的某些旧的形式，在这基础上，终于产生了具有现代意义的具有创造性的叙事形式。

在赵树理努力下,从五四时期就开始孕育的大众化思想,终于在延安时期产生了较为符合时代需求的文学形式。这在很大程度上纠正了以往新文学过分欧化导致的形式缺陷,为古典文学、民间文艺传统融入现代中国文学的发展不仅提供了可能,更是提供了标本和范例。诚如周扬所言,赵树理"所创造出来的决不是旧形式,而是真正的新形式,民族新形式"。这就是说,赵树理的小说在文学形式上不仅具有中国作风和中国气派,更是具有现代意义上的中国作风和中国气派,亦即在文学形式创造上达到了一种富有民族—现代意味的统一,具有文学现代性的全新内涵。

(本文原载《中国现代文学研究丛刊》2021年第1期,作者袁盛勇系陕西师范大学教授,刘飞系陕西师范大学博士生)

第三部分

赵树理与丁玲

赵魁元

　　研究中国现当代文学史，赵树理和丁玲是两个绕不过去的代表性人物；但他们又是完全不同类型的作家，其出身、成长环境、经历、艺术风格、人物性格截然不同。由此形成了一种研究格局，赵树理研究和丁玲研究似乎是互不相交的两个课题。进入21世纪，研究者在肯定两人明显差异的同时，也发现了他们之间的相同点。这非常重要。首先他们是忠诚于党的革命战士，然后才是杰出的文艺战士。打通20世纪中国文学史的研究，更是发现两者不仅有着非常重要的互通性，而且具有别的经典作家所不具有的互补性。近年来，"赵树理与同时代人""丁玲与同时代人"研究课题的专家学者密切配合，互通研究信息和研究成果，互相参考，互为补充，不仅互相促进，而且形成了重要的研究方法。但研究赵树理与丁玲的难处在于，完全不同于赵树理与柳青、周立波比较之研究，有可以做比较的经典作品，如《三里湾》《山乡巨变》《创业史》之比较。赵树理与丁玲关系之研究，必须放在大的历史背景下，放到20世纪中国文学史的大背景下来思考。随着《延安文艺研究》《50—70年代文学研究》、贺桂梅《转折的时代：40至50年代作家研究》等课题的深入，赵树理与丁玲比较之研究也在深入和拓展。

东西总布胡同之争

这是新中国成立初期一次典型的文艺之争,因主角是赵树理和丁玲,所以影响比较大。

事情的起因很简单。1950年10月,赵树理邀请丁玲出席北京市大众文艺创作研究会成立1周年纪念会议。丁玲在讲话中肯定了研究会的成绩,同时批评通俗文艺"给群众带来一些不好的东西","我们不能以量胜质,我们不能再给人民吃窝窝头了,要给他们面包吃"。窝窝头与面包的比喻,当即激怒了苗培时,他认为丁玲的讲话是荒谬的,因此被勒令检讨。丁、赵之间的矛盾也公开化了。

之所以称之为东西总布胡同之争,是因为丁玲进京后把家安在了东总布胡同22号,是中国文协所在地。赵树理、王春、苗培时所在的工人出版社则位于西总布胡同30号。

争论的原因在于:一是在抗日根据地和解放区,赵树理的作家才能并不被大城市来的作家和知识分子所认可。现在革命胜利了,新中国成立了,不想上文坛的赵树理进京了,决心大干一场,要像在太行抗日根据地那样,夺取封建文化阵地。想不到进城了,同样得不到他们的认可。

二是丁玲内心深处并不认可赵树理的文学才能,并不认可"赵树理方向"。因为在她的印象中,赵树理并不能算是真正的作家,他只不过是《李有才板话》中老杨式的农村干部。这当然是丁玲认识上的偏见,但这种认识并不仅仅是丁玲个人的认识。

三是丁玲不仅是代表性的作家,而且是新中国文艺事业的领导者和组织者之一。丁玲任主编的《文艺报》很快就发现了《说说唱唱》

的问题。典型的争论便是孟淑池《金锁》的发表。紧接着,赵树理又因《武训问题介绍》淡化了阶级观点而遭到了批评。伴随而至的,是全国文联为加强思想改造而发起的整风学习。

1949年党的七届二中全会后,全党的工作重心由农村转移到城市,城市领导农村。丁玲犹如鱼遇到了水,决心大干一番,而赵树理犹如鱼离开了水,很不适应。正如罗岗所言,丁玲的可贵之处在于,她经过延安文艺的改造乃至参加了延安文艺和当代文学的创制,但作为一个"透彻底思考文学生活条件"的作家,意识到从延安文艺到当代文学,始终伴随着"工作重点由乡村转移到城市"。从这个角度看,东西总布胡同之争,可以理解为赵树理的农村经验与丁玲的城市记忆围绕当代文学体制的建立而展开的争论。以笔者的理解,也可以将其理解为城市文学与乡土文学、市民文学与农民文学之争。事实上,两者缺一不可。尤其是从农业社会向工业化过渡,城市领导农村当然是历史的进步,但就文学而言,这一时期在农村题材文学方面取得的成就要远远高于城市文学。以赵树理为主帅,以马烽、西戎、孙谦、李束为、胡正为主将,所创立的山西农村题材文学(即山药蛋派文学)为当代文学增添了色彩。

回到历史现场,应该说这种非此即彼、否定不同意见的思维是十分有害的,明明是互补关系,却说成是对立关系。

回到延安文艺

丁玲为什么会对赵树理产生这样的认识偏差和局限呢?这个问题非常重要。因为不仅是丁玲这样认识的,而且当时许多出身于城市,以知识分子身份自居的作家也是这样认识的。即便在今天,仍有一些人认为赵树理是土得掉渣的农民作家。笔者一开始百思不得其解,后来发现了一个十分有趣的现象:整个抗日战争期间,甚至在赵树理的成名作《小二黑结婚》《李有才板话》发表之后,赵树理的影响在延安并不大,延安文艺界多数人可能对赵树理并没什么印象。

赵树理的横空出世,许多人觉得奇怪,但是如果我们回到历史现场,这一现象并不偶然。赵树理在全面抗日战争爆发后重新加入中国共产党,他以宣传文艺战士的身份,以笔为武器,集采编印于一身,创办抗日小报。正是在这一过程中,特别是在学习了毛泽东《新民主主义论》后,认识上在实现了两个方面的提升:一是对新民主主义文化认识的提升,二是对鲁迅先生认识的提升。毛泽东对鲁迅先生予以高度肯定:"鲁迅是文化战线上,代表全民族的大多数,向着敌人冲锋陷阵的最正确、最勇敢、最坚决、最忠实、最热忱的空前的民族英雄。""鲁迅的方向,就是中华民族新文化的方向。"对于赵树理来说,这些认识犹如指路明灯。

这期间,还有一件事对赵树理影响很大。赵树理奉命写一篇评论《论持久战》的文章,旨在用毛泽东持久战的战略思想统一太行抗日军民的思想。赵树理认真学习了《论持久战》,写出了《漫谈持久战》,分10期发表在《中国人》报第4版上,极大地鼓舞了太行抗日军民战胜困难、最终战胜日本帝国主义的信心。毛泽东在《论持久战》里一再强调:"如此伟大的民族革命战争,没有普遍和深入的政治动员,是不能胜利的。""怎样去动员?靠口说,靠传单布告,靠报纸书册,靠戏剧电影,靠学校,靠民众团体,靠干部人员。不是将政治纲领背诵给老百姓听,这样的背诵是没有人听的,要联系战争发展的情况,联系士兵和老百姓的生活,把战争的政治动员,变成经常的运动。"对赵树理这样的革命战士来说,他的一切活动,包括写作,都是政治动员工作,而农民是政治动员的主要对象,要用党的思想来教育农民,用党的政策来发动群众。

要研究延安文艺、延安文学,丁玲同样是一个绕不过去的人物。1942年5月,丁玲参加了毛泽东亲自主持召开的延安文艺座谈会。一贯主张调查研究的毛泽东在准备座谈会期间找文艺界同志谈话,找的第一个人就是丁玲。会前,陈云曾找丁玲和刘白羽谈话,提出"对于共产党员作家来说,首先是共产党员,其次才是作家","不但组织上入党,思想上还要入党",丁玲深受震动。在5月16日讨论会上,丁玲发言中谈了两个重要问题:第一个是:文艺应该服从于政治,文艺是政治的一个环节,我们的文艺事业是整个无产阶级事业的一个组成部分,即"文艺的党性"。第二个是立场问题,"共产党员作家,马克思主义作家,只有无产阶级的立场,党的立场,中央的立场"。这是丁玲认识的一个巨大转变。文艺座谈会召开之前,丁玲的认识并没有这么明确。

丁玲1936年11月到达陕北保安,受到了隆重欢迎,中央宣传部专门开了一个宣传会,毛泽东、张闻天、博古都参加了,可见对丁玲到来的重视。

1936年底,毛泽东作了一首《临江仙》,用电报发给随一军团南下的丁玲,其中"昨日文小姐,今日武将军"即指丁玲。

1937年9月22日,丁玲率西北战地服务团徒步开赴山西抗日前线。11月7日,他们在和顺县石拐村找到了八路军司令部,随总部行动,受总政治部主任任弼时领导,辗转于沁源、洪洞、运城等16个县市慰问演出,演出了《大战平型关》等剧,于1938年7月底回到延安。

丁玲以作家名世,自然放不下手中的笔。她深受鲁迅先生影响,写了一些杂文,发表自己对一些问题和现象的看法,如《三八节有感》,引起了争议。

为了进一步统一全党思想,毛泽东发起了整风运动。延安文艺界令毛泽东不满意的现象自然进入了他的视野,他要亲自抓。出乎丁玲意料的是,自己是主动投入整风运动的,但同时也是痛苦的,是脱胎换骨的改造。毛泽东的《延安讲话》令以丁玲为代表的知识分子作家心服口服,决心沿着为工农兵服务的方向走下去,但现实是复杂的,既有像王实味一样被明确为斗争对象的靶子,也有个人主义膨胀的萧军,还有来自国统区、家庭出身复杂的知识分子。丁玲因所谓历史问题而陷入漩涡之中。

解放战争给了丁玲新的希望,她要到东北去。去东北虽然没有实现,但丁玲有幸参加了土地改革,她深入农村,到农民中去,从1946年11月开始,历经反复,终于创作出了《太阳照在桑干河上》这一经典作品。

1947年10月,由冯雪峰编纂的《丁玲文集》由上海开明书店出版,收入丁玲的7篇小说,冯雪峰写了后记。

1952年3月,《太阳照在桑干河上》获得了斯大林文学奖,冯雪峰用近万字长文高度评价这部小说:

> 近十年以来,我们的社会主义现实主义文学在成长;几个比较优秀的作家,已经逐渐能够写真实的人,丁玲的这一本小说是这一方面的一个更为显著的成就……这是一部艺术上具有创造性的作品,是一部相当光辉地反映了土地改革的,带来了一定高度真实性的,史诗似的作品;同时,这是我们社会主义现实主义的在当时的比较显著的一个胜利!

如果把周扬的《论赵树理的创作》和冯雪峰评论丁玲的文章放在一起来读，我们是不是会对延安文艺看得更准确、更深刻、更全面呢？可惜，由于中国革命的复杂性和丰富性，在相当长的历史时期内，割裂了赵树理和丁玲，也割裂了周扬和冯雪峰。这是历史的悲剧。

2011年6月1日，中国作协主席铁凝在《人民日报》发表《追寻红色岁月足迹，坚持中国特色社会主义文学道路》一文。文章说："1942年之后，在毛泽东同志《在延安文艺座谈会上的讲话》精神的指引下，广大作家与文学工作者自觉地将文学事业与时代人民结合在一起，解放区的一大批作家更是积极投入火热的生活中去，形成了一支作风过硬、创作力极强的队伍，赵树理、丁玲、贺敬之、柳青、周立波等创作出大量优秀的，为人民喜闻乐见的文学作品。"

鲁迅文学、五四文学、左翼文学的影响

为了进一步说明丁玲、赵树理文学的生成史，有必要回到鲁迅文学、五四文学及左翼文学对他们的影响，回到20世纪中国文学的历史语境。笔者列举几个时间节点或几件事，以说明丁玲和赵树理作为同时代人，他们在时代大潮中所受到的影响，以及为中国20世纪文学做出的努力及贡献。

研究丁玲的成果很多，如"五四的女儿"、《莎菲女士的日记》、"鲁迅对丁玲的关爱与重视"，一直是研究的热点，且已成为共识，而对赵树理的研究，似乎局限在少数人中。

丁玲原名蒋冰之，1904年10月12日出生于湖南常德一个声名显赫的大家族。

赵树理1906年9月24日出生于山西沁水县尉迟村一个正走向没落的农民家庭。

　　人们评价丁玲"不简单",其实她的母亲余曼贞同样不简单。正是因为有了这位勇敢追求独立、自由、进步的母亲,丁玲才能走出家门,结识王剑虹,走出湖南,远赴上海,住平民女校,进上海大学,受教于茅盾,结识了瞿秋白、冯雪峰等一批共产党人。1924年,丁玲北上,落脚北京。在20世纪二三十年代的中国,丁玲作为一个追求自由、进步、独立的女青年,在遇到挫折时,像当时的许多年轻人一样,开始阅读鲁迅的作品,从精神导师那里寻找出路,寻求精神安慰。

　　同样,赵树理的祖父、父亲也不简单:耕读传家。他们不仅把赵树理培养成了精通农业生产的全把式,而且祖父赵中正亲自上阵,严格督教赵树理熟读四书五经。赵树理说过,二诸葛就有他父亲的影子。直至1925年,已经快20岁的赵树理,考入山西省立第四师范,才走出家门到长治上学,在同学王春的影响下,接触五四文学,开始阅读鲁迅的作品,睁眼看世界。

　　一个是成长于城市,受教育于20世纪中国最开放、最发达,受西方影响最深的上海,接受世界现代文化影响的时代女性;一个是成长于最封闭、最落后的山西农村,在20世纪中国革命和追求现代化的历史潮流中,走出家门的农村青年,二者殊途同归,成为20世纪中国文学史中的代表人物。

　　1931年9月20日,左联机关刊物《北斗》创刊号发行,主编就是丁玲。冯雪峰带丁玲拜会了鲁迅,丁玲终于见到了心目中的导师,鲁迅对她也寄予了很大的希望。《北斗》组织了两次征文活动,丁玲为活动写了总结,号召作家到大众中去,"用大众做主人","不要使自己脱离大众,不要把自己当一个作家。记着自己就是大众中的一个,是在替大众说话，替自己说话"。

赵树理一开始也是主张艺术至上。在上师范期间，赵树理开始接触新文艺。1928年，受阎锡山"清共"影响，赵树理被迫离开学校，到处流浪，甚至被捕入狱。这一时期，受鲁迅左翼文学大众化的影响，赵树理逐步转变了自己文学创作中的欧化倾向，最终闯出了一条完全属于自己的创作的道路，其标志性作品就是1934年创作反映农民和封建势力做斗争的长篇小说《盘龙峪》（未完成）。正如李国涛所指出的那样："在20世纪30年代上海进行大众化问题论争，而没有产生出真正大众化作品的时候，在偏远的太行山山沟里，却有人实践了革命的主张，并取得可喜的成绩。这个人就是赵树理。"

1941年，赵树理与王春、林火等人在太行抗日根据地成立了通俗化研究会，并在《抗战生活》发表了《通俗化"引论"》和《通俗化与"拖住"》两篇文章，系统论述了文艺大众化的主张，这也是通俗化研究会的理论主张和宣言书。由此，我们完全可以理解，全面抗战爆发后赵树理作为一名宣传文化战士的所作所为，不仅是爱国抗日的行动，而且也是践行左翼文学大众化的自觉行动。

由于历史的复杂和丰富，大多数人对赵树理的了解仅仅是半个赵树理（董大中语）。笔者同样要大声疾呼，研究赵树理，了解赵树理，必须读赵树理早期的作品，读《延安讲话》之前的作品。2006年，大众文艺出版社出版的《赵树理全集》共收录了《延安讲话》之前的赵树理作品228篇，约50万字。其中许多作品的文学价值很高，其开创性、中国味道、中国气派已然形成。周扬在写《论赵树理的创作》之前，找杨献珍了解情况，并让赵树理写了自传材料，汇报了原来的创作情况，对赵树理有了一个比较全面的了解，他指出："他是一个新人，但是一个在创作、思想、生活各方面都有准备的作者，一位在成名之前已经相当成熟了的作家，一位具有新颖独创的大众风格的人民艺术家。"正如钱理群所说："赵树理的出现，也正是鲁迅期待中的。""对照鲁迅的呼唤，反观赵树理的一些创作，就不难看出，赵树理至少在三个层面上满足了鲁迅的期许：他正是'为大众设想的作家'，他的'浅显易解的作品确实使大家能懂，爱看'；他正是在新的'政治之力'创造的新社会里，终于出现的真正成为'大众中的一个人'的新型作家。"

2018年6月12日，《光明日报》发表了何向阳的文章《现实题材文学创作的逻辑起点与最终归宿》。文章认为，鲁迅之后体察农民最为深切的作家，应该是赵树理。

除了钱理群，孙郁、董大中、成葆德、傅书华、刘旭等也在鲁迅与赵树理关系的研究上提出了许多新颖的、深刻的见解，这些研究成果无疑是21世纪赵树理研究的重大突破。

新中国成立初期文学的实践性、探索性、不确定性对社会主义文学的挑战

创作社会主义文学，塑造社会主义新人，是新中国文学艺术工作者的神圣职责。无论是解放区来的作家，还是从国统区来的作家都决心大干一番。当时的文艺队伍是强大的，是经历了五四文学、鲁迅文学、左翼文学、抗战文学、延安文学的熏陶和洗礼的，是经历了中华民族血与水、生与死的考验的。正如郭沫若所言："是经过了如此长期的痛苦，而又如此欢乐的诞生。"鲁迅为旗手，茅盾挂帅，老舍坐镇北京，巴金领衔上海，周扬、丁玲则以党的领导者和组织者全面负责，但当时人们对两个问题似乎认识不足：一是什么是社会主义文学，什么是具有中国作风、中国气派的社会主义文学，人们对此的认

识并不清楚。但什么不是社会主义文学,人们认识得似乎很清楚。新民主主义革命彻底胜利了,新民主主义文学似乎已完成了其历史使命,已不能适应社会主义革命的需要了。二是担负着创作社会主义文艺的主体却是被定性为资产阶级知识分子或小资产阶级知识分子的这些人,他们在进行文学创作的同时必须自觉地改造成无产阶级的知识分子。对于思想改造,虽然绝大多数人都是积极的、自觉的,但其过程是痛苦的、漫长的,不可能毕其功于一役。

令赵树理没有想到的是,自认为不需要改造的自己也需要改造了。在当时人们的认识中,《延安讲话》的方向自然是新中国文艺前进的方向。解放区的文艺方向,自然代表了新中国的文艺方向。代表着解放区文艺方向的"赵树理方向"自然成了新中国文艺的方向。在不经意间,"赵树理方向"被提升了。赵树理是清醒的,他并不认可"赵树理"方向的提法,但他自信,要沿着《延安讲话》的方向走下去。他不清楚,从新民主主义文艺到社会主义文艺,同样面临转型和提升的问题。理论家已在运用马克思文艺理论来阐释《延安讲话》,用《延安讲话》精神来规范"赵树理方向",用"赵树理方向"来评价和要求赵树理创作。《延安讲话》、"赵树理方向"、赵树理文学三者之间的同、异、通及其张力,已构成社会主义文学的内部裂隙。同样,新民主主义文学与社会主义文学之间,现代文学与当代文学之间的同、异、通及其张力也是如此。

尽管如此,新中国成立之初,当时的文艺界同全国一样,欣欣向荣。一是解放区文学的成果,以赵树理、丁玲、周立波的作品为代表,走出了国门,不仅走向了以苏联为代表的社会主义阵营,也走向了日本等资本主义国家。世界人民正是通过新中国文学来了解新中国的。二是集爱国与爱党于一身的老舍,率先写出了北京市政府为市民办实事的话剧《龙须沟》。巴金率团赴朝慰问志愿军,写出了《英雄儿女》。魏巍的《谁是最可爱的人》一炮打响,极大地鼓舞了中国人民的信心和斗志。三是赵树理负责的《说说唱唱》,因其民族化、大众化的风格而深受读者喜爱。

作为新中国文艺繁荣的一个重要标志性事件,是丁玲受命组建中央文学研究所。丁玲作为文学研究所的核心人物,影响了许多学员,也影响了当代文学史。赵树理发现和培养陈登科,丁玲对陈登科、马烽的培养和影响都是具有文学史意义的。

社会主义文学还在萌芽阶段,新民主主义文学仍在延续,各个流派、各有特色的文学之花也在盛开。毛泽东敏锐地发现了资产阶级文学在传播,于是一次又一次发起了进攻。先是对电影《武训传》进行了批判,紧接着是对俞平伯《红楼梦》研究表现出来的唯心主义的批判。1951年11月文艺界开始整风,丁玲作为中宣部文艺处处长参加领导了文艺整风。胡乔木做了《文艺工作者为什么要改造思想》的报告,明确规定了两类斗争对象:资产阶级、小资产阶级文学家和向他们投降的党员文艺工作者。给丁玲带来厄运的,是1955年关于胡风反党集团的定性及胡风的被捕。运动扩大化和无限上纲上线,将丁玲牵扯进来。一开始是批判丁玲严重的自由主义,后来变成了追查胡风分子,再后来则成了揭发历史问题,最后竟定性为丁玲、陈企霞反党集团。当人们刚刚反省过来对丁玲的批判是错误的,试图改正之时,又碰上了反右派运动,丁玲被打成了右派分子。

赵树理是清醒的,他下定决心要回到农村去。1951年春,他从北京回到太行山老区,参加了晋东南地委试办10个农业生产合作社的实践。1951年9月,中央召开全国第一次互助合作会议,毛泽东点名让他参加。会上他如实反映了农民不愿意参加合作社的情况,受到了陈伯达的批评,却得到了毛泽东的赞赏。

听说初级农业生产合作社增了产,赵树理十分高兴,于1952年春深入平顺县川底农业生产合作社调查研究。从1953年开始到1955年,终于创作出了第一部反映农业合作化的长篇小说《三里湾》,高度肯定了农业生产合作社。

1956年,高级农业社成立后农民缺粮缺钱,赵树理对此提出质疑。1958年的"大跃进"、人民公社,赵树理一开始是拥护的,但年底他挂职阳城县委书记处书记时,看到浮夸风和共产风,一贯主张实事求是的赵树理火了。1959年8月,经过反复思考,赵树理直接上书陈伯达《公社应该如何领导农业生产之我见》。不料遇上了庐山会议对彭德怀的批判。在中国作协召开的反右倾会议上,赵树理受到了猛烈的批判,但倔强的他拒不认错。

1962年大连会议上,赵树理重新得到了认可,并被称为善于描写农民的"铁笔""圣手",被康濯称为"短篇小说大师"。"文化大革命"开始后,赵树理被作为周扬的黑线人物长期被批斗,1970年9月含冤而死。

丁玲无疑是幸运的,因为她熬过了"文化大革命",迎来了改革开放。她要为中国的文学艺术事业继续奋斗,创办了《中国》。她走出国门,充满激情地告诉世界人民,一个正在发展的中国。

李向东、王增如在《丁玲传》中曾写道:

> 丁玲对于赵树理小说的农村气息,农村语言很服气,后来多次讲过:我们的小说还是写给文化人看的,限于狭小的知识分子圈子,赵树理的小说是真正写给农民看的。她1984年2月29日与陈登科谈话说:"50年代那个时候赵树

理反对我们,因为他是写老百姓的,写群众的东西,我们是写给知识分子看的,是洋的。赵树理对我们是这样看法的,他说你不要以为你们的文学了不起,你们那是交换文学。我觉得他这句话说得很好,为什么呢?我的作品你读,你的作品我读,还是在这个文艺界的圈子里,没有走到广大的群众里面去。"……创作方法是没有一定的。我写我的,你写你的,各人走自己的道路,各人有各人的方法,别人的方法再好,我也学不来。赵树理的那个方法我学不来,他写《李有才板话》,我就不会写板话,我怎么能学赵树理呢?我是凭我自己的生活道路,我的各方面的修养,我的学习总结,总之,是凭我自己的感受来写的。

这是一个经历过生与死、血与火、赞扬与毁誉、辉煌与苦难的老共产党人晚年的肺腑之言,不仅是针对赵树理与自己,而且是对20世纪中国文学史、对新时代文学发展的中肯之言。

(本文原载《中国赵树理研究》2021年第1期)

幻象与浮标:十七年文学史著中的赵树理

白　杰

　　1953年,伴随中华人民共和国第一部现代文学史著、由王瑶编写的《中国新文学史稿》的完整出版,赵树理以"毛泽东文艺思想践行者"的特殊身份正式进驻文学史,"他(赵树理)这些作品从各个角度来反映了解放区农村伟大变革的过程和面貌,是毛主席文艺方向在创作实践上的一个重要胜利"。因为王瑶是在确证赵树理为解放区文艺样板、充分肯定解放区文艺对五四文艺的全面超越的基础上做出这一评价的,所以赵树理于此跨出了解放区界域,直接登临新文学史峰顶,跻身大师行列。不过王瑶做此论断并不完全基于史实描述和专家识见,而在很大程度上遵照了周扬的意旨。

　　尽管在获得周扬关注之前,赵树理的《小二黑结婚》就已为彭德怀赏识;它的销量是如此惊人,第1版2万册,次年又印2万册;数以百计的剧团将它搬上了舞台。但当时评论界对这位走红民间的农民作家表现出出奇的冷漠,不仅"太行区众多的报刊一律保持古怪的沉默",还有一些评论家讥讽其作品为鸳蝴戏作。无独有偶,赵树理随后出版的《李有才板话》也遭遇了热销却无热议的尴尬。真正扭转这一局面的是时任晋察冀中央局宣传部部长的周扬。1946年7月,他在《论赵树理的创作》中热情洋溢地写道:"赵树理,他是一个新人,他是一个在创作、思想、生活各方面都有准备的作者,一位在成名之前已经相当成熟了的作家,一位具有新颖独创的大众风格的人民艺术家……""文艺座谈会后,艺术各部门都得到了重要的收获,开创了新的局面,赵树理同志的作品是文学创作上的一个重要收获;是毛泽东文艺思想在创作上实践的一个胜利。我欢迎这个胜利,拥护这个胜利!"

在周扬的积极推介下,郭沫若、茅盾等文坛前辈也相继给予赵树理好评,赵树理一跃成为解放区最引人注目的作家。作为第一篇赵树理专论,作为毛泽东文艺思想权威阐释者的正式发言,周扬的《论赵树理的创作》基本确立了日后文学批评、文学史对赵树理的论调。十七年文学时期的现代文学史著在论述赵树理时援引最频繁的就是这篇文章。可以说,允诺赵树理进入文学史殿堂的,与其说是王瑶等文学史执笔人,倒不如说是受命于中国共产党高层、着力推动解放区及日后中华人民共和国文学秩序建构的周扬。

不过周扬为何要在《小二黑结婚》已风行三四年之后才对赵树理做出延滞的评价? 其原因可从以下几方面探寻:

第一,整风运动之前及之初,延安文艺队伍在思想资源、艺术取向上是比较驳杂的,有执守五四批判战斗传统的,有承继20世纪30年代左翼革命传统的,也有奉行超越政治的唯美主义的。整体来看,接受西方文艺及五四新文学影响的知识分子占主体。他们在艺术风格上保留了浓重的欧化色调,在内容题材上疏离于工农兵生活,在创作立场上多坚持批判改造的态度。在此背景下,赵树理对大众化、通俗化的追求,与早期的延安文艺主流不太一致。他被评论家冷落甚至被贴上"海派""鸳蝴派"的标签,但进入40年代中后期,随着《延安讲话》精神的广泛传播,文艺批判运动的深入开展,以及周扬在《马克思主义与文艺》中对《延安讲话》的系统阐释,延安文艺队伍得到全面净化。《延安讲话》对文艺提出的民族化、政治化、大众化要求与赵树理立足民间的现实主义书写出现诸多叠合。在此背景下,周扬才适时地力捧赵树理。

第二,延安方面从一开始即已意识到赵树理与革命政治间存有的错位。如北方局宣传部部长李大章在1944年《介绍〈李有才板话〉》文章中,首先肯定了赵树理较好地处理了"为谁写"的问题,认为他用通俗浅近的艺术形式开展思想教育,尊重了工农大众的审美趣味,但又接着指出,"作者的眼界还有一定的限度,特别是对于新的制度,新的生活,新的人物,还不够熟悉","由于对马列主义学习的不够,马列主义观点的生疏,因此表现在作品中的观点还不够敏锐、锋利、深刻,这就不能不削弱了它的政治价值"。李大章已揭示出,在赵树理的创作中,农民立场与阶级意志并不完全一致,通俗性与革命性还未完全融合,生活体验与民族想象仍有一定距离。这种在《小二黑结婚》中已有显露,在《李有才板话》等作品中依然存留的裂隙,使政治嗅觉敏锐的评论家对赵树理多持观望态度。

理论素养更高、政治意识更强的周扬却有意忽略这些裂隙,给《小二黑结婚》《李有才板话》打出近乎满分的成绩。他的力举直接推动1947年晋冀鲁豫边区文联提出了"赵树理方向"。赵树理能在日后顺利进入共和国文学史,应该说离不开"赵树理方向"的巨大推力。周扬为何要不遗余力地抬升赵树理的文坛地位,努力将其推入文学史中心呢? 这当中包含了周扬以及整个革命政权深远的文化意图与政治策略:

首先,在《延安讲话》发表后的最初几年里,一批作家遭批判或深入基层接受改造,没有充足的权利、精力或信心展开新的写作。创作无法给予迅速增殖的理论以及时有力的支持,成为解放区文艺亟待解决的难题。面对候选人严重匮乏的情况，周扬匆匆将白璧微瑕但有着鲜明民族风格、广泛群众基础的赵树理纳入《延安讲话》体系，认其为毛泽东思想在文艺界所取得的重大胜利，以此强化《延安讲话》的权威性、实践性。不过在正式推出赵树理之前，周扬还是以"误读"的方式对赵树理做了一番修补。如在《李有才板话》等作品中，赵树理主要关注的是农民权益的保障以及农村基层政权的纯粹性，周扬却把它置换为阶级斗争主题，"农民和地主之间进行了微妙而剧烈的斗争"。在此主题下，灰色的中间人物被弱化，作家的民间立场被更宽泛、更具革命意味的人民艺术家称谓所掩饰。

其次，解放区文艺长期为鲁艺、文抗两派的矛盾所缠绕。这一点周扬在晚年也不讳言："当时延安有两派：一派是以'鲁艺'为代表，包括何其芳，当然是以我为首；一派是以'文抗'为代表，以丁玲为首。这两派本来在上海就有点闹宗派主义。"在这场夹杂着宗派怨隙的话语权力角逐中，文学创作薄弱是鲁艺的致命伤。周扬虽曾以《马克思主义与文艺》为毛泽东侧目，但论及创作，他是远不及"纤笔一枝谁与似"的丁玲的，左右权衡，周扬选定了赵树理。在他看来，赵树理在创作身份、写作立场、艺术风格等方面均高度契合《延安讲话》。

尽管初到延安时，丁玲曾得到高层领导的热情招待，但她并未随环境转变而即时舍弃根深蒂固的批判意识、城市观念和知识分子视角。在与《延安讲话》的契合度上，她无法与赵树理同日而语。赵树理出身农民，成长于农村，在阶级属性上占先天优势，但更重要的是，赵树理在叙写乡村时往往将问题的解决寄予党的方针政策，丁玲却坚持以外来者、启蒙者的身份居高临下审视根据地，力图以源起西方的民主、科学、人道来推动根据地体制、观念的变革。虽然赵树理与丁玲实际上都未完全站到革命者立场以满足延安领导者对无产阶级革命文艺的美好构想,但赵树理的民粹倾向要比丁玲的五四情怀更接近《延安讲话》要求,更符合战争文化需求。

在基本由周扬掌控的17年的时间段落内,现代文学史著对赵树理的评价基本延续了《论赵树理的创作》的主张,与王瑶的《中国新文学史稿》从根本上说没有太大区别,但在细节描述中,仍然发生着一些细微而复杂的变化。如丁易在《中国现代文学史略》(1955)中除声明赵树理以丰硕的创作实绩"十分具体生动地证明了毛泽东文艺思想在创作实践上的胜利"外,还特别强调赵树理的小说因具有"无产阶级社会主义的立场"而不同于此前的农村小说,"他的作品就不仅不是农民文学,也不是一般的现实主义的文学,而是属于社会主义现实主义的范畴"。在全国第二次文代会落幕不久,"社会主义现实主义"被确立为过渡时期文艺创作与文艺批评最高准则的背景下,这一描述赋予赵树理以更高的政治品格,保证了其在新的政策规范下能够继续持有先锋意味和样板意义。另一需要特别关注的是由刘绶松编写的《中国新文学史初稿》(1957)。该史在肯定赵树理深刻展现农村阶级斗争的同时,又指出赵树理与中国传统小说以及以鲁迅为代表的新小说之间的密切关联。能意识到赵树理与延安传统、五四传统、古典传统之间发生的多重对话,这在以阶级斗争为主调的17年中是难能可贵的。于此既可看出史家的过人卓识,更可看出在"双百"前后,文坛学界渐趋自由宽松,文学史书写向学理、艺术回归的良好趋向,"1955年后,由于社会主义改造的胜利,中国的政治生活出现了短暂的相对宽松的气氛","1956年,正是文艺界、学术界思想比较活跃之时,刘(绶松)当然能感受到",但刘绶松所做的努力在此后的文学史叙述中一度中断,赵树理的文学史形象伴随"双百"谢幕而完全为意识形态光照笼罩。

不过这并没有影响赵树理在现代文学史著中地位的持续强化。在1957年由教育部颁发的《中国文学史教学大纲》中,解放区文学部分列举的作家只有赵树理与丁玲。二人虽合为一章,但赵树理靠前,对他的叙述文字也较丁玲多了一倍。即便是在"左"倾异常严重的20世纪60年代,赵树理的权威地位仍雷打不动,"由于作家忠实地贯彻了毛泽东文艺方针,因而能写出受人民群众欢迎的作品。反过来,他的作品的巨大成就,又证明了毛泽东文艺思想的巨大意义,证明了学习并掌握毛泽东文艺思想的巨大意义"。1962年由中国人民大学中文系编写出版的《中国现代文学史讲义》还给了赵树理独立一章的待遇,而丁玲与周立波只能在节中出现。

　　但有趣的是,赵树理在另一叙述空间——当代文学史著中的遭遇则发生了一些逆转。尽管十七年文学期间,以中华人民共和国文学为独立研究对象的当代文学史著数量有限,但因牢牢据守着社会主义的意识形态高地,且大多问世于"左"倾思潮日趋泛滥的20世纪60年代之后,它们往往对作家的政治素养提出了更高的要求。对于赵树理来说,这是极为不利的。事实上,20世纪50年代后,赵树理就曾因编辑《说说唱唱》杂志以及写中间人物等遭多次批评。革命话语对民间话语的强力改造使他心境彷徨、进退维谷,创作数量明显下降,质量也是参差不齐。这严重削弱了赵树理在当代文学史著中的影响力。像在1962年由华中师范学院编写的《中国当代文学史》中,赵树理已退为二线作家,除《三里湾》被放在重点作品分析中外,其他作品都是简略提及,而且在目次安排上,杜鹏程的《保卫延安》在《三里湾》之上;在篇幅分配上,《保卫延安》占了11页,而《三里湾》仅7页。更为严重的是,史著虽然从整体上肯定了《三里湾》,认为它反映了农业合作化运动中社会主义与资本主义在农村的激烈斗争,但也毫不客气地指出:"(《三里湾》)对于社会主义和资本主义两条道路的斗争揭露得还不够充分,对个别人物尚未能站在两条道路斗争的高度,深入地发掘其时代的典型意义。如对已经自觉地走上了资本主义道路的范登高的批判,就只是当成了一般的先进与落后的矛盾来处理,这样,作品中两条道路的斗争没有充分展开,因而党和群众的力量便不能在斗争中充分显示出来,作品中的人物也就不能通过剧烈的矛盾冲突得到更为鲜明、有力的表现。"这一批评显然已越出艺术审美范畴,而指向作者思想观念的落后、政治立场的偏差。

尽管这种冷遇是赵树理在现代文学史著中不曾遭遇的,但事实上自20世纪50年代以后赵树理在文坛就不断遭到排挤,他在评论界的失势要比在文学史叙述中更为严重。如他的《"锻炼锻炼"》在发表之初曾引来不少严厉批评,武养在《一篇歪曲显示的小说:〈"锻炼锻炼"〉读后感》中直斥赵树理只表现"自私到干小偷的懒婆娘"和"严重脱离群众的坏干部","是对整个社干部的歪曲和污蔑"。而《中国当代文学史》则以《"锻炼锻炼"》是一篇反映人民内部矛盾的作品的简略言辞一笔带过,并没有给予批判,其态度要比文学批评温和得多。如此来做,可能与文学史自身形态有着直接关系。文学史更注重在宏阔的历史时空下对作家作品及文学现象做出整体的、尽可能客观准确的描述定位,其主观评判相对弱些。而且文学史著可以借助章节设置、排序前后、描述详略、用语轻重、作品选择等多种方式臧否人物,而无须像评论文章那样剑拔弩张地做出是非评判。

但从根本上说,当代文学史著的温和姿态还是源于革命政权对赵树理的矛盾心态:一方面,赵树理在20世纪50年代以后,已无法与时俱进地成为社会主义文学的代言人。他在政治上"止步不前",不仅不愿从"朴素的"现实主义走向"革命的"现实主义,还不断以农民的利益得失来校验党的方针政策，以现实生活的农民状态来质询共产主义理想蓝图，自然不再适合占据当代文学史的中心位置。另一方面，作为当年解放区文艺推选出的唯一的文学大师、唯一的方向带头人，在《延安讲话》指引下最早成长起来的、最有成就的农民作家，赵树理即是新中国文学的重要基石。完全否定他，不仅会严重削弱解放区文艺成就，还会破坏无产阶级革命文艺的发展链条和权威性。既要结合当时的文学批评指出赵树理的政治缺失，又要维护赵树理在革命文艺史上的整体形象，经一番深思熟虑、利弊权衡，当代文学史家最终以褒贬兼蓄的方式逐渐疏离了赵树理。

　　虽然绝大多数当代文学史著仍将赵树理当作不可或缺的作家，但其形象显然已黯淡许多。史家在论说时很少再去引用周扬的评论，很少强调赵树理与《延安讲话》、与毛泽东文艺思想的关联，而更习惯以这类平淡空泛的语句来描述他，"赵树理的小说所以得到广大群众的热烈欢迎，不但因为它们有着深刻的思想内容，也因为它们具有鲜明的民族特色"。剥离曾让赵树理扶摇直上的毛泽东文艺思想，让周扬的评说只作用于赵树理在中华人民共和国成立前的创作，这都潜隐提示，赵树理与20世纪50年代后的文艺主流之间产生了难以弥合的裂缝。

　　对于赵树理与革命政权亲疏离合的深层原因，已有不少学者做过细致分析。其中，较有代表性的观点就是，赵树理矢志不渝地充当农民代言人。20世纪50年代以前，当革命理想与农民利益大致相符时，赵树理就能得到主流接纳；之后，受极"左"思潮影响，二者冲突加剧，赵树理就被放逐。不过，后人对赵树理命运的总结，实际上早在20世纪四五十年代即已为一些人预知、掌控。如20世纪50年代初期，胡乔木多次找赵树理谈话，希望他多读一些理论书籍，提高政治素养,意即敦促赵树理在创作立场上由农民转向革命者。只是赵树理"固执己见",似乎并未接受胡乔木的建议,反要求离开政治文化中心北京,重返山西农村调研、写作。在五六十年代,赵树理非但没有严格遵照社会主义现实主义或革命现实主义与革命浪漫主义相结合的原则创作,反倒坚持以现实导引革命理想。面对赵树理对革命主流的偏离,革命政权充分发挥史述功能,在现代文学史著与当代文学史著两个段落中以不同的方式调整着赵树理在文学版图中的位置,在现代段落中继续强化他的中心地位,在当代段落中则逐其至边缘地带。进入20世纪60年代,文学史著所产生的意识形态效应已难以满足更加激进的阶级斗争要求。对作家的改造已不再依赖于相对温和文学史叙述,1963年后现代、当代文学史著的编写出版就基本停止了。

(本文为2019年第五届赵树理学术研讨会论文,作者系太原师范学院文学院副院长、中国赵树理研究会常务理事)

赵树理作品中的算账书写与经济观念

刘卫国

在赵树理的作品中,有一个引人注目的现象,即存在不少关于算账细节的描写。这种算账书写,把数字一一列出,并计算结果,可能会给人沉闷的感觉,赵树理却不厌其烦,甚至乐此不疲。学术界已经有人注意到这一现象,比如傅书华,将赵树理作品中的算账细节归结为三晋文化特质。又如吴晓佳,将赵树理的小说《传家宝》中的算账书写与翻身的性别政治联系在一起,做了精彩的论述。本文认为,在这些算账书写后面,还隐藏着赵树理的经济观念。研究赵树理的经济观念,不仅有助于我们进一步理解赵树理作品的内容与主题,而且能为我们深入探究赵树理的思想格局打开一扇大门。

算账书写中的经济人假设

赵树理的小说《"锻炼锻炼"》中,开场贴出了一张大字报,大字报的前几句写道:

> "争先"农业社,地多劳力少,
> 动员女劳力,作得不够好:
> 有些妇女们,光想讨点巧,

只要没便宜，请也请不到——

　　这张大字报旨在批判有些妇女，光想"讨点巧"的自私自利行为，但人想"讨点巧"、占便宜，实在是一种本能。众所周知，经济学有一个基本的人性假设：人是趋利避害的动物，人的一切活动以利润最大化或效用最大化为目标。这一假设又被称为经济人假设，是经济学的理论基石。赵树理作品中的这张大字报，实际上触及人的经济人属性。

　　赵树理是洞悉人的经济人属性的。他在多篇小说中，都通过算账书写表达他对经济人属性的理解和利用。这些小说的主题，有的涉及妇女解放，有的涉及阶级斗争，有的涉及制度变革。众所周知，中国共产党在妇女解放、阶级斗争和制度变革中，都非常注意动员群众，而要动员群众，除了唤醒群众的政治觉悟外，有时还得给群众实实在在的经济利益。

　　比如，赵树理的小说《孟祥英翻身》，主题是妇女解放。正如恩格斯所指出的："妇女解放的第一个先决条件就是一切女性重新回到公共的劳动中去。"那么，如何动员妇女参加"公共的劳动"呢？赵树理写孟祥英组织妇女上山采摘野菜，"算了一下总账，二十多个妇女，一共采了六万多斤"。群众通过这次算账，意识到"家家野菜堆积如山，谁也不再准备饿死"的切身利益，"从此西峧口附近各村，都佩服孟祥英能干"。孟祥英后来又动员妇女割白草，村中妇女的家人都说："跟人家去割吧！这小女是很有些办法的！"最后一算账："大家竟割了两万多斤，卖了两万多块钱。"孟祥英之所以能动员妇女参加公共劳动，是因为大家通过算账，发现每个人、每户家庭都可以从中获利。

　　在《福贵》中，赵树理写了一个农村青年的堕落与觉醒。福贵的

203

堕落,起因是他向地主王老万借了高利贷:"连娶媳妇带出丧,布匹杂货钱短下王老万十几块,连棺木一共算了三十块钱,给王老万写了一张文书。……十月下工的时候……净欠那三十块的利钱十块零八毛。三十块钱的文书倒成四十块……第四年便滚到九十多块钱了。"因为无法还清高利贷,福贵最后破罐子破摔。福贵后来的觉醒,是通过算账发现自己被剥削的真相:"我饿肚是为什么啦?因为我娘使了你一口棺材,十来块钱杂货,怕还不了你,给你住了五年长工,没有抵得了这笔账,结果把四亩地缴给你,我才饿起肚来!"既然走投无路,那就参与阶级斗争,批斗地主。人都是经济人,觉得自己被剥削,就会仇恨剥削者。

1951年,山西农村兴起农业合作化运动。如何发动群众,参加农业生产合作社,赵树理还是运用了算账书写。在《三里湾》中,富裕中农马多寿打算入社时,先算了一笔账:"马多寿又让有翼算了算账:要是入社的话,自己的养老地连有余的一份地,一共二十九亩,平均按两石产量计算,土地分红可得二十二石四斗;他和有余算一个半劳力,做三百个工,可得四十五石,共可得六十七石四斗。要是不入社的话,一共也不过收上五十八石粮,比入社要少得九石四斗。要是因为入社的关系能叫有翼不坚持分家,收入的粮食就更要多了。马多寿说:'要光荣就更光荣些!入社!'"

动员群众,空洞的政治宣传往往难以持久,完全寄希望于群众的政治觉悟也不大靠谱。赵树理在谈论农村工作时曾说:"物质保证没有,只凭思想教育是不行的。辛辛苦苦一年,过年过不成,那是说不过去的。你真是实实在在地搞,有东西在那里,他看得见,他挨点饿也甘心,否则他就没意思。"显然,真正有效的办法,还是承认人的经济人属性,用经济的方式与手段,用物质保证,让群众算账后觉得有利可图,这样才能成功。

　　赵树理还曾试图描写经济人的转变。《表明态度》中的王永富,在反"扫荡"和土改工作中表现积极,入了党,担任了村里的武装主任,后来觉得自己在互助组中利益受损,想退出互助组,儿子小春劝父亲,王永富反而对小春说:"什么群众影响呀,进步呀,积极呀,都不过是在开会时候说说好听,肚子饿了抵不得半升小米! 你也是二十多岁的人了,遇事也该先算算自己的账!"结果,王永富被上级给予留党察看的处分,又被撤去村武装主任的职务,"觉着再没有脸面见人",一病三天。后来经过和互助组成员谈心,进行批评和自我批评,"从思想上解决了问题"。《三里湾》中的范登高,以前是被地主剥削的长工,因为在土改运动中表现积极,被任命为村长。他颇有经济头脑,精于算账,通过做小买卖,很快发家致富。发家之后的范登高对农业合作化运动表现消极,在受到党支部的批评教育之后,知道无法再单干下去了,为了"不想贴草料",提前将拉货的骡子交给合作社,在加入合作社之前还算计了合作社一把。

　　这两个人物,赵树理将其经济人的一面写得相当真实,而最后向社会主义新人转变的过程则写得较为生硬和匆忙。其实,赵树理并不完全相信经济人会转变为社会主义新人。赵树理后来说:"《三里湾》书中说到的具有资本主义思想的人们,最后是以他们入了初级社作为缴了械的表现的,其实入初级社只能说是初步放弃了个体所有制这一块阵地,至于入社之后,再遇上某一些关节,他们的资本主义残余思想,还是会按其改造程度之深浅,或多或少出现的。"这也就是说,像王永富、范登高这些实现了转变的人物,其实还是有"资本主义残余思想"的。

算账书写中的商品经济观念

在赵树理的小说《传家宝》中，婆媳吵架的细节意味深长。婆婆李成娘责备媳妇金桂"冬天没有拈过一下针,纺过一寸线",金桂回答道:"娘,你说得都对,可惜是你不会算账。"金桂这样跟婆婆算账:"纺一斤棉花误两天工,赚五升米;卖一趟煤,或做一天别的重活,只误一天,也赚五升米! 说还是纺线呀还是卖煤?"这样一算账,李成娘觉得自己输了,就赶紧另换一件自觉占理的事情。她责备媳妇:"哪有这女人家连自己的衣裳鞋子都不做,到集上买着穿?"金桂不慌不忙又向她说:"这个我也是算过账的:自己缝一身衣服得两天;裁缝铺用机器缝,只要五升米的工钱,比咱缝的还好。自己做一对鞋得七天,还得用自己的材料,到鞋铺买对现成的才用斗半米,比咱做的还好。我九天卖九趟煤,五九赚四斗五;缝一身衣服买一对鞋,一共才花二斗米,我为什么自己要做?"

李成娘对媳妇看不惯,有一部分原因是受自然经济观念的影响。自然经济,指生产是为了直接满足生产者个人的需要,而不是为了交换的经济形式。自然经济讲究自给自足,因此李成娘要求媳妇自己纺线做衣服、做鞋子,而不是到市场上去购买。自然经济是社会生产力水平低下和社会分工不发达的产物。自然经济束缚了人,也束缚了社会生产力。

不难发现,在与婆婆吵架时,金桂使用的理论武器,正是商品经济观念。商品经济观念是自然经济观念的天敌,运用商品经济观念,金桂击退了婆婆的进攻,无怪乎"李成娘觉得两次都输了"。在婆媳吵架中,赵树理是站在金桂一边的,金桂的商品经济观念其实就是赵树理的观念。

从《传家宝》中,我们还可以看到,20世纪40年代后期的中国山西农村,有裁缝铺专门卖衣服,有鞋铺专门卖鞋子,有煤矿可以雇佣工人。众所周知,商品经济有两大特征:一是社会分工,商品经济以社会分工为前提,反过来又促进社会分工的发展,使生产专业化水平不断提高。二是市场交换,在商品经济条件下,生产要素和消费资料的全部或大部分都要通过市场交换来获得。《传家宝》中所写的山西农村,已经满足这两个特征,呈现出商品经济的形态。

但是,后来商品经济在中国的发展遇到了一些问题。20世纪50年代,中国工业化的进程启动,工业与农业之间的社会分工不断发展,但因为工业刚刚起步,还不发达,难以生产出足够的产品用于交换。又因工业化起步过程中,需要通过剪刀差对农业进行相对剥夺以完成原始积累,国家对农民实行粮食统购政策,以低价过多征收农民的粮食,这就造成农业与工业的市场交换出现了不平等。

1959年,赵树理在《公社应该如何领导农业生产之我见》一文中,曾委婉地批评统购政策:"向国家出售应售产品这种任务与一般所说义务不同——因为国家是付价的,实质上是个交换关系。农业人口所需要的非自给性物质是要用现金购入的,而现金的来源就是出售产品,也可以说是国家对农民完成了一项任务,其所以采取统购方式不过是不愿使人有囤积居奇的机会而已。国家对农产品是否购多点了呢?有没有粮食不足之感呢?据我了解,这种'感'是有的……"在赵树理看来,粮食统购政策有违商品经济的自愿交换原则。

在1962年大连会议上,赵树理又说:"农民觉得有了钱买不到东西。过去没有统购,他也要卖粮,因为要钱用。轻工业品不够时,他就觉得卖粮是单方面的任务了。因为拿到钱买不到东西,使人觉得

207

征、购都是征。农民的积极性本是从工农交换上得利产生的。收购多，物质少，这是个问题。农民把大量农产品卖给城市，城市一定要供应大量的日用物质，要钱才有意思。"赵树理还站在农民的立场诉苦："他们说是劳改队，日子愈过愈困难。过年连火柴也买不上。一个县城，十味药，十有八成买不到，当归也买不到。这是五八年以后，愈来愈少，少得不像话，分了钱，只能买包花椒面。人把日子过成这样，就没有情绪生产。"赵树理的这两段话，反映出当时中国社会在商品交换中出现了困难。用经济学术语来解释，就是出现了短缺经济状况。短缺经济，指的是经济发展中资源、产品、服务的供给不能满足有支付能力的需求的一种经济现象。

农民生产粮食，本来是为了售卖。商品的售卖过程，是私人劳动转化为社会劳动的过程，农民生产的粮食只有卖出去，其耗费的劳动才能得到补偿，农民才能生存和进行再生产；如果卖不出去，他的劳动耗费得不到补偿，再生产就难以进行了。因为国家的统购政策，过多地了征购了农民生产的粮食，又压低了收购价格，一方面使农民自己出现了粮食不足，另一方面农民的卖粮收入也未能提高。而又因工业生产不发达，生产出来的商品过少，远远不能满足农民的需求，农民在卖粮之后，拿到钱也买不到想买的商品，这又使得农民"没有情绪生产"。工业品本就因为生产力不发达而短缺，农民"没有情绪生产"，又造成农产品的短缺。由此，工业和农业生产都陷入短缺经济的恶性循环。

如何解决上述问题？赵树理提出："党号召我们领导农村工作的同志们要一手抓生产，一手抓生活。"这句话并非赵树理自己的主张，而是党的号召，但赵树理对党的这一号召有着别致的理解："领导生产中的主要工作是逐渐认识生产中的规律并且依据或利用那些规律逐渐为生产造成有利条件。同样,领导群众生活的主要工作也是逐渐认识生活中的规律并且依据或利用那些规律逐渐为生活造成有利条件。本此,领导生产不是群众的司务长,而应该是群众生活方面的参谋长。所谓抓生活,就是以搞好生产作为物质基础,通过思想教育和时间安排,使群众有钱花、有粮吃、有工夫伺候自己,可以精神饱满、心情舒畅地参加生产。"

赵树理并不是经济学家,他未能从消费这一基点展开自己的思考,但在建构商品经济理念的过程中,建立起自己的消费经济学思想。在当时,对于一个作家来说,这已经是了不起的思考。

算账书写中的帕累托改进效应

中华人民共和国成立以后,进行了一系列制度变革。在农村,这种制度变革主要表现为收回分给农民的土地,搞农业合作化建设:从互助组、初级社、高级社一直到人民公社。王晓明认为,在这种制度变革中,"赵树理显然是为难了,他是一个要替农民算实际的生活账的作家,不但要算小二黑所属的国家的账,也要算小二黑所属的集体的账,还要算小二黑个人和他这一户的账。他当然认可社会主义,他不喜欢农村的现实,因为其中蕴含了太大的倾向资本主义的力量,因此,他坚信农村应该社会主义。但同时,他也坚信,这个社会主义应该能同时在政治和身体的层面令农民信任,应该能确实地改善他们的生活。他不相信单靠描绘未来图景——无论那多么新、多么美——就能长久地打动农民。必须有实际的数据,才能支持历史的逻辑,光用文字画一条历史进步的逻辑线条,小二黑是不会长久相信的"。王晓明这段话说得很好。赵树理是拥护社会主义制度的,但他内心深处也有担心:制度变革不能只是抽象的美景,必须保证农民的利益才能得到农民的信任和支持。

赵树理1952年蹲点山西省平顺县川底村,这个村早在1943年就组织了互助组,经过8年的试验,"全村九十四户,就有八十八户参加了互助组。在8年的生产中,群众集体劳动的习惯逐渐养成了,能领导生产的干部逐渐增多了,集体劳动的制度逐渐形成了,耕作技术逐渐提高了,特别是各户的财富逐年增多了,互助组的公有财产逐年积累起来了:所有这一切都成为后来农业生产合作社成立的条件",1951年在党的号召下,川底村又成立了农业生产合作社,"由于统一使用土地、劳力、肥料、农具、牲畜等优越条件,在七个月(从建社到秋收后)生产中,农副业每人平均总收入量已超过1949年的38.8%"。通过算账书写,赵树理看到了初级社带来的变化,他对人说:"搞农业合作化,只要发展了农业生产,农民真正得到了好处,他们就会拥护,就会齐心拧成一股绳,为集体出力。"受到川底村大好形势的鼓舞,赵树理创作了小说《三里湾》。《三里湾》反映的正是北方农村从互助组到初级社的制度变革过程。

但是,党的政策并不满足于建立初级社,1955年底,初级合作社向高级合作社升级。到1958年,高级合作社又向更高级的人民公社升级。这到底行不行呢?

对于高级社和人民公社的情况,赵树理持续关注,但发现情况并不乐观。1958年,赵树理创作了短篇小说《"锻炼锻炼"》,反映的正是1957年秋末高级社期间的事情。《"锻炼锻炼"》中有个农村妇女,外号吃不饱:"自从实行粮食统购以来,她是时常喊叫吃不饱的。"虽然赵树理是抱着讽刺与批判的态度写这个农村妇女的,但还是无意中揭示了高级社中存在的群众生活水平下降问题。

1959年，赵树理发表了小说《老定额》，从另一个侧面反映高级社的问题，即计算工分"越把越噜嗦，越叫人走得不痛快"。

　　在这里，赵树理其实已隐隐触摸到经济学的帕累托改进效应。意大利经济学家帕累托曾提出一个福利经济学命题：如果某一经济变动改善了某些人的境遇，同时也不使其他任何人蒙受损失，那就标志着社会福利状态的改善，或社会福利的增进；如果社会经济福利已经不能在不牺牲其他人的经济福利的条件下得到进一步的增进，这就标志着社会经济福利达到了最大化状态。经济学界将这种状态称为帕累托最优，而帕累托改进，就是达到帕累托最优的路径和方法。

　　农业合作化的初级社阶段，存在帕累托改进效应，即集体与个人可以达至双赢。赵树理曾在1952年4月帮助川底村制定初级农业生产合作社章程，其中有一条内容是："社员将私有的土地、耕畜、农具等生产资料交社统一经营、使用，仍然保持所有权，并取得合理的报酬。社员的私有生产资料转归全社公有时，必须经过本人同意，并给予合理补偿。"这就最大限度地保护了入社农户个人的利益。后人曾这样评说农村初级社："初级社是中国农民的创造。它的规模不大，一般为二三十户。从生产要素（土地、耕畜、农具、劳动力等）的合理配置来说，它大体上是适应当时生产力水平的，是适应农民的接受程度和干部的管理水平的，有利于生产力的解放和发展。初级社还保存着半私有制，这样既能发挥个体经营的积极性，又体现集体经济的优越性，形成一种比较合理的双重结合。"

　　但是，从初级社迈向高级社，这种"比较合理的双重结合"、这种双赢的局面就被打破了，后人曾感慨："如果党在互助组、初级合作社之后，不把农民的地权收归集体，而按照赵树理为川底制定的'章程'办，大概就不会出现由初级社而高级社，由高级社而人民公社，'规模最大、时间最长、破坏最烈的空想农业社会主义实验'吧！"

算账书写中的实际与实利

究竟应该怎样搞经济建设？赵树理创作了《实干家潘永福》，发表于《人民文学》1961年4月号。这是一篇写真人真事的报告文学作品。赵树理在采访潘永福时曾说："要是基层干部有一半人能像你这样实干、会干，农村的事就好办了。也不至于这两年困难成这样子。"赵树理的这篇作品，通过潘永福的事例，表达了自己对于经济建设的看法。

在这篇作品中，赵树理表彰潘永福是个"经营之才"，举了潘永福开辟农场、小梁山工地、移矿近炉三个事例。在这三个事例中，潘永福都是通过算账，找到了最为经济的解决办法。

在开辟农场事例中，"潘永福同志是种过远地的。他知道这三十亩地种好了能把产量提高一倍，可是从企业观点上看，提高一倍也还是不合算——共产六千斤粮，按六分一斤折合，共值三百六十元；但想种好须得两个长期农业工人，每人每年工资以二百四十元计，须得四百八十元，一年净赔一百二十元。这买卖还是干不着。隔了几天，潘永福同志对这三十亩地终于想出了应用的办法。……他便把这三十亩远地种成了苜蓿和核桃树"。

再看小梁山工地事例。潘永福接受了修建水库的任务，他在实地考察中提出了迁移坝基的想法。

潘永福通过测算，发现迁移坝基后，"用不了那么多的工"，也"用不了那么多的款"，水库的容积还从80万立方米增大到300万立方米。民工的劳动量也减轻了，"工效要相差两三倍"。这一段最后写道:"因为民工减少,蒲峪水库直至1960年底,尚欠三万工未得完成,可是投资、投工都比原来的预算节约得多。"可见潘永福的决策是正确的。

赵树理写的这篇作品,一方面是为了给处于困难时期的国家鼓劲,另一方面也不无反思意味。赵树理在这篇作品末尾直接点题说:"以上三个例子,看来好像也平常,不过是个实利主义,其实经营生产最基本的目的就是为了'实'利,最要不得的作风是只摆花样让人看而不顾'实'利。"诚如黄修己所说:"这种写法在赵树理创作中是绝无仅有的。他一般总是通过人物的行动来表达自己对生活的见解,极少自己出面说话。而现在,他似乎感到必须出来作'太史公曰',要亲自来点破主题,亲自来直接地发出对时弊的抨击了。"

结　语

概而言之,从赵树理作品中的算账书写中可以看出,赵树理具有这样一些经济观念:洞悉人的经济人属性,重视商品经济和消费经济,在制度变革问题上隐隐触摸到帕累托改进效应原理,在经济生产中讲究实际和实利,特别重视效率。

有心者或会诘难:赵树理并不是经济学家,从其作品中提取其经济观念,无异于缘木求鱼。应该承认,赵树理可能没有系统学习过经济学知识,但这并不妨碍赵树理具有朴素的经济学观念。一方面赵树理生长在山西,不难受到山西商贾传统的浸染。晋商传统,会教给赵树理一些朴素的经济学常识。这些经济学常识,古今都是相通的。另一方面赵树理从事过实际工作,在农村蹲过点,亲自制定农业生产合作社章程,曾挂职山西阳城县委书记处书记,对于经济事务特别是农村经济事务并不陌生,甚至可以说相当熟悉。

有心人或许还会诘问:赵树理的这些经济观念很是平常,值得这么重视吗?诚然,以今天的眼光来看,赵树理的这些经济观念确实是常识,但如果将其置于当时的历史语境中,不难发现,这些观念具有一定的先锋性。在某种意义上,赵树理的经济观念与改革开放时期的经济观念有很多相通之处。改革开放正是正视人的经济人属性,利用人的发家致富心理发展经济,改革开放同时进一步破除了自然经济观念,大力提倡商品经济,刺激消费,在制度变革中不再追求"一大二公",而是允许并扶持私人资本和民营经济,尽量使个人利益与国家利益达成双赢,在经济行为中讲究实际和实利,提倡"效率就是生命"。看清了这些相通点,我们也许就可以重新评价赵树理的思想格局。

(本文原载《山东师范大学学报》2020年第6期,作者系中山大学中文系教授、中国赵树理研究会常务理事)

赵树理小说民俗化叙事的诗性特征

白春香

英美新批评理论奠基人兰色姆认为，文学作品是由表面的实体和附着在实体之上的细节构成的，前者为构架，后者为肌质。构架是"可以能用文字表现的任何东西"，是可以用另一种话语转述的，它是文学作品的逻辑核心；肌质是文学作品中那些"丰富的个别细节，这些细节，有的时候和整个的构架有机地配合，或者说为构架服务，又有的时候，只是在构架里安然自适地讨生活"，它是为支撑构架而艺术地呈现出来的细节。兰色姆认为文学作品"意在复原那个我们通过知觉和回忆散乱地了解得更紧凑更精致的世界"，文学的本质在于忠实地复现世界的肉体。从这一文学本体论出发，他认为肌质才是文学作品富有诗意的文学性所在，因为肌质是附着在构架之上的血肉和细胞，其意义是厚重丰富的，它既能够复现活生生的现实世界，又能够衍生出无限的审美意义和价值。

兰色姆的构架—肌质理论便于我们透视赵树理小说民俗化叙事的内在本质。如果从构架上来说，赵树理小说主要表现的是20世纪30—60年代中国农村在减租减息、土改、互助组、农业合作化运动、"大跃进"、两条路线斗争等巨大社会变革中存在的诸多问题；从肌质上来说，它给我们展现的却是20世纪上半叶山西晋东南地区一幅幅原生态的独具特色的农村风俗画卷。民俗在赵树理小说中是无所不在的底色,它与小说所关注的问题书写完美融合在一起,它以原生态的本色示人,逼真地再现了农民本真的生存状态和精神风貌,展示了乡村社会独特的生命景观和生活情趣。赵树理小说中的民俗化书写,成为赵树理小说的诗性魅力之所在。

作为小说肌质的民俗化书写

(一)无所不在的日常生活民俗

衣食住行是人们日常生活中不可或缺的主要环节,在小说中,它也往往成为展示人物和故事的重要表现元素。赵树理小说故事的发生地都在黄土高原晋东南地区的农村,因此关于黄土高原晋东南地区农村独具特色的生活风俗,自然成为赵树理小说叙事不可或缺的肌质。

窑洞是具有黄土高原风味的特色民居,由于黄土高原土层深厚,土质黏硬,不易塌陷,而且窑洞造价便宜,冬暖夏凉,于是就成为这个地区百姓世代相袭的居住方式。在赵树理的许多小说中,对这种独特的民居方式都有细致入微的描写。如《李有才板话》中,李有才的窑洞就有这样的曝光:

> 李有才住的一孔土窑,说也好笑,三面看来有三变:门朝南开,靠西墙正中有个炕,炕的两头还都留着五尺长短的地面。前边靠门这一头,盘了个小灶,还摆着些水缸、菜瓮、锅、匙、碗、碟;靠后墙摆着些筐子、箩头,里面装的是村里人送给他的核桃、柿子;正炕后墙上,就炕那么高,打了个半截套窑,可以铺半条席子。因此你要一进门看正面,好像个小

山果店;扭转头看西边,好像是石菩萨的神龛;回头来看窗下,又好像小村子里的小饭铺。

这段描写展示了黄土高原地区作为普通民居窑洞的内部结构。从设计结构上来说,门朝南开,迎着太阳便于采光;带着半截套窑的炕,既解决了住的需要,又节约了建筑成本;门口还盘着个小灶,解决了吃的问题。这样的设计,既最大程度节约了开支,还解决了起码的生活需求,对于当时仍处于贫困中的农民来说,无疑是最适宜的生存居所。从屋内物品陈设来看,水缸、菜瓮、锅、匙、碗、碟、筐子、箩头、核桃、柿子等一应俱全,虽看似拥挤杂乱,却又井然有序,所以赵树理说"三面看来有三变"。这样的民居,既是当时黄土高原底层农民居住情状的逼真复原,同时也带给我们无限的民间审美情趣。我们完全可以想象,李有才坐在窑洞的炕上,打着他钟爱的快板,对不平之事嬉笑怒骂,该是如何惬意!

再比如,在《三里湾》开篇,赵树理对万宝全家的窑洞也做了细致入微的描写:"西边这四孔窑,从南往北数,第一孔叫'南窑',住的是玉生和他媳妇袁小俊;第二孔是'中窑',金生两口子和他们的三个孩子住在里边;第三孔叫'北窑',他们的父亲母亲住在里边;第四孔叫'套窑',只有个大窗户,没有通外边的门,和北窑走的是一个门,进了北窑再进一个小门才能到里边,玉梅就住在这个窑洞里。"这段话虽然主要是介绍万宝全家窑洞的布局和居住情况,却让我们真切感受到黄土高原民居背后独特的民俗文化:一个大家庭虽然分了家,也往往几代同居在一个院子里,没嫁出去的姑娘是要住在只有个大窗户的套窑里,与父母住的窑洞相通,这种安排显然有保护监督的意味在里边。这些描写虽然不增加故事本身的意义,却是作为重要的民俗元素镶嵌在故事中的,它使赵树理的小说深深扎根在民俗文化的土壤中。

山西地处中原,是我国农耕文化的发源地,面食也成为这个地域人们维持生存的主要食物,但由于小麦种植稀少,人们平常吃的面饼主要是杂粮做的,而吃以小麦为原料做的烙饼就成为有钱人的专利,如《李有才板话》中就用"西头吃烙饼,东头喝稀饭"的快板来描写阎家山村的贫富对比。因此,对黄土高原普通百姓来说,烙饼就成为过时过节或处理民间纠葛办大事时才能有的奢侈品。民间纠纷往往要邀请族长或乡绅加以调节,为了表示感谢,烙饼作为美味佳肴自然就成为这种场合的必需品,这样,吃烙饼也就自然衍化为处理民间纠纷不可缺少的民俗仪式。如在《李有才板话》中农会主席张得贵就被称为"吃烙饼干部":"谁有个事到公所说说,先得十几斤面、五斤猪肉,在场的每人一斤面烙饼、一大碗菜,吃了才说理。"《李家庄的变迁》中开篇村长侄儿春喜与普通村民铁锁之间的一桩官司也是从吃烙饼仪式开始的:

到了晌午,饼也烙成了,人也都来了,有个社首叫小毛的,先给大家派烙饼——修德堂东家李如珍是村长又是社首,李春喜是教员又是事主,照例是两份,其余凡是顶两个名目的也都照例是两份,只有一个名目的照例是一份。不过也有不同,像老宋,他虽然也是村警兼庙管,却照例又只能是一份。小毛自己虽是一份,可是村长照例只吃一碗鸡蛋炒过的,其余照例是小毛拿回去了。照例还得余三两份,因为怕半路来了什么照例该吃空份子的人。

这段描写中的七个"照例"把分烙饼的环节完全仪式化，而这种仪式遵循的潜规则是尊卑有序和权力至上：李如珍是村长又是社首，照例两份，外加一碗炒鸡蛋；小毛也是社首，照例变相地拿了两份；春喜是村长侄儿，又有教员身份，照例是两份；老宋虽也有两个名目，却是个当差的，照例只能拿一份；一些有权有势的虽不参与，却能照例要吃空份子。这种本质上不平等的分烙饼仪式，却成为民众渴求公平断案的前奏，其中不无讽刺意义。铁锁的最终被冤枉和败诉，并委屈地承担了吃烙饼和断案的所有费用，也印证了这种公堂的不公平。这样的仪式、这样的公堂，在民间却成为一种约定俗成的、被大家都认可的东西。

男耕女织自给自足是农耕文化的主要特征，在这种文化下，纺纱织布、缝衣补袜是女性生活的主要内容，赵树理的小说也形象生动地记录了农村传统妇女这种自在自为的生活风俗。《福贵》中的银花在幼年时期就进入了这种生活："银花从两条小胳膊探不着纺花车时候就学纺花，如今虽然不过十六岁，却已学成了纺织高手。"《孟祥英翻身》中的孟祥英因为"离娘早，针线活做得不太好"，经常受婆婆的气。《传家宝》中金桂一进家门就被婆婆考针工。李成娘的三件宝更是传统妇女代代相传生活景观的逼真写照："一把纺车，一个针线筐和这口黑箱子。这箱子里放的东西也很丰富，不过样数很简单——除了那个针线筐以外，就只有些破布。针线筐是柳条编的，红漆漆过的，可惜旧了一点——原是她娘出嫁时候的陪嫁，不记得哪一年磨掉了底，她用破布糊裱起来，以后破了就糊，破了就糊，各色破布不知道糊了多少层，现在不只看不清是什么颜色，就连柳条也看不出来了，里边除了针、线、尺、剪、顶针、钳子之类，也没有什么别的东西。破布也不少，恐怕就有二三十斤，都一捆一捆捆起来的。"这三件宝不只是李成娘的最爱,也是她一辈子生活的浓缩,同时更是这片土地上传统妇女生活的缩影。

总之,赵树理小说中这些伴随着人物与故事独具特色的日常生活风俗,作为底色成为赵树理小说不可分割的一个重要组成部分,它们使赵树理小说稳稳地扎根在那片独具地域色彩的厚实的黄土地上。

(二)别有风味的婚姻家庭生活民俗

赵树理的许多小说都是以表现婚姻故事为主的,典型的有《小二黑结婚》《登记》《孟祥英翻身》《邪不压正》等。在这些作品中,像罗汉钱、盖头红、撺新媳妇拜年、背红毯、回娘家、送礼盒、吵礼单等充满着浓郁民俗风情的婚俗随处可见,这些婚俗也作为底色自然而然地镶嵌在赵树理小说的故事情节中。

《登记》中关于罗汉钱的爱情习俗是小说的点睛之笔。罗汉钱本是清代的一种钱币,只因它的含金量和稀有在偏僻的农村倍加珍贵,所以成为当地小伙子钟爱的对象,他们"常好在口里衔一个罗汉钱,和城市人们爱包镶金牙的习惯一样",当他们心中有中意的姑娘时,就把罗汉钱作为私订终身的信物送给对方。小说以罗汉钱习俗为纽带,以母女二人结局截然相反的关于罗汉钱的爱情故事为比较,形象生动地揭示了新旧两种婚姻的本质区别。这样,《登记》的主题和人物也因罗汉钱活了起来,枯燥的宣传婚姻自由的政治主题因裹挟着浓郁的民俗文化而极具艺术魅力。

《邪不压正》以一场订婚习俗开场,软英和刘忠的婚姻看似明媒正娶,实质上是打着媒人幌子的逼婚,小说通过对订婚习俗事无巨细的描写揭示了刘忠逼婚的本质:一方面,男方作为地主,婚礼要撑门面,显得很气派。送礼盒不仅抬了一架食盒,还挑了一担木头盒子,媒人还非要合乎三媒六证，除了媒人小旦，"又拼凑了两个人"，但因软英毕竟是穷人家的闺女，实际送礼又很不当回事，不是旧首饰就是前房留下的旧衣服。另一方面，由于女方是被强迫的，虽然迎媒人、"生客细客吃挂面，熟客粗客吃饸饹"的待客饭等礼节还算周全，但毕竟心里不舒坦，所以在开食盒后的吵礼单环节，姑姑姨姨妗妗齐上阵，争吵得很凶，把心中的不满全部发泄了出来。小旦作为媒人，充当的应该是调解、说和的角色，但他目中无人，霸道无理，对女方礼单的争吵，不屑一顾，口口声声"说什么都不抵事"，"人家愿意跟你这种人家结婚，总算看得起你来了！"小旦的蛮横行径对于非常在意礼仪风俗的村民来说无疑是不能容忍的，所以软英母亲气愤地大呼："老天爷呀！世上哪有这么厉害的媒人？你拿把刀来把我杀了吧！"正是借助这些婚俗的描写，软英一家的屈辱、小旦的仗势欺人就有力地表现了出来。同时，这些镶嵌在故事中的原汁原味的婚俗也使读者享受到一场别开生面独具特色的民俗盛宴。

婆媳关系和夫妻关系是家庭关系中最主要的部分，赵树理在小说中也对家庭生活习俗进行了生动展示。在《孟祥英翻身》中，他这样描写传统的家庭习俗："婆媳们的老规矩是当媳妇的时候挨打受骂，一当了婆婆就得会打骂媳妇，不然的话就不像个婆婆派头。""男人对付女人的老规矩是'娶到的媳妇买到的马，由人骑来由人打'，谁没有打过老婆就证明谁怕老婆。"《登记》中的小飞蛾就是这样一个任由婆婆、丈夫欺负逆来顺受的媳妇。当张木匠和婆婆发现小飞蛾在娘家还有一个相好后，婆婆告诉张木匠："人是苦虫！痛打一顿就改过来了！"这是她的经验之谈，因为当初她就是这样被婆婆和丈夫痛打过来的，但当受气的媳妇熬成婆后，她就要施展她的婆婆派头，于是她所受的折磨成为折磨与她同病相怜的另一个女性的经验，她的悲剧在她的媳妇身上进一步延续下去。如此循环往复，也造就了中国女性没有人格和尊严的屈辱历史。赵树理的小说通过对家庭生活关系的展示，不仅鲜活地塑造出一个个恶婆婆和苦媳妇的形象，而且也把中国传统家庭中女性的本质特征揭示得淋漓尽致。

同时，赵树理也以传统家庭习俗为背景，塑造出像孟祥英一样敢于与传统习俗抗争的桀骜不驯的新媳妇。和别的婆婆一样，孟祥英的婆婆也是一天尽找她的碴，"好像碾磨道上寻驴蹄印，步步不缺"，但孟祥英敢"和她讲道理，说得她无言以对"；孟祥英不仅自己不听婆婆的，还在外尽出风头，领导全村妇女挖野菜、割白草生产度荒。赵树理就以传统家庭习俗为底色，生动形象地塑造出孟祥英这样一个勇于追求独立自由的新女性。

(三)别具特色的精神生活民俗

精神生活民俗是一个地域的民众在信仰、宗教崇拜、神灵祭祀、游艺技艺等精神活动层面所表现出来的风俗。山西历史悠久，文化底蕴丰富，民间信仰深厚，而晋东南地区历来又是一个"敬神信巫，有不平必质之于神，故乡多庙祀，醮赛纷举"的地方，各种信仰浓郁而广泛。

《求雨》是赵树理小说中集中表现农民信仰的一篇小说。小说以金斗坪村干旱为纽带，以村党支部书记于长水领导的修渠取水和以老贫农于天佑领导的龙王庙求雨的斗争为主线。赵树理对二者斗争的描写，不是采取针锋相对、剑拔弩张的对垒方式，而是把它融入求雨这一民俗化行为的具体描写中完成的。小说首先展示了民间已经定型的求雨仪式："每逢天旱了的时候，金斗坪的人便集中在这庙里求雨。求雨的组织，是把全村一百来户人家每八人编成一班，轮流跪祷……第一班焚上香之后，跪在地上第一炷香着完了，然后第二班接着焚香跪守……第一阶段,修渠刚组织起来,还没什么起色,特别是修渠遇到困难时,求雨的队伍是逐渐壮大的;第二个阶段,当修渠有了新进展,马上要大功告成时,求雨的队伍开始越来越少:庙里跪香的人又少了,气得于天佑拼命地敲钟。……最后剩下于天佑,于天佑给龙王爷磕了个头说:'龙王爷! 我也请你原谅! 我房背后的二亩谷子也赶紧得浇一浇水了!'说罢,也爬起来跟着别的老头往外走。"赵树理通过对求雨这一民俗行为细致入微的描写,就把人定胜天的斗争过程写得入情入理,同时也把农民愚昧落后又极度自私的小农心理刻画得入木三分。

二诸葛和三仙姑是赵树理小说中最典型的两个神仙级人物。二诸葛是"抬脚动手都要论一论阴阳八卦,看一看黄道黑道",三仙姑则是"每月初一十五都要顶着红布摇摇摆摆装扮天神"。两个人看似都是神仙,但本质上不一样,一个是真神仙,迂腐可笑麻木不仁;一个是假神仙,愚弄别人自私可恶。赵树理对这两个神仙的传神刻画,也是在不宜栽种、米烂了、三仙姑许亲、二诸葛的神课等生活故事中极力渲染他们作为神仙的招牌动作加以展示的,把两个神仙级人物的性格特点表现得淋漓尽致。

八音会是山西上党地区民间流行最广的音乐组织和音乐形式,是与民间信仰相关的游乐技艺,主要在迎神赛社、婚丧嫁娶、生儿育女、满月开锁等时候进行演出,目的是娱神、娱鬼以及自娱。在上党地区民间普遍流行的八音会,在赵树理的小说中也作为一种民间文化符码不断被提及,它也被裹挟在小说的故事情节中自然而然地呈现出来。如在《三里湾》中,在号召社员积极入社的扩社大会上,就提到了八音会及其演出,但赵树理在这儿并没有孤立地描写八音会,而是以八音会为引子,把八音会中的打鼓手外号叫使不得的王申老汉引出来,他对大会的不参与和对入社的不情愿成为该节故事的核心情节,从而展示了走社会主义道路与走资本主义道路两条路线的斗争,突出了小说主题。

赵树理小说民俗化书写的诗性本质

对民俗的重视和理性自觉是从五四时期开始的,蔡元培、刘半农、沈尹默等都是最早的倡导者。鲁迅作为中国现代乡土小说的拓荒者则最早自觉地把民俗引入小说创作中,但他对民俗的重视是把它作为大众思想启蒙和国民性批判的工具来对待的,他认为中国民俗中有很多劣根性的东西,要进行社会改造必须剔除这些不良积习,他曾说:"试看中国的社会里,吃人,劫掠,残杀,人身买卖,生殖器崇拜,灵学,一夫多妻,凡有所谓国粹,没一件不与蛮人的文化恰合。拖大辫、吸鸦片,也正与土人的奇形怪状的编发及吃印度麻一样。至于缠足,更要算在土人的装饰法中,第一等的新发明了。"所以,鲁迅在小说中总是从居高临下的文化启蒙视角对民俗加以文化批判,如华老栓坚信人血馒头能治好儿子的痨病,但最终华小栓还是死了(《药》);祥林嫂倾其一生积蓄到土古寺捐门槛,却并没有改变其悲剧命运(《祝福》);屡试不第的陈士成相信"左弯右弯,前走后走,量金量银不用斗"的观念,但最终挖宝不成反而溺水而亡(《白光》)等。

鲁迅对民俗的这种批判性视角被大部分现代乡土小说家继承,赵树理小说也继承了鲁迅开拓的现实主义批判的现代性主题,他称他的小说为问题小说,他是为了解决现实问题追求民主解放而写作的,比如《小二黑结婚》对婚姻自由的追求,《李有才板话》对民主政权的追求,《福贵》对尊重人格的追求,《传家宝》对妇女解放的追求,

《"锻炼锻炼"》对要"把人当人看"的民主政治的追求,等等。但由于赵树理天然的农民情结,立志做一个"文摊文学家"的艺术观以及"想写给农村中的识字人读,并且想通过他们介绍给不识字人听"的艺术追求,这样的写作情怀就使他在小说创作中不自觉地站在农民的立场上,从农民视角写农民的故事。因此,赵树理小说对现实问题的描写完全是生活化的,是通过对农民熟悉的琐碎的家长里短、礼仪风俗的描写来展开的。民俗在赵树理小说中是农民自在生活的一部分,是完全带着农民情感,体现农民意志的,是农民眼中的民俗。这样,赵树理小说对民俗的描写就有了与现代乡土小说家截然不同的表现。

童养媳婚俗在赵树理的小说《小二黑结婚》和《福贵》中都有描写,但这两篇小说对童养媳的情感态度与彭家煌的《活鬼》是截然不同的。《小二黑结婚》是这样描写小二黑的童养媳的:"恰巧在这时候彭德府来了一伙难民,其中有个老李带来个八九岁的小姑娘,因为没有吃的,愿意把姑娘送给人家逃个活命。二诸葛说是个便宜,先问了一下生辰八字,切算了半天说'千里姻缘使线牵',就替小二黑收作童养媳。虽然二诸葛说是千合适万合适,小二黑却不认账。父子们吵了几天,二诸葛非养不行,小二黑说:'你愿意养你就养着,反正我不要!'"

同样,《福贵》中对童养媳风俗的描写,也完全是从民间视角表现的。银花爹妈死得早,哥嫂养不起她,9岁时就送给福贵做童养媳,银花与福贵的婚姻虽然是经童养媳旧风俗而来,但二人不仅两情相悦,而且从银花眼中可以看出,她对未来这个丈夫是一百个满意的:"银花头几年看戏,只是小孩子看热闹;后来大了几岁,慢慢看出点意思来——倒不是懂得戏,是看到自己的男人打扮起来比谁都漂亮。"

真是情人眼里出西施,银花与福贵情深意浓,恩爱有加,可见,童养媳制度也可能成就美满姻缘。显然,《福贵》中对童养媳风俗的描写,完全是对农民真实生活的再现,并没有掺杂任何的文化批判倾向。

而在《求雨》这篇小说中,赵树理对求雨风俗的描写也与李劼人笔下的求雨完全不同。李劼人是带着批判性视角来写求雨的,他笔下的求雨不是民众自在的民俗行为,而是尹大人企图愚弄百姓的工具,因此他小说中的求雨与其说是风俗,不如说是表演,是官员为安抚民众所进行的一种文化仪式:48个和尚、48个道士、搭高台念经、禁屠48天、关南门走北门、请龙王、修表告天、尹大人当祭品……这一系列仪式都是做给乡民看的,在这一仪式中,乡民已经不再是民俗活动的参与者,而成为旁观者。显然,这种求雨已经颠覆了乡民生活中那种虔诚的自在自为的风俗。赵树理的小说《求雨》却还原了本真的求雨风俗,还原了乡民对求雨虔诚的情感:自发聚集、轮流跪祷、焚香跪守、给龙王磕头,虽然最终修渠成功了,庄稼浇水有了着落,但在求雨撤退之际,他们仍然不忘给龙王磕个头:"龙王爷! 我也请你原谅! 我房背后的二亩谷子也赶紧得浇一浇水了!"可见这些乡民对龙王爷的虔诚。

从上面的分析中不难看出,赵树理出于本能的民间视角,展现的是农民真实的生活、真实的情感,风俗只是他们生活的自然组成部分,而并不是专门聚焦的对象。因此,赵树理小说总是对这些原生态的民间风俗娓娓道来,叙述其间农民自在的喜怒哀乐。这样,赵树理笔下的风俗描写自然也是原汁原味的,其间既有传统风俗的根深蒂固,也有农民的因循守旧和顽固保守。同时,也不乏生活的亮色与温暖。因此,赵树理小说还原了民间风俗的真实风貌,复原了原生态的民间生活,展现出一个天才小说家独特的诗性魅力。

总的来说,赵树理小说对民俗文化的叙事,虽然涉及民众生活的方方面面,覆盖了民众日常生活的全部,但在叙事方式上,赵树理并没有为写民俗而写民俗,而是不着痕迹如春风化雨般把民俗渗透进人物与故事中自然而然地流淌出来。因此,赵树理小说中的民俗,不是有意的附加物,而是农民自在生活的一部分,是人物与故事身上自然存在的东西,难怪赵树理小说给人的感觉总是琐碎的家长里短。同时,民俗在赵树理小说中存在的隐在性,因为长期以来人们很少提及,随着时间的流逝,当赵树理小说作为构架的诸多问题不再引发人们关注的时候,作为肌质的内在民俗文化开始浮出表面。这时,我们才惊讶地发现,赵树理小说对民俗的描写是如此无处不在,如此细腻,如此与人物、故事水乳交融,这是一种出神入化的叙述境界。因此,我们可以毫无夸张地说,赵树理小说堪称民俗化叙事的典范。

　　(本文为2019年第五届赵树理学术研讨会论文,作者系山西传媒学院教授、中国赵树理研究会常务理事)

从地方经验到历史叙事

——以《李家庄的变迁》为中心

吴舒洁

  作为山药蛋派的代表性作家,赵树理的创作几乎没有离开他的家乡山西。从五四启蒙主义的信徒到共产党的农村干部,他一生的大部分时间都驻扎在山西一个又一个的村庄里。与毛泽东时代大部分经典作家不同,赵树理的作品中总是带有浓厚的地方性色彩,这种地方性不仅指的是语言与风格上的地方特色——如山药蛋派这一命名所指称的,更表现为通过一时一地的问题去表达普遍性叙事的写作方式。地方经验的获取构成了赵树理理解新时代的最重要途径,他从来不是农村生活的旁观者,而是使自己完全成为地方社会的一分子,深入参与农民的生活世界。赵树理的目光总是从某个地方性空间出发,他所关心的是政策和路线如何能够有效地施行于一个乡村,而不是像柳青或周立波那样将地方视作政策的样板。尽管这种写作方式曾经以"赵树理方向"的提出获得了最高的肯定,但它也同样隐藏着问题:如何通过对地方性斗争经验的书写来表达更普遍的文化政治想象,尤其是如何将根植于土地与乡里空间的农民抗争"翻译"为一种新型的国家政治生活,又应如何处理这一"翻译"过程中所产生的矛盾与冲突。1949年以后,"赵树理方向"在日益激进的革命文化中陷入了困境,批评者指责赵树理的创作"不大、不深",甚至成为"文学落后于生活"的一个反面典型。赵树理也不止一次谈到过自己的"落后",因为擅长写旧人旧事而较少表现新事物："有好多自己最熟的身边琐事是旧时代的,与今天这伟大的社会主义建设事业关系很少,所以写得不多。"赵树理的这种自我批评固然带有几分谦虚,但实际上也委婉地表达了他的困惑:作为一名共和国的作家,是否可能跳脱自身经验的囿限而成为新历史的主体? 后者需要的是对于普遍性本质的把握,而这也是20世纪50—70年代中国大陆激进文学思潮的题中之义。

如果我们将赵树理视作社会主义文学的一个症候,那么它所展露的实际上是一种社会主义的文学实践如何从有效走向失效的轨迹,是写作者与批评话语、文艺政策、政治路线等权力体系之间反复的冲突与协调,而这一历史过程显然需要回到社会主义文学的内部关系中才能够被充分地呈现。因此,今天对于赵树理的再解读,需要建立在某种双重视野之中:一方面从赵树理出发去思考革命中国所提供的另类经验,同时又将其当作反思革命的一个视角,这意味着审慎地对待革命所包含的正当性与无理性,重新发现革命的内在矛盾与困境。在这样的视野中,赵树理对于地方经验的依赖,既内在于革命的自我规划,同时又将被革命的普遍性话语所扬弃。当抽象的阶级叙事成为表述革命的方式时,如何处理那些具体时空中所生成的多样化经验,这不仅是赵树理创作中的一个瓶颈,其实也是毛泽东时代文化与政治变革过程中不断遭遇的一个症结。

戴维·哈维在分析雷蒙德·威廉斯的文化理论时,特别关注到了威廉斯所谓的"战斗的特殊主义"。这一概念包含着威廉斯对于社会主义政治运动前景和路径的设想,即"由一个地方积极的团结经验塑造出来的理想最终一般化和普遍化为对全体都有益的新社会形式的运行模式"，但事实上，当地方经验开始假设自己可以向更为普遍的经验形式扩展时，经验和抽象概念，以及不同抽象层次之间的转化往往会背叛原初形成于地方的"忠诚"。这种"忠诚"依赖于旧有的社会关系和共同体模式，"在一种规模、一个地方形成的忠诚和特定感觉结构，不可能轻易地保持，也不会轻易地转化成使社会主义在其他地方或整体上成为切实可行运动所需要的那种忠诚。在转化行动中，会丢掉某些重要的东西，留下一种具有永远不可克服之张力的痛苦残余"。如何在这种两难的处境中进行选择，如何使在地化的情感经验与批判的距离相协调，对马克思主义的理论和政治实践提出了一个难题。

我们在赵树理身上同样看到了这种"忠诚"与整体性话语之间的紧张。本文将以赵树理第一部完整的长篇小说《李家庄的变迁》作为中心文本进行分析，该文本的写作与意义生产，集中体现了赵树理及其评价者们对于地方/国家、特殊性/普遍性问题的表述形式和解决的方法。这部写作于1945年的小说，是为配合上党战役的赶任务之作，无论在形式还是内容上都具有相当的规模。《李家庄的变迁》发表后获得了巨大的声誉，在周扬、冯牧、郭沫若、茅盾等人的热情推介下，这部小说被视为赵树理创作走向成熟的一个标志。周扬把《小二黑结婚》《李有才板话》和《李家庄的变迁》作为赵树理小说中的三个典范性文本予以赞扬，而"就作品的规模和包含的内容来说，《李家庄的变迁》自有它的为别的两篇作品所不可及的地方"。茅盾在评价《李有才板话》时仍对其是否称得上是"民族形式"有所保留，但对于《李家庄的变迁》，茅盾则肯定地说，"用一句话来品评，就是已经做到了大众化。……这是走向民族形式的一个里程碑"。对于擅长写作短篇问题小说的赵树理而言，这部小说更是他第一次有意识地尝试以现代长篇小说的形式，将地方性经验转换为具有全国性意义的历史书写，然而这次尝试很难说是完全成功的。相比赵树理那些活泼生动的短篇，《李家庄的变迁》显得冗长滞重。周扬在高度赞扬之余也表示了遗憾，认为《李家庄的变迁》其实"还没有达到它所应有的完成的程度，还不及《小二黑结婚》与《李有才板话》在它们各自范围之内所完成的。它们似乎是更完整，更精练"。另外，有意思的是，赵树理后来的另一部长篇小说《三里湾》也遭到了类似的批评：情节进展缓慢，矛盾缺乏集中性，重事不重人。赵树理在长篇小说创作上的困难几乎是一种宿命，这种宿命究竟昭示了什么？因此，笔者希望借助《李家庄的变迁》回到历史发生的情境，再现地方/国家这组范畴被特定历史关系所形塑的内涵，在一种"持续的辩证关系"中去思考赵树理文学的意义与困境。

根据地政治中的"地方"

在《李家庄的变迁》这部小说中，赵树理设置了一个中心人物铁锁，并且试图突破一时一地的限制，将人物的成长与历史的过程联系起来，但正如我们所看到的，铁锁作为一个现代长篇小说主人公的形象并不成功，而在新民主主义/社会主义文学谱系中，铁锁也很难说是一个令人满意的典型人物。小说发表之后，不少评论家都指出了它在人物描写上的缺陷，比如邵荃麟就认为，小说中的人物"虽然画出了很清楚有力的sketch（速写），但是还不曾达到完整的雕塑程度"，人物的典型性不够，内在精神生活不深入。而给予这部小说以典范性肯定的周扬，对于小说在人物塑造上的表现也有所保留。在周扬看来，赵树理最首要的独创之处就在于塑造了"一定斗争的环境"中的"新的农民的集体的形象",但还没有"创造出高度集中的典型",只能说是写了"新的人物的真实面貌",而如何"创造积极人物的典型",正是新民主主义文学所面临的"一个伟大而困难的任务"。不过,与周扬对人物塑造的重视略有不同,茅盾更看重小说对李家庄这一典型环境的书写。他自觉地运用典型性理论分析了这部小说的意义,李家庄"分明是封建势力最强大的中国北方广大农村的缩影",因此具有"普遍的代表性",但是它又代表了受压迫最深重的山西农村,所以"在普遍性中自有特殊之处"。

周扬和茅盾对于典型人物与典型环境的不同侧重,透露出了20世纪40年代后期新民主主义文艺在理论与实践上的隙隔。

不过,正如前面所提到的,我们很少在赵树理的小说中看到这种历史时间的展开,相反由各种各样的问题所形构的地方/乡村总是难以顺利地被整合进同质性的历史时间中,不断生发的问题导致了叙事节奏的延宕。这使我们想起了热奈特对场景这一概念的分析,他认为当叙事时间和故事时间相等时,读者就不易感觉到时间的流动,因此其文本效果是空间性的。近年来,有不少研究者强调摆脱西方现代小说的观念,从反现代性的视野出发重新解读赵树理的小说。如贺桂梅就认为,在赵树理的小说中,主体总是以一种"空间性形态"出现,这个特点突出地体现在《李家庄的变迁》中。"这部小说的叙述主体不是小说中的人物小常、铁锁,而是'李家庄'这一乡村空间。小说试图呈现的是这一空间发生革命性变动之前、之中和之后的状况",而这种将人物放在特定空间中,并展现其中结构性关系的书写方式,正是社会主义文学对现代性叙事的一种创造,或如竹内好所分析的,赵树理独特的叙事形式克服了西方现代文学中个人与环境/整体的对立,从而实现了一种自我完成的自由,"在创造典型的同时,还原于全体的意志"。然而,单纯地强调赵树理的空间化叙事,并不能令人信服地说明这些小说的现代性价值,也忽视了赵树理对现代小说观念的尝试。《李家庄的变迁》显然不属于赵树理所提倡的"文摊文学"的领地,它实际上代表了以《延安讲话》为指导的大众文艺由普及向提高的迈进。这部小说写于1945年,赵树理接到的任务是配合上党战役的动员,但更为根本的是"揭发阎锡山统治下的黑暗"。动员战争的任务要求即时性,揭发阎锡山的任务却需要在历史的观照中对现实进行整合与梳理,在二者之间,小说如何从容地展开其历史叙述,这也是赵树理以前的写作所未遇到过的问题。因此,关键并不在于强调赵树理小说中的空间化特征,而在于去探究为什么赵树理仍然需要借助于时间性的叙事去实现由地方经验向普遍性历史的转化,以及这一转化的过程暴露出了什么问题。一个有效的途径是恢复"地方"所包含的丰富的历史情境,而不是直接将其固定为理论范畴中的"空间"。

与那些延安整风后下乡的作家们不同,1937年后赵树理一直在太行山区从事党的抗日宣传工作,本身就是一名当地的文艺工作者。在《小二黑结婚》之前,赵树理的写作主要服务于通俗小报的抗敌宣传,他的作品大多是快板、鼓词、小故事、杂文等,用其自己的话说就是"地摊"文学。这些作品一方面大量采用民间形式,深受群众欢迎;另一方面作品的内容大多来自上级授意的具体任务,以揭露敌人的残暴,教育敌占区民众为主,因此不被认为有什么文学价值。当时在太行文化界,赵树理并不被认可,不少文化人都认为"他那套东西算不得文艺,不是大众化,是'庸俗化'",而这一时期赵树理对于大众化的理解也比较粗浅,还只是限于旧瓶装新酒的方式。直到1942年冬,赵树理被调到北方局党校调查研究室,开始下乡搞调查工作,他的创作才发生了比较大的转变。《小二黑结婚》就是这种转变的最初成果。

对于地方性调查研究的强调，实际上与当时根据地的政权改造运动紧密相关。1940—1942年，全国范围内的军事失利，加上边区封锁加剧，根据地面临极大的生存困难，这也导致了政府和农民之间矛盾的升级。为了把党的纲领和政策渗透到基层，快速地组织动员地方群众、发展生产，首先就要建立一套有效的基层管理体制。1942年1月，《关于抗日根据地土地政策的决定》公布，农村实行减租减息路线，除了在经济上对农村的阶级关系进行调整外，更重要的是改造村政权，使党的干部取代旧有的乡村经纪人。除了减租减息政策的实行，边区还实行了双重领导的干部体制，加强了县长的领导权和地方行政的自主权。"在双重领导体制下，政府各部门的干部不再只是简单地执行上级下达的指示，他们必须因地制宜地执行这些指示，特别是在政务会议上说服别人接受其做法"，这也对地方干部提出了新的要求，他们必须"既全面地熟悉当地情况而又有能力从总体上把握各种政策的分寸"。行政制度的变革，重新塑造了地方社会的政治关系与文化认同，使"地方"成为新民主主义政治实践展开的基点。

我们知道，辛亥革命之后，中央与地方的脱节构成了民国政治的一大问题。正如梁漱溟所认识到的，乡村问题的解决，"归根是一个政治问题"，需要"乡村以外的一大力量来救济乡村"，也就是一个统一有力的政府，但在"没有唯一最高的国权"的民国，内忧外患只能使乡村沦为被牺牲的地位。民国时期各种地方性自治的政治实践，大都希望通过一乡一省的实验，进而影响全国范围的政治经济革新。不过，这些"村本政治"或"民本政治"的方案，主要还是依赖于本地的政治精英或乡绅阶层，并没有真正改变地方乡村的权力格局。这种自下而上的方式,实际上也是中国早期共产主义运动的一种选择。1927年,毛泽东发表了著名的《湖南农民运动考察报告》。在这篇报告中,他号召党的干部们重视地方农协所动员起来的斗争力量,并预言了一条从乡村/地方扩展至全国的国民革命道路。一直到延安时期,中共才形成了一套严密有效的基层政权组织,使地方行政制度逐渐完善起来。根据地建立了村、县、边区三级行政区划,而陕甘宁边区对于其他边区来说又处于领导地位。对于中共而言,根据地政治包含着双向的任务,一方面要求"把军事斗争与农村社会经济问题联系起来,渗透到每一个村庄、每一户家庭甚至每个个人",充分调动农民革命和参战的积极性,重新组建农村社会结构;另一方面这种基于根据地的治理模式,又承担着国家政权想象的功能,它必须回应以下问题:这些区域性的政治经验是否具有全国范围的普遍性,如何在孤立封闭的乡村之间建立联系,将地方动员与以党为中心的权力组织结合起来,并使之有效地进入革命的宏观话语中。

正如布兰特利·沃马克所指出的,"除非农村问题被整合到全国政治活动的领域当中,否则农村对新社会而言仍将处于外部,正如它处于旧社会的外部一样。要把农民政治活动全国化,必须要有现代政治领导的地方化"。在根据地,地方与中央政权之间进入了一种新的关系。地方既是一个个具体的村县社会,又是现代性政治关系实践的场域。因为隐喻着民间、农民等范畴,"地方"被赋予了政治上的进步含义,它构成了知识分子或干部自我改造的地点,保证着革命话语的发言权。同时,"地方"也是被改造的对象,它在政权的整体性规划中被重新发现和定义,甚至成为一种他者性的存在。这种双重性同样体现在《延安讲话》所规定的文艺路线中。延安整风之后,大批知识分子被派往基层乡村,"过去是搞文艺工作,现在是去搞地方工作"。下乡的政策要求作家们打破做客的观念,从外来的知识分子变成当地的工作人员,创作活动也相应地从主体的思想行为变成调查研究的实践总结。"生活是创作的唯一源泉"这一论断的激进性在于,这里的"生活"不是一般化的、抽象的日常生活,而是在特定的调查研究或行政工作中所获得的经验。《延安讲话》所构想的文学实践模式,与当时的根据地政治密切相关,文学创作实际上成为日常生活经验与党的组织之间的某种中介,也因此而突破了纪实与虚构之间的界限。在这种形态中,文艺家们既要通过对具体地方的调查研究来获得材料,同时也要重新想象"地方"与普遍性政治之间的关系,而这种写作经验是此前的五四新文学与左翼文学所不能提供的。

因此,赵树理将自己的写作身份描述为两种话语之间的"翻译者","既不得不与农民说话,又不得不与知识分子说话"。在赵树理看来,通俗化写作不仅是为了教育动员民众,同时也是学习将农民的生活经验"翻译"成文学语言的过程,既要向农民介绍知识分子的话,"也要设法把知识分子的话翻译成他们的话来说"。这种媒介性身份很像新行政制度下的地方干部,他们不仅是政令的传达者,更是地方的治理者,他们必须能够因地制宜地在二者之间完成转化。所以在赵树理的小说中,问题的焦点往往不是来自农民和地主之间的阶级矛盾,而是来自地方代理人的行政权力,其中既有像李如珍那样的传统土豪劣绅,也有像章工作员那样的新式地方干部,还有一个不可忽视的阶层,即小喜、春喜等混迹于新旧政权之间的投机分子。这些代理人掌握着地方与中央之间的沟通,他们的"翻译"往往决定着地方社会改造的效果。1949年,赵树理在给周扬的一封信中就谈到中央意图和地方工作之间的关系,"我们的宣传工作,从上下级的关系看来,好像一系列用沙土做成的水渠,越到下边水越细,中央的意图与村支部的了解对得上头的地方太细了,不独戏剧工作为然"。因此,我们可以在赵树理身上看到这种双重性:一方面,作为一名大众化的实践者,他致力于在农民与知识分子之间进行"翻译";另一方面,作为一名根据地的文学工作者,他又需要不断地在实际的行政工作与文学虚构之间进行转换,这使得他对地方经验的再现有了更丰富的内涵,它甚至具有了政治实践的意义。

从普及到提高:现实主义的分歧

一个值得注意的现象是,虽然赵树理的作品受到民众的极大欢迎,但在抗战结束以前,他的影响力仍限于太行山区一带。这固然是因为各个根据地之间在地理和交通上的区隔,但更主要的原因恐怕还在于作品在政治意义上的局限。1943年,时任北方局宣传部部长的李大章在《华北文化》上发表文章介绍《李有才板话》,表扬赵树理肯下功夫进行社会调查研究的同时,也指出他对马列主义学习得不够,因而削弱了作品的政治价值。在李大章看来,赵树理的小说只是简约地反映了"政治生活的横断面","距离显示出整个根据地社会生活历史的变化过程,还相差很远很远"。《小二黑结婚》发表后,就有人撰文批评赵树理在当前抗日的中心任务下,却只写了一个简单的男女恋爱故事,没有什么意义。这种冷淡或批评的态度一直到1946年前后才发生改观。1946年,《解放日报》转载了赵树理的《地板》并加上了推荐语,这是延安方面第一次介绍赵树理的作品。随后,《解放日报》又发表了冯牧的《人民文艺的杰出成果:推荐〈李有才板话〉》,这篇3年前发表的、已经"驰名全国"的小说才在延安正式刊出。冯牧的文章虽然援引了李大章的一些批评,但对李大章所批评的"差距",冯牧表达了完全相反的意见:"他不只是写了事,而且是写了历史,一部小小的然而真实的新的农村演变史……"在冯牧看来,赵树理写的绝不仅仅是李大章所说的"某些乡村""某些角落"或"角落的某一阶段",而是一个"典型",是"整个解放区农村的缩影"。1946—1947年,周扬、郭沫若、茅盾等文艺权威相继撰文评价赵树理的作品,将其推崇至"民族形式"的高度,赵树理的创作才被赋予了普遍性的意义,而1947年"赵树理方向"的提出,就是顺理成章的事了。

可以看出,这种评价上的转变,一个核心的问题就在于如何判断赵树理的地方性意义。判断的标准显然不是可以从小说文本中直接得出的,而是取决于当时具体的政治文化关系。在"普及工作的任务更为迫切"的情况下,文艺或政治究竟如何实现提高,如何从根据地走向全国,从而成为新民主主义文艺的典范?毛泽东在《延安讲话》中谈到,有些知识分子觉得在根据地的写作缺乏"全国意义",但毛泽东认为,"愈是为革命根据地的群众而写的作品,才愈有全国意义",因为根据地不仅是一个地理概念,而且指向了一个新的时代——"新的群众的时代"。"从亭子间到革命根据地,不但是经历了两种地区,而且是经历了两个历史时代",正是通过这样的逻辑,乡村、根据地、延安等空间得以被组织进历史时间之中,那些基于地方性问题的调查和写作,也就有可能摆脱狭隘的经验主义而被转化为具有"全国意义"的整体性叙事。

不过事实上,在抗战胜利以前,《延安讲话》中所设想的具有"全国意义"的整体性叙事并没有在创作上得到充分的实践。在以普及为主的要求下,现实主义的写作标准在某种程度上被弱化了,取而代之的是对各种民间形式的借鉴以及其他文艺体裁的使用。尽管苏联在1932年已经提出了社会主义现实主义的口号,但在抗战期间,产生更大影响的却是民族形式这一命题，"以前被压抑的，但更容易为大众所熟悉和接受的传统民族文化作为另一种参照系开始进入左翼文艺界的视野，与外来的思潮竞争着对文学发展的影响，因此也一定程度上降低了中国对社会主义现实主义的期待视野"。延安文艺座谈会之后，周扬试图将社会主义现实主义与《延安讲话》的方向结合起来，指出"现实主义应当是艺术真实性与教育性结合，也就是艺术性与革命性结合。现实主义应当以大众文化的研究为基础，这就是提高与普及的结合"。后来他又在《马克思主义与文艺》一书的序言中总结到，"贯彻全书的一个中心思想是：文艺从群众中来，必须到群众中去。这同时也就是毛泽东同志讲话的中心思想，而他的更大贡献是在最正确最完全地解决了文艺如何到群众中去的问题"。很显然，周扬目的不在于对社会主义现实主义或经典马克思主义做出更深入的阐释，而是用以论证毛泽东《延安讲话》的正统性。周扬所强调的只是社会主义现实主义中的阶级性面向，但对社会主义现实主义的核心创作方法——典型的创造问题，却没有进行特别的论述。

因此1945年以前，在解放区特殊的政治环境下，如何将经验的具体性与意义的普遍性相结合以形成新民主主义的历史叙事，如何实现赵树理所希望的双向沟通，这些问题并没有得到很好的解决。战时的环境决定了边区的革命政治不能不带有某种权宜性，马克·塞尔登称其为一种"运动型的政治"，它倾向于"集中力量来解决迫在眉睫的问题"，随时根据形势的变化来调整政策。在这种政治形态中，非正规化的领导体制和相对温和的土地政策，也尚未能彻底摧毁乡村的传统权力结构，边区政府还只限于地方性联合政府的性质。这些状况都表明，尽管那些乡村已经被纳入党的政治体系中，但在地方社会与现代型国家政治之间仍然存在着断裂，这使得作为革命"地点"的地方并没有自然而然地转化成作为"典型"的地方。直到抗战胜利后,统一战线彻底破裂,中共才得以充分地展开国家意识形态的宣传。1945—1949年,解放区迎来了长篇小说创作的一个高峰期,经过抗战期间的发展,以根据地为基础的革命实践已经形成了相对稳定的模式,这使得作家能够尝试描写一种长期性的生活体验。《李家庄的变迁》《太阳照在桑干河上》《暴风骤雨》《种谷记》《高干大》《原动力》等长篇小说的出现,意味着以《延安讲话》为方向的解放区文学开始尝试进入经典现代小说的传统形式中。同时,解放区文艺也由此开始了一个经典化的命名过程,正是在这个时候,赵树理的意义才重新被发掘出来并迅速成为现实主义写作的典范。《李家庄的变迁》这部长篇小说的问世,使解放区的文艺家们终于有可能命名一种艺术性和大众性相结合的历史叙事。

《李家庄的变迁》试图通过铁锁个人的变化承担起几十年历史的内容,但这一时间性叙事又要受到李家庄的空间所限。小说以"李家庄有座龙王庙"开头,围绕故事发生的地点展开叙述,这是赵树理所擅长的写法。此时的地点不仅是故事的背景,而且是农村社会关系结构的一次集中呈现,通过龙王庙的一场诉讼,矛盾的各方悉数登场,而龙王庙也暗喻着李家庄的权力秩序,使其成为李家庄作为阎锡山统治下的山西的一个缩影。在李家庄这个空间里,时间仿佛静止了,直到铁锁被逼出走,叙事时间才与历史时间合二为一。

随着铁锁的出走,一个外部世界在民国纪年的同质性时间中展开,小说不厌其烦地记载了战事的变化,以此组成了历史的情节。但问题在于,在战事与铁锁之间究竟发生了怎样的联系?《李家庄的变迁》前半部分很接近于晚清的游历小说,即通过主人公见闻录的形式来串联情节,借以将个人的故事与历史事件结合起来。李家庄外部的历史总是以提示性时间或局势变化的方式现身,对于这个外部世界而言,铁锁更像是一名旁观者,他的变化或成长并不来自历史矛盾所构成的紧张环境,而是由于小常的出现。赵树理并没有像经典的现实主义小说那样把主人公放入无处不在的戏剧性矛盾中去促成其性格上的转变。直到返回李家庄,铁锁才又重新成为斗争故事的参与者,但叙事形式上从限制性视角转成全知性视角,导致了前后两部分的脱节。

这里并不存在五四新文学惯常采用的出走—归来模式,铁锁再次回到李家庄的时候,他的经历并没有使他对这个村庄的认识发生什么改变。对于铁锁来说,李家庄既不是一个对抗外部世界的原乡理想,也不是被观看的他者或被改造的对象,而是始终联系着外部世界的变动而变动。李如珍和小喜等人的统治难以推翻,是因为上面有阎锡山做靠山,乡村权力结构与中央政权的交错之深,展示出李家庄的政治特殊性。在李家庄,我们很难指出什么是乡村内部的权力,什么是乡村外部的权力。这个权力系统深深地依赖于整个山西地方政治形态,李如珍们之所以能够"铁钉钉住,不动了",是因为他们的权力形成于盘根错节的家族性政治中。在20世纪二三十年代的山西,阎锡山通过"村本政治"和"民本政治"的治理方式,在中央政权与地方之间搭建起了严密的权力网络,在政治、宗族和文化三重力量的保证下有效地实现了政令的上传下达。所以从牺盟会到八路军,李如珍们一次次被打倒又卷土重来,直到阎锡山倒台,八路军在李家庄扎了根,李如珍的势力才被彻底摧毁。因此,在《李家庄的变迁》中,真正的历史在场不是以革命话语或历史事件的形式出现,而是表现为一个勾连起村庄内外的权力网络。我们很难用时间化或空间化去描述这部小说的现实主义。叙事者视角在李家庄内外的移易,展现出了一个相互勾连,既封闭又开放的时空体。

地方共同体与革命的乌托邦

可以说,在《李家庄的变迁》中,无论是人物还是地方,都没有完全成为历史的主体。铁锁成为党的干部开始领导李家庄的革命斗争后,小说就变得松散无力,铁锁作为主人公的形象也黯然失色。《李家庄的变迁》所要表现的相当一部分生活内容都是赵树理所不熟悉的。尽管小说的不少材料来自他的经历(赵树理后来曾谈到小说的素材来源:"我的叔父,正是被《李家庄的变迁》中六老爷的'八当十'高利贷逼得破了产的人,书中阎锡山的四十八师留守处,就是我当日在太原的寓所;同书中'血染龙王庙'之类的场合,染了我好多同事的血,连我自己也差一点染到里边去……"),但是后来赵树理在总结自己的创作时承认,在解放区时期,"其中虽然也写到党的领导,但写得不够得力,原因是对党的领导工作不太熟悉"。与那些追求全面深刻的社会主义宏大叙事不同,赵树理坦言,"我没有胆量在创作中更多加一点理想,我还是相信自己的眼睛"。这种谨慎使得赵树理的小说呈现出某种独特的现实性——他并不热衷于意义世界的建构,而是关注一个个具体问题的发生和解决,这导致他的小说往往与日常生活之间缺乏距离。

然而在《李家庄的变迁》中我们会发现,赵树理通过铁锁去表达了对某种乌托邦世界的理想,使日常生活的经验与革命的宏大意义之间有了联结的可能。铁锁在李家庄的内部和外部发现了同样的权力逻辑,这使他对这个世界有了一种模糊的整全性认识:这是一个正义和秩序颠倒的世界,时间的流逝加剧了混乱,但李如珍们的统治始终如一。生活的苦难使铁锁开始质疑既存秩序的合理性,在小说中,说理构成了铁锁最主要的心理活动,他不明白,"李如珍怎么能永远不倒?三爷那样胡行怎么除不办罪还能做官?小喜、春喜那些人怎么永远吃得开?别人卖料子要杀头,五爷公馆怎么没关系?土匪头子来了怎么也没人捉还要当上等客人看待?师长怎么能去拉土匪?……"这一连串朴素的追问,都指向了历史的因果性范畴,所以叙事者借小常之口表扬铁锁:"朋友!你真是把他们看透了!"不同于我们所熟悉的那些诉苦型的阶级斗争叙事,赵树理并没有将革命的正义性诉诸对被压迫者苦难的渲染——尽管后者成功地凭借这种情感感召的模式在农民与革命之间顺利地建立了联系,他更希望帮助农民在他们的生活世界中体验革命的道理,能够自主地在事件之间建立起因果联系。

不过,这个世界应该是什么样子的,铁锁并不能给出自己的想象,即使他遇到了小常,也只是认识到了世界应当建立在另一套道理之上,至于这个道理指向了怎样的一个新世界,又该如何实现,铁锁并没有答案,甚至在铁锁回到李家庄之后,追求公理的强烈动力消失了,小说的叙事重心转移到了小常这个外来者身上。在小说的后半部分,由小常所代表的革命话语权威与村民们的日常生活之间,总是呈现出某种若即若离的关系。铁锁带来了关于小常的故事,"全村人都知道世界上有小常这样一个好人了。……来了可要看看是怎么样一个人啦","在月光下只听得满街男女都互相问询:'来了?''来了?'"这一情节使我们想起了鲁迅对于革命的揶揄:

民国成立的时候,我住在一个小县城里,早已挂过白旗。有一日,忽然见许多男女,纷纷乱逃:城里的逃到乡下,乡下的逃进城里。问他们什么事,他们答道:"他们说要来了。"可见大家都单怕"来了"……

鲁迅极为生动地描绘了愚昧的国民对变革的恐惧,却同时也嘲讽了革命所自称的新变,又大多不过是莫须有的影子,根本无法像其许诺的那样为普通百姓所接受。辛亥以后的中国,改革或革命已经成为常态,百姓对之从恐惧到好奇,结果都只是"来了",世界还是原来的样子。他们看惯了太多那些名实不符的新事物,小常、牺盟会、共产党、共产主义一样都只是影子,分烙饼的现实可能依然不会改变。

尽管如此,小说仍然借小常之口描述了对于一个理想世界的展望:

这"打日本救中国"是我们大家的事,应该大家一齐动起来,有钱的出钱,大家出力。……

为什么大家都不干实事啦?这有两个原因,就是大多数人,没有钱,没有权。没有钱,吃穿还顾不住,哪里还能救国?像铁锁吧:你们看他那裤子上的窟窿!抗日要紧,可是也不能说穿裤就不要紧,想动员他去抗日,总得先想法叫他有裤穿。没有权,看见国家大事不是自己的事,哪里还有心思救国?……这个国家对他是这样,怎么能叫他爱这个国家呢?本来一个国家,跟合伙开店一样,人人都是主人,要是有几个人把这座店把持了,不承认大家是主人,大家还有什么心思爱护这座店啦?

对于村民们来说,小常所讲的道理是他们所中意的,但他们更为关心的是切身利益,"大家特别听得清楚的就是有了裤子才能抗日,有了权才愿救国……"小常带来的故事,关乎国家,也关乎铁锁所关心的"理",这个故事无疑使王安福老汉和其他村民看到了整体性变革的可能,正如本雅明区分消息和故事时所说的,"消息的价值昙花一现便荡然无存……故事则不同。故事不耗散自己,故事保持并凝聚其活力,时过境迁仍能发挥其潜力"。消息暗示了时间的存在,故事却具有了超越时间的永恒意义。

在赵树理的小说中,很少有直接关于国家的描写和讨论,比起那些具体的行政问题,国家似乎是一个离农民过于遥远的范畴。在《李家庄的变迁》中,国家却成为一个乌托邦世界的指称,村民们通过小常的演讲将日常生活与国家、世界等概念联系了起来,意识到"国家大事就是自己的事"。值得指出的是,小说安排了小常的牺牲,没有依赖革命历史小说惯常采用的村庄—外来干部的模式,而是让铁锁们自己去展开斗争,虽然最后的胜利还需依靠八路军的武装力量,但重要的是成了根据地的李家庄"再没有垮了":"敌人'扫荡'了好几次,李家庄有了好民兵,空室清野也作得好,没有垮了。三年大旱,李家庄互助大队开渠浇地,没有垮了。蝗虫来了,李家庄组织起剿蝗队,和区里县里配合着剿灭了蝗虫,又没有垮了。不只没有垮了,家家产粮都超过原来计划,出了许多劳动模范;合作社发展得京广杂货俱全,日用东西不用出村买;又成立了小学,成立了民众夜校,成立了剧团,龙王庙和更坊门口,每天晚上都很热闹。"

小说以龙王庙里的诉讼开始,最后又讲述了龙王庙里的审判。吃烙饼的惯例终于被打破,取而代之的是群众的暴力与成为主人的自信,"这里的世界不是他们的世界了!这里的世界完全成了我们的了"。赵树理在这里清晰地表明了他理想中的革命应该是什么样的：革命不是一蹴而就自上而下的灌输，它应该扎根于地方，从农民的日常生活中逐渐成熟起来。在这样的视野中，地方经验反而构成了普遍性话语的起点，它的具体入微使得一种总体性的力量能够渗透于生活世界，从而具有了自我更新的运动性。在这里，李家庄与国家之间构成了乌托邦世界的互文，正如邵荃麟在评论《李家庄的变迁》时所说，这篇小说把抗日的民族战争和社会斗争联系起来，表现了一种"土生土长"的反抗力量，才能使"解放区变化为乌托邦"。正因为李家庄与外面世界的相互勾连，村民们才会意识到"眼前第一要紧的是救国"。

李家庄不可避免地被卷入民族战争中，对于村民们来说，国家虽然是一个"影子"，但又处处显现于他们的日常生活。李如珍们的横行霸道，乡亲们的流离失所，饥饿、贫穷、受辱，铁锁的游历使他明白了自己所遭受的苦难与时代的命运是息息相关的。因而，国家被想象为一种理想世界，而不是抽象的政治体，它为李家庄的地方革命提供了总体性的认知，这种总体性恰恰体现在它能够将眼前的事组织进来，从而形成一个"全面的故事"。

乌托邦世界在李家庄得到了实现，但这种胜利并不是诉诸历史主体的成长，而是表现为一个地方社会方方面面的变革。这也可以解释为何小说的后半部分失去了矛盾的集中性，中央军、土匪、日军等外敌的入侵分散了李家庄内部的阶级矛盾，小说试图通过反复的军事斗争来推动一种自发性力量的生成，但这也说明了阶级斗争并未形成强有力的统摄性话语，更不用说阶级主体的成熟。李如珍被彻底打垮后，李家庄面临着恢复政权、重新组织民众等一系列重建社会秩序的问题，但村民们最关心的还是如何处理汉奸，"好像一个处理汉奸问题把别的问题都压了"。公审李如珍的现场暴力而失控,在愤怒的民众面前,由老根据地调任的县长完全失去了行政决断的权威。如果对比一下《小二黑结婚》中依靠行政力量解决问题的方式,那么到了《李家庄的变迁》,赵树理显然对于革命的人民性有了更为深入的把握。而在"土生土长"的民众力量与党的领导之间所存在的矛盾,实际上也暴露出了以地方共同体为基础的社会革命与整体性阶级革命之间的裂隙。因此在《李家庄的变迁》中我们可以看到,阶级矛盾并没有形成足够的叙事张力,赵树理最为关注的其实是"外部的动力如何转化成地方性的'感觉结构'",这使他不得不面对地方经验中那些难以被转换成普遍性叙事的复杂和微妙之处,以使革命的讲述能够稳稳当当地前进,而不是去建构一个超越时空的阶级叙事。

1956年,赵树理在反思自己的思想历程时谈到了抗战期间自己在对党的理论认识上有所偏颇,"其中最重要的是不了解民族斗争与阶级斗争的关系和统一战线中的团结与斗争的关系",因此"对党分配的具体任务往往不能全面完成而只完成其自己认为重要的部分——例如在做抗日动员工作的时候,因为怕妨碍统一战线,便不敢结合着广大群众的阶级利益来宣传动员,而只讲一些抗日救国的大道理……从这种失败中才认识到地主阶级和蒋阎匪军在抗日阵营中的反动性,认识到群众基础的重要性"。这种认识上的偏差其实并不仅仅存在于民族战争时期。1946—1947年,"五四指示"和《土地法大纲》相继发布,解放区农村开始实行彻底的土改,从根本上消灭封建剥削。很多人都希望赵树理"能写出一部反映土地改革这样伟大斗争的长篇小说。他也表示要写",然而最后赵树理却写出了《邪不压正》这样态度暧昧的小说。如果说土改试图将农村社会完全纳入阶级政权组织模式的话,那么赵树理显然不满足于翻身叙事对这场巨变的再现方式。他所关心的仍然是地方社会作为一个有机的整体，如何在阶级话语改造中形成新的社会关系。在土改运动中，地方开始转变为国家政权的改造对象，并开始了某种"去地方"的过程，延安时期以地方为基础的运动型政治逐渐为政党领导下的阶级政治所取代。在这种情况下，《邪不压正》还坚持以当时当地的经验为立场，势必会遭到总体性视角的质疑。因此，《邪不压正》成为赵树理在这个时期引发最多争议的作品。

在1949年即将进京时，赵树理给周扬写了一封信中表达了自己的困惑，是继续深入农村，"甘心当个专写农民的写作者"，还是调转向城市去了解真正的"无产阶级"，成为一个专业作家？"一个无产阶级的写作工作者不了解真正'无产阶级'——产业工人的生活如何是好？这似乎应转向城市了。可是放下自己比较熟悉的对象去一个陌生的环境中探索又有什么把握呢？这样想来似乎又是不必住城市好。"赵树理并没有将"无产阶级"视作某种抽象的革命意识，阶级叙事也不必然伴随着"新的时代"而成为一种普遍性的叙事，他只是将它们理解为特定环境中的具体形态。在1953年的农业合作化运动中，赵树理几次下到山西农村参与合作化工作，希望能写出一部反映"一个完整的社会生活面貌"的重大题材小说。置身于这场中国农村阶级关系最深刻的变革中，赵树理却看到了地方与国家之间日益尖锐的矛盾，于是在他的笔下，三里湾的旗杆院既是社会变革的象征，同时也成为一个国家与地方争相占有的拥挤空间。赵树理对于地方经验的"忠诚"，导致整部小说和《李家庄的变迁》出现了同样的问题，以至于周扬批评其"不能充分反映时代的壮阔波澜和充分激动读者的心灵"。

齐泽克不无苛刻地指出，"从1917年开始的（或更准确地是从

1924年斯大林宣布在一国建设社会主义的目标开始)整个苏联社会主义时代是建立在借来的时间上的,是'负债于未来'的,因此最终的失败反过来褫夺了他们的早期时代"。"新的群众的时代"的开始,是否意味着革命充分占有了历史时间? 当地方经验与历史叙事之间的冲突被命名为新旧两个世界之间的权力争夺时,那些剩余、分裂的经验也成为落后的象征而终将被普遍性话语所淘汰。赵树理在地方与历史之间的难以调和,也促使我们去重新发现革命过程中那些不安定的因素。对于20世纪40—70年代的革命中国而言,乌托邦理想的实现显得如此切近,又是否不可避免地同样"负债于未来"呢?

（本文为2019年第五届赵树理学术研讨会论文,作者系厦门大学台湾研究院副教授、中国赵树理研究会理事）

算账书写：翻身的性别政治

——从赵树理的《传家宝》看革命的性别与阶级问题

吴晓佳

在谈到改革开放后"欧美女性主义理论作为一种重要的思想与实践资源再度引入"中国时，戴锦华曾深刻地指出："中国女性主义理论的实践介入，却迥异于非社会主义国家，不是以男女平等，而是以对性别差异的强调为开端。其直接的对话对象，无疑是建构在阶级论基础上的、否认性别差异的社会结构。"确实，自新时期以来，无论女性作家写作或人文社科领域女性主义研究，都尤其强调女性的性别意识，或曰女性的特殊性和主体性。诚如贺桂梅所概括的："当代女性文化则在反思以往的妇女政策的基础上，侧重于将女性问题与阶级议题分离……从与新启蒙主义话语的结盟到引进西方当代女性主义理论，女性话语始终潜在地以中产阶级女性作为女性主体想象的基础。于是，革命时代的工农女性形象逐渐从文化舞台上消失身影。"但是，进入21世纪以来，20世纪八九十年代这种将性别与阶级议题分离的情况逐渐消退了，相反由于一方面受国外解构民族主义思潮的影响，另一方面是在国内去革命/后革命语境下，性别问题更多地在与阶级斗争、民族战争和社会革命等议题的结合中凸显出来，但其核心仍与20世纪末的新启蒙思潮一致，即强调女性的主体性。有研究者称："关于从延安政策开始的中国革命时期的妇女解放史，形成了一些影响广泛的'定见',比如革命政权是将妇女从家庭中解放出来,但没有特别关心女性性别本身的问题;比如革命实践尽管赋予了女性广阔的社会活动空间,但却忽略了女性在社会角色和文化表达上的独特性等;这些'定见'并没有在复杂的历史语境中得到具体讨论。"

　　事实上,目前与此相关的研究绝大部分正是在具体化这些"定见",某种程度上形成了一种研究范式:将中华人民共和国的建立视为民族国家的建构,再借助解构民族主义理论和女性主义理论,揭示革命政权革命实践与女性之间的矛盾与裂缝,以及前者如何将后者收编和利用,从而牺牲掩盖了妇女的主体性、独特性。在这种情况下,赵树理的作品往往成了此类研究范式的注脚,过去那些被认为是体现了妇女翻身解放的作品现今皆成了工具论的力证。

　　这其中,备受关注的焦点就是劳动,即革命话语及革命实践中的妇女问题实则是为了解决战时后方劳动力空虚,以及经济困难这一主要困境,并且为了服务于这一主要目的,革命政权"维护农村父权制家庭结构","传统农村父权制家庭结构下性别问题被遮蔽了":"尽管战争时期,由于男性参军而造成的空缺有可能削弱家庭内部男性对女性的压制,但由于维护家庭结构关系和乡村伦理秩序,事实上压制女性的父权制结构并未松动。而且因为强调生产,往往是那些此前控制家庭资金和有更熟练技术的老年女性(母亲或婆婆),更能在生产运动中得到好处,她们对年轻女性的控制不是减弱而是增强了。因此,如果说经济生产能够把妇女从家庭中解放出来的话,但却不能改变由于资本的引入而导致的农村女性内部在年龄、经济地位、技术掌握等方面形成的新的控制等级。"

　　现今此种论断比以往的研究貌似更专业也更严谨,然而这与我们所看到的解放区的众多文艺作品,比如赵树理和孙犁等人的小说或其他戏剧与报告文学所反映出来的情况正相反——在这些作品中,农村的年轻女性,无论是媳妇还是女儿,无论在生产还是生活中,其家庭地位都是明显上升的,并且仔细思考便会发现,上述的论断其实混淆了一样东西,那就是维护家庭这样一种社会结构(或者说单位)是否就等同于维护封建的父权制结构?

下面,我们就以赵树理的《传家宝》来详细探讨上述问题。这部作品只有1万来字,几乎通篇都是在算账,篇幅虽小,但绝大多数赵树理研究者都会关注或提及这部作品,却鲜有人去细究这其中关于算账的书写。因为算账对于农民来说,太过于日常了,赵树理既以"农民作家""文摊文学家"自居,那么大家对其作品充斥这些情节也就视为理所当然,况且,这不外是农民作为眼光短浅的小生产者之一明显的特征罢了。近些年来,越来越多的人关注赵树理作品中农民说理的问题。是的,农民爱说理,不过农民也爱算账,并且常常是通过算账来说理,而这点容易被人忽视。

劳动与妇女解放的基础和向度

《传家宝》讲述的是典型的婆姨汉结构家庭,家里有三口人:李成、李成娘和李成的媳妇金桂。李成娘有三件宝:一把纺车、一个针线筐和一口装满破布的黑箱子。李成娘将之视为传家宝,"她守着这份家当活了一辈子,补补衲衲……想早给李成娶上个媳妇,把这份事业一字一板传下去"。可媳妇进门没几个月,她就发现媳妇"爱跟孩子到地里做活,不爱坐在家里补补衲衲",有违"男人有男人的活,女人有女人的活"的通例;更在"半年之后,金桂被村里选成劳动英雄,又选成妇联会主席",从此不仅不拈针,而且凡事不问婆婆自己就做了主。后来,李成娘当着女儿小娥和女婿(也是金桂的上级)的面数落媳妇,媳妇反觉得自己终于得着机会辩白了:"娘!你说得都对,可惜是你不会算账。""纺一斤棉花误两天,赚五升米;卖一趟煤,或做一天别的重活,只误一天,也赚五升米!你说还是纺线呀还是卖煤?""自己缝一身衣服得两天;裁缝铺用机器缝,只要五升米的工钱,比咱缝的还好。自己做一对鞋得七天,还得用自己的材料,到鞋铺买对现成的才用斗半米,比咱做的还好。我九天卖九趟煤,五九赚四斗五;缝一身衣服买一对鞋,一共才花二斗米,我为什么自己要做?"小娥的丈夫听了笑着对小娥说:"你也算算吧!虽然都还是手工劳动,可是金桂劳动一天抵住你劳动两天!我常说的'妇女要参加主要劳动',就是说要算这个账!"

李成娘接着控诉"金桂不做活、浪费还都不是很重要的问题,最要紧的是恨金桂不该替她作了当家人,弄得她失掉了领导权",于是,金桂决定把家交还给李成娘管,她取出一本账和几叠票子,李成娘以为媳妇拿出账本是故意难为她这不识字的人,金桂却正正经经地说:"我才认得几个字?还敢捉弄人?我不是叫娘认字!我是自己不看账记不得!"然后她点了票子:"这是两千元的冀南票,五张共是一万!""这是两张两千的,一张一千的,十张五百的,也一万!"……接着交代账上的事:"合作社的来往账上,咱欠人家六万一。他收过咱二斗大麻子,一万六一斗,二斗是三万二。咱还该分两三万块钱红,等分了红以后你好跟他清算吧!互助组里去年冬天羊踩粪,欠人家六升羊工伙食米。咱还存三张旧工票,一张大的是一个工,两张小的是四分工,共是一个零四分,这个是该咱得米,去年秋后的工资低,一个工是二升半。"还"有几宗是和村公所的,有几宗是和集上的,差务账

253

上，咱一共支过十个人工八个驴工，没有算账。咱还管过好几回过路军人饭，人家给咱的米票，还没有兑。这两张，每张是十一两。这五张，每张是……"最后，李成娘赌气认了输，女婿哈哈大笑说："我常叫你们跟金桂学习，就是叫学习这一大摊子！成天说解放妇女解放妇女，你们妇女们想真得到解放，就得多做点事、多管点事、多懂点事！"

　　从《传家宝》这个故事所涉及的情况和算账的细节来看，根据地解放区战时的妇女政策并没有"因为强调生产，往往是那些此前控制家庭资金和有更熟练技术的老年女性（母亲或婆婆），更能在生产运动中得到好处，她们对年轻女性的控制不是减弱而是增强了"，恰恰相反，因为男性劳动力和物资的紧缺，年轻女性成为农村后方的主要生产力量，由于她们比老年人更适应新形势下生产和分配的组织化管理，所以实际上在原有的家庭结构中，年轻妇女的作用、地位和权力是上升的。

　　然而，目前的研究范式正是以此来解构革命实践及革命话语中关于妇女解放的部分，认为其将妇女解放建诸劳动之上，并将妇女的劳力从家务劳动转移到主要劳动，同时维护农村父权制家庭结构，这是革命对妇女的收编与利用，同时又以取消或减损妇女的权益为代价。这些研究几乎无一例外都会提及1943年由中央妇女委员会起草的经由毛泽东修改后公布的《中国共产党中央委员会关于各抗日根据地目前妇女工作方针的决定》里的这一段："多生产、多积蓄，妇女及其家庭的生活都过得好，这不仅对根据地的经济建设起重大的作用，而且依此物质条件，她们也就能逐渐挣脱封建的压迫了。"赵树理的另一部作品《孟祥英翻身》也常常被举为力证，理由是孟祥英的翻身正建立在她是一个生产度荒的劳动英雄之上。事实果真如此吗？革命政权（共产党）一号召妇女参加劳动，便能使她们做到如贝

254

尔登在《中国震撼世界》中所说的——"他们(共产党)找到了打开中国妇女之心的钥匙,所以也就找到了一把战胜蒋介石的钥匙"? 实则是这种将性别与革命、与阶级二元对立化的研究忽视了一个最重要的问题,那就是劳动在20世纪中国的政治思想与实践中的重要意涵。

一直以来,女性主义者指责马克思主义者(包括马克思主义女性主义者)为性别盲,马克思主义者则指责女性主义者为阶级盲,然而事实上这两者并非不能结合起来,尤其在劳动的问题上。我们需要追问:劳动有性别属性吗? 在妇女解放问题上对劳动的强调是"对女性生命欲求的遮蔽和压抑"吗? 正如蔡翔曾深刻指出的:"在20世纪的中国左翼思想中,'劳动'是最为重要的概念之一。""无论从哪一个角度,马克思都是'劳动'这一概念最为深刻的思想者……'劳动价值论'的提出,真正确立了'无产阶级'的主体性。显然,正是'劳动'这一概念的破土而出,才可能提出谁才是这个世界的真正的创造主体的革命性命题。这一命题深刻地影响了20世纪的中国。"

"谁才是这个世界的真正的创造主体",亦即革命的合法性问题,因此劳动亦是20世纪那场激烈革命的意识形态核心,这不仅仅是对妇女解放、阶级解放或民族解放而言,而是整场社会革命的基础。劳动的神圣性与革命的合法性,皆是为了破除几千年来的私有制,尤其是土地私有制,无论在物质层面还是意识形态层面的存在基础。赵树理的作品,即是通过算账和说理的书写,参与了意识形态霸权的争夺。在他的另一部作品《地板》中就有一场著名的辩论——究竟粮食是劳力换来的还是地板(土地)换来的? 蔡翔对此做了详尽的分析:

王老三先说自己"常家窑那地板","老契上"写的是"荒山一处",可是"自从租给人家老常他爷爷,十来年就开出30多亩好地来;后来老王老孙来了,一个庄上安起三家人来,到老常这一辈三家种的地合起来已经够一顷了。论打粮食,不知道他们共能打多少,光给我出租,每年就是六十石"。在这一叙述中,"地板"被有效地分解为两个概念:"荒山"和"好地"。"荒山"属于"老契",即使默认这一"老契"(原来的土地所有制关系)的合法性,"荒山"仍然只是一种自然状态,本身不可能成为"生活世界"的创造者,相反,只有经过老常他爷爷等几代人的劳动,这一"荒山"才可能转化为"好地",在这一意义上,"地板"(土地)恰恰是劳动创造的,或者说,已经包含了劳动的要素。因为这一劳动要素的存在,才可能涉及的是"自然"和"劳动"的辩论,这一辩论,突出了劳动的重要性,从而引申到"世界"(粮食)是谁创造的这一根本问题。

后来因为天灾人祸,佃户们到王老三那借不到粮,不是饿死就是逃荒走了,庄上没人了。"只有当王老三家'谷囤子麦囤子,一个个都见了底',王老三才可能真正认识到'粮食'是从哪里来的这一浅显道理。尤其是,当王老三被迫自己下地劳动时,才会真切地感受到劳动的艰辛,并进一步体验到劳动者和粮食(世界)之间的创造关系。这也是后来,当劳动成为'改造'的一种方式的时候,所来源的某些基本想法,即承认劳动者的主体性地位。"

对劳动的神圣化、对劳动者主体性地位的强调,并不仅仅用在妇女身上。譬如当时延安轰轰烈烈的"改造二流子"运动,这一运动不仅体现了生产劳动的重要性，并且宣扬劳动能改造人，是一种美德，更重要的是，这一运动赋予了以赵树理的作品《福贵》里的福贵为代表的这样一些因为地主和高利贷的压迫而失去了房屋和土地，从而变得懒散、迷恋赌博甚至盗窃的"二流子"们一种劳动的权利和人的尊严。因此，凭"将妇女解放建基于劳动之上"就断言革命对妇女的利用与欺骗，实则是没有在革命的理念脉络和历史实践中去体会和把握劳动的意义，更没在此中去理解劳动之于妇女解放之意涵。

算账与说理的公私二重性

恩格斯早在《家庭、私有制和国家的起源》中已指出："在包括许多夫妇和他们的子女的古代共产制家庭经济中，委托妇女料理的家务，正如由男子获得食物一样，都是一种公共的、为社会所必需的劳动。随着家长制家庭，尤其是随着一夫一妻制个体家庭的产生，情况就改变了。家务的料理失去了自己的公共的性质。它不再涉及社会了。它变成了一种私人的事务；妻子成为主要的家庭女仆，被排斥在社会生产之外。只有现代的大工业，才又给妇女——只是给无产阶级的妇女——开辟了一条参加社会生产的途径。但在这种情形之下，如果她们仍然履行自己对家庭中的私人事务的义务，那么她们仍然会被排除于公共的生产之外，而不能有什么收入了……在这方面，不论在工厂里，或是在一切劳动部门直到医务和律师界，妇女的地位都是这样的……妇女解放的第一个先决条件就是一切女性重新回到公共的劳动中去；而要达到这一点，又要求个体家庭不再成为社会的经济单位。"

我们从《传家宝》里算账可以看出，金桂拿下地干活和拉煤卖煤等主要劳动跟纺线织布和缝衣做鞋等"女人的活"做比较,得出将时间和劳力投入主要劳动更划算。不少研究者就以共产党鼓励妇女参加主要劳动指责其妇女政策:"将妇女作为主要劳动力,其实质是解放区政权与家庭争夺对妇女身体的使用权。"事实上,这种指责忽视了金桂算账的另一面:当金桂的劳动转移到主要劳动,固然已不再是李成娘所谓的"男人有男人的活,女人有女人的活",更重要的是,此时"女人的活"也不仅仅是"女人的活"了,本属于金桂的"女人的活"这一部分变成了消费,而当这消费需求要由其他妇女的劳动来提供和满足的时候,这些妇女原先的"女人的活"同样也不仅仅是"女人的活"了,她们纺线织布、缝衣做鞋提供给合作社、供销社,可以获得收入而不像以前仅仅只是满足家庭成员的需求,相同的劳动,但现在成为恩格斯所谓的公共的劳动。同时,家庭也不再只是小农经济下自给自足的独立小单位了(即便妇女是在家中完成提供给合作社的产品)。

诚然,鼓励妇女参加主要劳动的政策部分确实由于当时根据地被封锁从而陷入物资极度匮乏的严峻状态之中,但是不能否认,这一直以来也是中共妇女运动的核心问题,因为这是由共产党的性质及其政治理念所决定的。妇女的解放,如何从经济问题入手最后"发展成为争取妇女利益的全面的运动"?蔡畅曾以延安柳林区二乡的妇纺运动为例,生动地展现了这一过程:"柳林区二乡的妇女从事纺织,不仅实现了她们的多生产多积蓄,妇女及其家庭生活都过得好,而且在'婆姨汉一条心,沙土变黄金'的体验中,增进了家庭的和睦与全村的团结。男人打女人、邻舍相骂的事情,大大地减少了……男子因农忙,且不懂得棉花的好坏,如是终日处在家里的妇女们,也成群结队,翻山跑路,经常出入于合作社之门,'领花、交纱、换布',行动自由了！"

由于生产的需要，她们非常乐意加入纺织小组，加入合作社。她们认识到这类组织对她们有好处，她们真正拥护这类组织。由于生产的需要，她们也关心政治了。南区合作社的刘主任和劳动英雄，是她们所尊敬的，"二流子"是她们所痛恨的，都成为她们日常讨论的人物。陕甘宁边区政府的经济建设政策和奖励劳动英雄的意义，她们也懂得了。从生产的实践中也逐渐地向封建束缚反抗了，她们已经有了权力向虐待童养媳的做斗争，她们已经不满意三寸金莲，二乡的女娃娃已不缠足了。她们已开始萌芽"自己能记下、算清更好"的要求文化的思想，羡慕"认字有才学"的女人了。

我们可由此将中共的妇女解放思路及路线简要地概括为：首先，妇女必须从经济上翻身，进而提高在家庭中的地位，再因生产的需要，走出家门，扩大与社会的接触，然后也开始关心和了解各种政策，再通过对公共事务和政策的参与，逐渐获得与男性同等的政治地位和受教育权利……金桂的账本正是一个生动的力证——来往账目涉及合作社、互助组、村公所和部队等，结账涉及实物、冀南票、工分、米票等。这就决定了她不可能跟她的婆婆李成娘一样守着那三件传家宝过日子，也因此取代婆婆获得了家庭的领导权，当了家。在此，家庭这样的组织单位保存了下来，但是多年来的权力关系和伦理判断改变了。细究金桂的算账，她算的是私账，一个家庭的收入与支出，但在算账的过程中完成了说理，说的是公理。这有关算账的书写，同时也是说理的过程，并且是同时在公与私两个层面上展开。在算账的基本共识（即获利与否）没有改变的情况下，第一，改变了（乡村社会的）伦理判断：何为好女人、好媳妇应有的样子美德。第二，改变了家庭的权力结构关系：老一辈与新一辈、婆婆与媳妇。由此可见，维护家庭这样一种社会单位及其稳定,并不等同于就维护了封建的父权制结构。

对于家庭问题,《中国共产党中央委员会关于目前解放区农村妇女工作的决定》中有明确的叙述:"在生产过程中,应经过各种群众组织和会议,经常对全体农民进行男女平等的思想教育,批评封建思想和传统习俗,指出一切束缚妇女的封建习俗,均必须废除。对于要保持旧的封建习俗,经常欺压妇女的少数落后分子,必要时尚须适当地进行斗争。但是必须了解,这种斗争是属于农民内部的思想斗争,与反对封建地主的阶级斗争应有严格区别。而且这种斗争的目的,是为了更有效地教育全体农民,更有利于动员妇女参加生产及其他建设事业,建立真正民主和睦的家庭,并更加巩固和加强农民内部的团结。"

由此可清楚地看出,中共选择维持家庭的稳定和谐,除了因为家庭是符合小农经济状态下的组织单位外,主要是将农村中的男女平等问题视为农民的内部矛盾——因此,要巩固和加强农民内部的团结,就必须一方面维持家庭的稳定,另一方面促进男女的平等,简言之,"建立真正民主和睦的家庭"。

翻身与现代个人主义和启蒙主义的超克

正是在家庭问题上,常有研究者以《孟祥英翻身》的结局指责和质疑赵树理:"作为一位以政治宣传为己任的作家,赵树理不正好可以借孟祥英自主离婚来大肆宣扬根据地民主政权婚姻政策的开明与优越和妇女解放运动的更深入发展吗? 赵树理为何不这样做呢?"其结论是:"孟祥英是英雄,英雄都是完美的,所以,英雄怎么会离婚呢？这是当时农民在心理上无法全然接受的。与此同时，这也是'当时政治'难以接受的。孟祥英此时已贵为西峧口村妇女救国会主任，是'公家人'，自然需要注意'政治影响'，离婚无疑是有失一个妇救会主任的体统的……出于农民心理接受与'当时政治'的需要，赵树理没有让孟祥英以离婚的方式去赢得自己的翻身。"窃以为此种具有代表性的解读正是抹杀了赵树理作品最有意味之处——赵树理是以一种超越现代的个人主义和启蒙主义的眼光在考量妇女的翻身问题，然而我们现在又重新以现代的个人主义和启蒙主义的眼光批判之。

众所周知，日本学界对赵树理的评价有对立的两极：洲之内彻认为"赵树理证明了中国还缺少现代的个人主义"，"一方面想从封建制度下追求人的解放，同时另一方面又企图否定个人主义"。竹内好则相反，认为赵树理的作品超越了现代文学中人物与环境、个体与整体的对立这一局限性，同时又不同于人民文学，其新颖性在于："个体与整体既不对立，也不是整体中的一个部分，而是以个体就是整体这一形式出现。采取的是先选出来，再使其还原的这样一种两重性的手法。而且在这中间，经历了生活的时间，也就是经历了斗争。因此，虽称之为还原，但并不是回到固定的出发点上，而是回到比原来的基点更高的新的起点上去。作品的世界并不固定，而是以情节的展开为转移的。这样的文学观、人生观，不就是新颖的吗？"

贺桂梅在此基础上认为赵树理小说的结构，"摆脱了现代小说惯常使用的中心人物的成长故事"："他的小说人物的被动性因素，一方面表现的是某种'历史的真实'，即农民在中国革命历史中所处的位置和他们获得历史意识的方式；另一方面也可以说，他依照农民生存方式和精神结构的'现实'，拒绝或否定了那种以个人主义作为意识形态实践方式的人物主体想象。既然'个人主义'作为意识形态实践和主体构成方式遭到拒绝,因而,心理分析、自我分裂式的心理冲突、英雄化主人公都没有出现在赵树理的小说中。"

可以说,赵树理对《孟祥英翻身》结局的处理即与此有关,没让孟祥英离婚,是因为赵树理写作此作品的目的并不是要突出女性与家庭、个人与环境的矛盾冲突,他只是把孟祥英作为普通农村妇女中的一员,不将之特殊化,成为一部女性的个人成长史。这里涉及赵树理对翻身,尤其是妇女翻身的理解。《孟祥英翻身》不是一个单纯的媳妇受欺负的故事,在这个故事里,孟祥英的个人遭遇和情感体验(即现代个人主义和启蒙主义所谓的爱情以及建立在爱情之上的婚姻诉求)并不是作品作者所关注的。在这一问题上,赵树理突破了以往关于妇女翻身女性解放的两种既定模式:要么"在家中被压制",要么"走出家庭",成为农村版的娜拉,赵树理给孟祥英们、金桂们提供了第三条道路——妇女的翻身、主体性的获得,并非西方现代意义上原子式的自我,不是要离婚或离家出走才能成为现代女性,如果不改造社会及家庭的权力关系和伦理结构,离婚离开这个家,又能怎样呢?

在孟祥英和金桂的翻身中,她们并不需要打倒婆婆,赵树理也没把婆婆们定性为需要被打倒的斗争对象,倒是后来和今天的批评者们这样理解了。女性主义研究者认为,"妇女翻身运动从本质上来说,还是新旧阵营争夺对妇女劳动的命名、判断和解释的权力","赵树理的贡献是使关于妇女解放的官方意志和官方话语变成了减轻家庭负担和寻找'致富'的捷径"。这实则是一种观念先行的解读。这种工具论的观点首先从根本上否定了革命与妇女解放两者的关联性和一致性,其次抹杀了中国共产党的革命理念及其政治实践的特殊性。这一特殊性即上文所指出的劳动在中共革命及中国现当代文学中的重要意识形态内涵。

蔡翔指出,赵树理的作品突出了"'劳力'(劳动)的重要性,乃至神圣性,不可谓不是一种相当现代的表述,但是又远远超出了资产阶级现代性的叙事范畴,究其根本,仍然来自马克思主义的现代的革命理念","当'劳动'被这一现代革命的力量从传统中'征引'出……我们又必须承认'征引'所具有的强大的'解放'机制。正是在这样一种解放的过程中,'劳动者'(工农)不仅由此拥有了政治和经济的合法地位,更重要的,是可能获得一种'尊严'!"孟祥英的翻身,并不仅仅因为她是个公家人,金桂的翻身也不是因为有个公家人姐夫在当见证人,而是因为妇女重新回到了公共的劳动,因为劳动的神圣性,女性劳动者也拥有了政治和经济的合法地位,也有了尊严。孟祥英和金桂并不是特例,翻身不是因为她们的自我主体获得了转变,转变的是世界。孟祥英之前也是劳动能手,也能说理,甚至敢于在挨丈夫打的时候还手,但得到的只是更凶狠的虐待和毒打,自杀了几次也没死成;金桂原先"女人的活"也做得很好,李成娘"为了考试媳妇的针工,叫媳妇给她缝过一条裤子,她认为很满意,比她自己做得细致",但没有世界的转变,金桂也没法当家做主,更谈何自我和主体性。正如李国华所指出的,赵树理是"从'世界'的结构关系入手,而非孤立地看待农民个体……个体不是单独得救,而是在集体的成长中得救"。我们从金桂的算账中可以看出,金桂算的不仅是经济账,而且是自己的权力和尊严的合理性来源。

　　而这种翻身运动和尊严政治一直以来最为人所忽视而又最重要的是——它强调并赋予了妇女土地权!正如蔡翔所说:"当'劳动'的合法性被确立之后,接踵而来的问题,自然是劳动者的权力问题,这一权力天然地包含了产权的变更要求。"蔡畅在一次妇女工作会议上着重指出——农妇也是需要土地的,农妇也要翻身,农妇与农民"对土地改革要求是一样的!"她说道:"在斗争地主时,贫雇农妇女也有不少到场,即使有些农妇没有到场,没有参加会议,但不等于说农妇不需要土地,不要翻身,只是表现形式的差异,这差异是旧社会的束缚带来的,是社会性的,如果强调了差异而忽视了内部的联系,可能我们只看到一面。……农夫农妇同样是受地主压迫剥削的,在某种情况下农妇还更甚些……妇女需要土地,需要翻身是一样的……既然对土地改革要求是一样的,在我们发动农民时,就该有意识地注意发动妇女。农民运动包括了妇女,妇女运动是整个农民运动中的一部分……妇女工作若不摆在群众工作中去做,就做不好;假使把妇女抛开不管,作为例外,也就不是完全的群众工作了。"

阶级问题和阶级斗争本身就是从生产关系等经济方面来定义的,因而在中国共产党看来,妇女要真正解放,和无产阶级的解放一致,必须从经济上翻身,而这其中最重要的,自然是对生产资料的占有。因此,要使妇女在经济上翻身、切实保护妇女的利益,最首要的一步就是"与男子一样获得平等的经济权力与地位,在农村获得并保有同样的一份土地和财产!"在《中国共产党中央委员会关于目前解放区农村妇女工作的决定》中明确规定:"在以家庭为单位发土地证件时,须在土地证上注明男女均有同等的土地权,全家成员有民主处理财产之权,必要时,还可单独另发土地证给妇女。"

赋予和强调妇女的土地权对妇女解放运动来说,其意义是非常重大的,这比西方任何不触及所有权制度、不改变生产关系而在旧有的社会制度和关系上要求平等权利的女性主义要激进得多,也彻底得多。也因此,尽管中共所领导的妇女解放运动在今天受到中外女性主义者们诸多"后见之明"的批评,但是可以理解,因为这是一项创举,其实践过程必然充满了许多不完善和挫折。正如蔡畅在《中国共产党与中国妇女》一文中总结革命战争时期妇女运动的发展时所说：
"中国妇女运动的发展，并不是完全一帆风顺的，它和中国人民革命
的过程一样，也曾经产生过偏向，这些偏向的产生，是与中国共产党
内在整个革命路线上发生'左'右倾机会主义的摇摆密切联系着。"参
见中国共产党解放前有关妇女问题的相关文献，包括抗战时期、解放
战争时期以及土地革命时期，可以说几乎都有在同时强调这两个问
题："党应更进一步地纠正党内外残存的重男轻女的封建思想和把妇
女工作从整个工作中除外的取消思想，以及孤立突出地去做妇女工
作的偏向"，尤其是前者，"不应以为只要妇女参加生产，在社会上存
留的一些对于妇女的封建束缚，就会自然而然地消除，不必再去进行
什么工作了，这种自流主义，不注意妇女特殊利益的观点，也是错误
的"。

　　韩丁的《翻身》，在结尾处也讲到"最特殊的一个例子是女党员程
爱莲"。程爱莲之前一直遭前夫满仓殴打，妇女会的会员们也曾为此
殴打教训他，后来满仓因为其他原因死了，"给老婆留下了土地和其
他财产。她后来改嫁给一个无地的农民金水。金水报名参军赴前线
了，他娘就搬进程爱莲的住处。按照结婚时的约定，金水答应放弃对
土地和房屋的任何权利。他老婆生的第一个儿子须过继给她前夫满
仓，这个儿子将继承所有的财产。如果生第二个小孩，才算是活着的
男人金水的，但对土地和房屋没有任何权利""金水娘对儿子那样的
安排非常生气……她觉得无法同程爱莲在一起过活。这年轻妇女非
常任性，作为财产的所有者，完全凌驾在她这个新婆婆之上。""当这
件事提到代表大会时"——"代表们问蔡队长，按法律该怎么办。他
指出，根据边区惯例，丈夫死后土地确实要归妻子。作为合法的继承
人，她可以按照自己的愿望去处理这些地。但是代表们不能接受这

265

一点……他们认为这件事的实质在于媳妇对婆婆实行了一种闻所未闻的压制,压制的产生是因为媳妇拥有财产权"。最后:"代表们都认为金水太窝囊。为了从他的错误中挽救他,他们宣布死者满仓的财产属于村里,由村里分配给无地农民金水。这样一来,他娘对他老婆程爱莲就占了优势。程爱莲把这个决定看作是一场大灾难。"

工作队不同意代表们这样处理,可是也没有办法进行干预。只有进行长期教育,才能改变张庄干部对妇女权利的态度,而这无疑将是一个长期的过程。

程爱莲的故事,表面上是婆媳矛盾,实际仍是因为触及了传统的父权制。代表们允许婆婆对媳妇"占优势",却不允许媳妇凌驾于婆婆之上。婆婆并不是要媳妇改正缺点、端正态度,而是要扭转彼此之间的权力关系,而这种权力关系的扭转,只有通过将财产从媳妇名下转至儿子名下,婆婆才能依附传统的父权制,从而实施她对媳妇的权力。

正是鉴于此,蔡畅强调妇女需要土地,农妇与农民"对土地改革要求是一样的"。邓颖超也在《土地改革与妇女工作的新任务》中特别指出:"同时在农民与妇女群众中更广泛地宣传和解释土地法大纲,并切实贯彻这个大纲,真正做到妇女与男子一样分得土地,并保有所有权。在分配浮财时,要注意男女及家庭之间的不同需要,使妇女从喜爱浮财提高到对土地的兴趣,从个人的要求出发,提高到对整个阶级利益的认识……"

20世纪的中国革命中有关妇女翻身解放的理念与实践,不能因其突出并强调经济问题,便断定其妇女政策只是为了在战争期间整合和利用妇女劳动力而已,从而加以否定和拒绝。农村的妇女在以往漫长的非战争时期也是一直参与农村和家庭的生产与劳动的。事实上,赋予并强调妇女的土地权这样的理念和举措,与今天中国改革开放后农村的情况形成了鲜明的比照,所以说它仍是我们现今可供借鉴的思想资源以及宝贵的传统。

文学与现实的指涉意义

据统计,当前我国的农村妇女属于高自杀率群体,"我国女性已成为世界上自杀率最高的群体,其自杀人数占世界女性自杀总人数的56%,自杀率是男性的3倍……而这些自杀的中国女性中,绝大多数是农村妇女……我国平均每年自杀死亡人数是32.46万人,农村则是30.3万人,而农村女性自杀死亡人数是17.32万人,农村女性自杀死亡人数是城市女性的3至4倍,是农村男性的1倍多,农村女性的自杀死亡人数居中国自杀人数首位"——而对此,"仅从我国农村妇女自身主体性因素或传统社会文化因素的角度对我国农村妇女高自杀率进行解释,难以揭示我国农村妇女高自杀率背后的深层社会原因",深究其因,有研究者总结道:"我国农村妇女群体自身素质的普遍低下和不觉醒,主要是因为这一群体受教育权利和机会在事实上的缺失和不平等。同样,一个群体的生存基础主要取决于这一群体的财产权,尤其是土地获得权是否得到保障。以土地承包权为首要内容的财产权在事实上的缺失和不平等,是我国农村妇女地位低下、受歧视,遇到困难和不测时,缺乏退路,乃至走投无路而不得不自杀的物质根源。因此,受教育权利和机会,以及以土地承包权为首要内容的财产权在事实上的缺失和不平等,是我国农村妇女群体高自杀率的主、客观原因。"

近几年,很多研究农村经济问题、法律问题和妇女问题的专家学者都已指出自20世纪90年代以来因为无地或失地给农村妇女带来的巨大影响。"全国妇联就妇女状况问题进行的调查显示,在无地的人群中,妇女占了70%,而在这70%的妇女中,有20%的妇女从未得到过土地,43.8%的妇女在结婚时失去了土地,7%的妇女在离婚时失去了土地,而57%的妇女在土地重新调整时丧失了土地。"研究表明,土地权对农村妇女之所以重要,是因为农村妇女对土地的依附性其实更大,而"在市场经济发展的今天,男性外出打工,女性在家务农,但她们经营的却是丈夫的土地,用着男人打工挣的钱,无疑成了社会的边缘人",一旦离婚,其权益和生存就更得不到保障。战时的情况与目前有点类似,那就是——农村妇女已成为农业劳动的主力军,但她们基本处于无地状态,而"土地权是关系到农村妇女权益的根本问题,与农村妇女在村庄的身份、资格确认高度相关,既影响妇女的经济利益,也影响妇女参加村委会选举、村庄决策等政治、社会权利。无地将导致那些妇女(包括其子女)被排斥在选举、决策、管理、监督之外,没有机会改变对自己不利的村庄规则……"

比照现实,再重新阅读赵树理等作家的相关作品,会发现那些借《传家宝》来指摘建基于"劳动"之上的妇女解放及其限度的批评是何其谬误:"在账本面前,李成娘的劣势显而易见,首先,她是不认字的,与能写会算的金桂相比,她显出了因缺少'知识'而匮乏与外界打交道的能力。如果说对'知识'的倚重以及通过'知识'进行社会分层正是'现代'的一种标志的话,那么,金桂借以挫败婆婆的重要武器其实是建立在对现代性而不是革命的资源的借用上……"

从前文的分析已可明显地看出改革开放后随着现代化的进展,现代性并没有自然而然地解决农村妇女的困境,某种程度上说甚至是相反。我们从金桂的算账中可以看出,革命时期有关妇女翻身的议题是放在对整个生产关系的调整之中的,这是一种更深层次的革命和变革,通过政治经济层面的革命而达到伦理秩序层面的变革。

这与《小二黑结婚》所反映的问题还有所不同,婚姻自由可以通过基层组织和法令(尤其是婚姻法)来解决,但家庭和乡村的伦理秩序(何谓好女人好媳妇、婆媳关系、谁当家做主)是没法直接通过基层组织和法令来解决的。我们不应以现代个人主义和女性主义去否定和拒绝革命时期的妇女政策与思路,恰恰相反,它是可供我们反思现代个人主义和女性主义语境下的妇女解放问题的宝贵资源和传统。正如有学者指出,关于私有制与父权制之关系,恩格斯在《家庭、私有制和国家的起源》中已经给我们提供了有重要意义的启发,但是"国内对《起源》的关注明显分流。关心政治、法律的人注意力集中在有关私有制、国家问题的论述上,以此作为立论依据。而关心爱情、婚姻的人则看重家庭部分的论述,从中获得理论支持。有意思的是,这两类论述各说各的,基本不相干,好像它们不是出自同一个理论源头。这也许不是恩格斯的原意"。而赵树理有关算账的书写、金桂所算的账,不正是这两者结合的一个生动例子吗?金桂和孟祥英作为文学作品中的人物形象,她们身上所具有的丰富性和争议性,正体现了(妇女)翻身作为一种革命理念和实践,是能动的而非静止的。韩丁曾指出:"农村在什么是翻身的正确道路的问题上,所产生的种种混乱现象,归根结底是这两种对立观点的斗争:一种是静止的,另一种是能动的。第一种是唯心主义的,要求在不变化的世界中抽象的公平。第二种是历史唯物主义的,要求的公平是根据人类生活的具体条件,是一种随条件变化而变化的公平。第一种是机械的,着眼于分掉现有的财产和现有的生产资料。第二种是辩证的,着眼于解放旧的生产力和为将来创造崭新的生产力。"

金桂和孟祥英所体现的正是韩丁所谓翻身的实质:"通过这样的过程,她们把自己从自然和社会力量的被动的受害者,转变为一个新世界的积极的建设者!"而在当前新的历史条件下,中国农村妇女所面临的新问题,或者说面对某些问题的卷土重来,赵树理关于算账的书写及其背后所体现的翻身的性别政治,并由此所涉及的革命时期的妇女政策及其举措就更值得我们反思和借鉴了。

　　(本文为2019年第五届赵树理学术研讨会论文,作者系中山大学中文系副教授、中国赵树理研究会理事)

《"锻炼锻炼"》与小说的文类学

朱　康

赵树理的短篇小说

山西文联主办的《火花》杂志,其1958年8月号的《编者的话》,以补白的方式编排在第91页,却带着封面或封底文字才有的位置感向"亲爱的读者们"宣布:"当你打开这一期的第一页的时候,它首先会给你带来一种新的喜悦,我国著名作家赵树理同志,在本刊上发表了他的小说:《'锻炼锻炼'》。赵树理同志现在我省长治专区的农村里生活,并着手整理写作长篇,这篇小说就是在这样百忙之中挤时间写出来的。"

在这里,赵树理的小说《"锻炼锻炼"》被设定为读者"新的喜悦"的来源,其理由却既不在它的故事,也不在它的叙述,而仅仅在它的"发表"——一个通过编者的参与才能完成的行为。因此,这份"喜悦",与其说是编者对读者阅读效果的预期,不如说是他们借助想象中的读者角色对自身编辑成果的肯定。紧随其后的表述,更是绕开了读者的位置而完全投入编者视角,隐约呈现着他们如何介入并在最后时刻见证了一篇小说在"挤"出的"时间"里的诞生。在赵树理对写作模式的区分中,《"锻炼锻炼"》属于"半自动"的类型,亦即写作的动力首先来自《火花》的约稿,然后才是个人的意愿。在约稿之初,

271

《火花》就已计划发表在8月号,赵树理也答应在6月——他离开北京回到太原的月份——交稿以便在7月编印。当直到7月上旬赵树理仍未能如约且已从太原去了长治时,《火花》主编西戎就委派副主编韩文洲前往催稿。在长治,韩文洲目睹赵树理正在"着手整理写作长篇"——《灵泉洞》,但他以坐等的姿态换得了赵树理在长篇上的暂且中断,从而见证了同时也保证了"两天以后"——1958年7月14日——这篇"短篇小说新作完稿"。《火花》的编者不仅催促赵树理在两天之内撰写了一篇1.4万多字的小说,他们自身也在6天之内就完成了送稿、编辑、校对、排版的程序,从而使8月号得以在7月20日定版。他们为何如此急切?

《编者的话》的"我国著名作家"一语表明,他们所急切的并不是《"锻炼锻炼"》自身,而是作者赵树理的名字;"小说"与"长篇"的交替出现则暗示,他们所急切的也不是这一名字的符号效应,而是急切于将它引入一种文类学:一种与"长篇"对立的"小说"——即短篇小说的文类学。短篇小说,这是一个自晚清开始舶来(如1905年8月20日创办的《北京女报》辟有短篇小说的专栏)而在五四时期得到具体规定的概念。胡适1918年5月15日在《新青年》第4卷第5号发表的《论短篇小说》一文,以"西方的'短篇小说'(英文叫作 shortstory)"为范型将这一文类界定为"用最经济的手段"写成的文章,"代表世界文学最近的趋向"的"最经济的体裁",因为"世界的生活竞争一天忙似一天,时间越宝贵了,文学也不能不讲究'经济'"。在这里,短篇小说既是文学的,又是经济的;既是西方的,又是普遍的。对短篇小说的接受因此就成了五四时期的中国在世界生活竞争与世界文学趋向中的一项自我要求。

《火花》接续并回应着这一五四的自我要求。自1956年10月创刊开始,它就呼吁通过"鲁迅的短篇小说"学习"那种精练和确切的本领";1957年3月以后,它借助对诗歌问题的讨论梳理"五四运动以来新文艺中各种形式取得的成就",1959年9月,在"认真学习'五四'文学遗产"这一口号之下它首先确认的是小说的成绩"更为巨大"。沿着这一进程,"短篇小说"成为《火花》至关重要的词语。1957年1月,《火花》在《编者杂谈》里"要求广大作者投寄我们作品时要短些,再短些,千万不要把应该而且能够写成短篇的,竟写成中篇";1958年1月,它推出了包括马烽《三年早知道》、(李)束为《好人田木瓜》等作品在内的短篇小说专号。1958年4月26日,《人民日报》发表社论《要创作更多短小的文艺作品》,以一种与五四对短篇小说的提倡相似的时间逻辑指出,"群众生产建设的劲头那么大,形势的发展那么快,群众对文化的要求那么迫切,热心于为群众服务的作家就不能够慢吞吞地来写"。随后,中国作协主办的《文艺报》将《火花》树为典型,确认它是"短篇小说的园地",委派副主编陈笑雨于5月27日在太原与《火花》编辑部就"《火花》上的短篇小说"举办专门的座谈会;又以这次座谈为中心,于6月11日在其第11期(它常常被奇怪地误认为11月号)上组织了一个《山西文艺特辑》,展示"山西文艺工作者和文学刊物密切联系群众的精神"。针对这一特辑,6月13日的《人民日报》发布了以《永远和人民在一起》为题的新闻,7月号的《火花》编写了以《〈文艺报〉出刊〈山西文艺特辑〉》为名的简讯,后者特别指出这一特辑共14篇文章——"其中有作品评论文章七篇,对赵树理的短篇小说、马烽的《三年早知道》、西戎的《姑娘的秘密》、束为的《老长工》、孙谦的《伤疤的故事》以及《长院奶奶》《变》《蓝帕记》等短篇小说的人物塑造、语言、风格的特点,均作了比较详细的分析与评论,这些文章,对于初学写作的青年作者,以及广大读者理解这些短篇小说,很有帮助"。

这一表述充分体现了《火花》编者的执念，"短篇小说"一词在一句之中3次重复，且涉及赵树理的一次还隐含着严重的误读。特辑中以赵树理为对象的论文是时任《文艺报》编委会委员的巴人的《略谈赵树理同志的创作》，如其题目所示，该文探讨的是赵树理的整体创作，它没有使用"短篇小说"的术语，连"小说"也只出现了一次——还是"旧小说"。巴人没有做文类的区分，他将赵树理的所有创作成果均名之为"作品"，即便为这"作品"强行加上"短篇小说""长篇小说"的标签，他的重点也是在长篇，因为他着墨更多的是赵树理在《人民文学》1955年1—4期连载的《三里湾》。

《火花》对巴人文章的误读，揭示了在此之前赵树理短篇小说在《火花》中的缺场。自《火花》创刊以来（甚至自1950年5月它的前身《山西文艺》创刊以来）至1958年7月，赵树理未在该刊发表过任何作品，在整个山西的所有出版物上也只发表过3篇文字，且谈的是非文学的主题。其实严格说来，他都不算是山西文艺工作者。如果根据时任山西文联主任李束为的说法，将文艺工作者区分为创作干部与作家/创作者两种身份，那么在此期间，作为前者，赵树理属于北京：他正担任北京文联副主席；作为后者，赵树理属于全国：他的书写成果主要登载于作为全国性刊物的《说说唱唱》《人民文学》与《文艺报》。

全国性作家与地方性的山西创作者——这正是《文艺报》在《山西文艺特辑》中建构的功能化的区分。在巴人的论述中，赵树理作为前者，作为"我国当代的杰出作家之一"，不仅以其作品"直接鼓舞了工农劳动群众"，还以其写作方式代表着"每个作家应该努力的方向"："生活和生产的斗争产生了文学作品，文学作品转过来又推动了生活和生产的斗争。"与之相比,作为《火花》上的短篇小说作者的这些山西创作者,或用陈笑雨的更为复杂的说法,"山西的专业的或业余的作家",则因为大多是从"小学或者初中的文化程度"这样的起点上进入的文学,他们的作品在"劳动人民中间生根"的同时,"给予千万文化较低、受教育较少的人以信心和力量:成为一个人民的专业或业余作家,写下最新最美的诗篇,人人有份,人人有可能,人人都在这方面有着广阔的前途"。每个作家与"千万文化较低、受教育较少的人"——这是普通读者(劳动群众)之外的两类特定的受众,他们在文化程度与教育状况上的区分,在巴人与陈笑雨的措辞中,暗示着赵树理与山西创作者在写作能级上的不同。对于《文艺报》来说,虽然最初是《火花》上的短篇小说触发了它对于《山西文艺特辑》的筹划,但为了使这一特辑真正具有示范性意义,它必须在《火花》上的短篇小说之上召入赵树理的创作。

或许正是《文艺报》对"赵树理的创作"的态度,使《火花》的一个要求变得更为急切:它需要在自身的短篇小说之中召入"赵树理的短篇小说"。

自成特色的文体或体裁

根据李束为的说法,"赵树理是我们山西创作者的模范",但《火花》在创刊之后的一年半时间里并未邀请或邀请到赵树理用其作品来引导创作者。1958年3月8日,在为响应中国作协"作家们! 跃进,大跃进"的号召而举行的首都文学界座谈会上,赵树理作为首都作家宣布计划写作3部《续李有才板话》,第一部一个月左右完成,但很快这一计划就发生了改变,在本月所写的《我们要在思想上跃进》

一文中，他又宣布"月内或者多一点，要写一个能说的书，发表在《曲艺》月刊上"。到了4月27日，刚在本月上旬改为半月刊的《读书》第5期登载了一篇署名"晓流"的对赵树理的专访，将这个"能说的书"明确为"让唱评书的人念着书就能当词儿唱出来"的"长篇小说'灵泉洞'"，但只是刚"写了五章"；赵树理3月的写作计划不得不再次调整，这次赵树理"估计5月间可以最后完稿"。《人民日报》的社论《要创作更多短小的文艺作品》就在这期《读书》的前一日发表，赵树理与《火花》的编者应该都读到了这一号召："目前，更多需要的是迅速写出能够及时满足群众需要的更多短小形式的作品，小作品写得好一样可以成为杰作。"或许就是在这一时刻，《火花》的编者向赵树理发出了短篇小说的约请，而赵树理答应将交稿的时间确定在6月，即在《灵泉洞》"可以最后完稿"之后。到了7月上旬《灵泉洞》还处在整理写作的状态，《火花》只能让赵树理"暂且打'灵泉洞'中钻出来，先还债"。因为6月的《文艺报》为山西文艺所构造的"赵树理+《火花》"的拼图正在发挥着巨大的宣传效应（坊间流传起山西派的称谓），对于《火花》来说，当然最好是将这一效应迅速回收在自身的构造之中（就像同时有《火花》派作为与山西派等价的命名）。《火花》1958年7月号中的简讯因此就有了一个以言行事的效果：它说要有赵树理的短篇小说，于是8月号就有了赵树理的短篇小说。

但赵树理并未将《"锻炼锻炼"》称为短篇小说，甚至除了《登记》，他几乎从不曾将其作品划入这一文类。《登记》之所以成了例外，也仅是因为它被罗果夫选入了俄文版中国短篇小说集《解放了的中国》。在应邀为该集所作的序（一篇已不见中文原文的序）《致苏联读者》中，赵树理只能将它归入编者在俄文里为它指定的文类。但这只是临时的行为，当1959年编选《建国十年文学创作选：曲艺》，他就把它划归在评书之中。这并非事后的追认，因为《登记》有一个反身自指的表达：它的叙述人是向"听书的朋友们"发出请求——"今天让我来说个新故事"。赵树理一直谨慎对待，甚至有意疏远"短篇小说""长篇小说"这些西方文类学术语，自1943年9月出版《小二黑结婚》时为它标明通俗故事起，他就在对本民族"自成特色的文体或体裁"的承继中确立了具有"民族形式的特色"的"小说的体裁与风格"，或者说他建构了自己的小说文类学。这一文类学是对五四文类学的超越。在赵树理看来，20世纪50年代的中国文艺保持着两个传统——五四新文艺传统与未被新文艺界承认的民间传统，它们表现为两个文类的序列：新文艺传统支配下的小说、诗歌、散文、戏剧，民间传统支配之下的鼓词、快板、童谣、故事，或快板、评书、故事、小说以及地方戏曲。赵树理强调人民大众在文艺上的民主权利，由此，他的文类选择的第一个原则是：立足民间传统，"那一种形式为群众所欢迎并能被接受，我们就采用那种形式。我们在政治上提高以后，再辅以创造出新的形式，使每一主题都反映现实，教育群众"。

在赵树理的文类学中，评书占据着特殊的位置。在1946年1月出版的将自身标识为通俗小说的《李家庄的变迁》中，当主人公铁锁向他人讲述小说已经为他叙述过的往事时，赵树理给他准备的姿态是"跟说评书一样，枝枝叶叶说了个详细"；在巴人以为"在作者的笔下，出现了新的萌芽，新的力量"的《三里湾》中，赵树理自称大量采用的是"中国评书中的技术"。在1958年3月的《我们要在思想上跃进》一文中，赵树理表述："评书是地地道道的小说。我还掌握不了评书，但我一开始写小说就是要它成为能说的，这个主意我至今不变，如果我能在艺术上有所进步，能进步到评书的程度就不错。"

在这里，赵树理表明，他所有的小说都是"能说的"小说，而评书是"能说的"小说中的最高形式。赵树理是在这一文类意识主导之下进入《灵泉洞》的写作的,所以当上部完成并于1958年8月在《曲艺》月刊开始连载时,他以编者按的方式确认:"《灵泉洞》是一部长篇评书。"

《"锻炼锻炼"》与《灵泉洞》(上部)1—3章同月发表,且韩文洲在催稿时与赵树理讨论过后者,但赵树理为后者所核发的文类名称"长篇评书",在《火花》为前者所撰《编者的话》里被提及时只剩下暧昧的"长篇"。赵树理与《火花》对文类学的理解显然存在差异。《火花》保持着五四或者说西方的文类学知识,为将《"锻炼锻炼"》归类于短篇小说,在《灵泉洞》上对应地安置了一个长篇小说的疑似缩略语。那么在赵树理那里,当《灵泉洞》被定性为长篇评书时,《"锻炼锻炼"》应被标识为短篇评书吗?

赵树理与陶钝在1959年7月合撰的《〈建国十年文学创作选:曲艺〉序言》里,曾借在《曲艺》1958年10月号上的《小技术员大战神仙手》(同号载有《灵泉洞》9—11章)说明过短篇评书的特征:"有故事,有人物,有对立的双方,矛盾展开后,斗争按着规律发展下去。不轻易放过重要情节,抓住重要的节骨眼就有声有色地写,所以使读者和听众发生兴趣。"这段话虽描述了短篇评书具有的情状,却并没有就此确立这一文类的独特性:把这段话作为对长篇评书的描述,或者删除了"和听众"以后把它作为对小说的描述,它依然成立。其实对于赵树理来说,短篇评书与长篇评书之间是量的而非质的不同,而评书与小说之间是从属而非并列关系,因此最重要的是在小说之下区分评书与五四新文学式小说之间的差别。1963年11月,在出席中国作协山西分会第一次会员代表大会时,赵树理在一个最明显的文本位置上确认了这一差别的一个部分:"说评书的人的故事,开头比我们有办法。如我们的小说开头：'支部书记从城里开会回来,碰见老王来找他。'这是不行的,究竟是哪个支部书记？ 老王是谁?'西江月'本来应概括全书内容,引起听众兴趣。开头的交代不宜过长。要用种种办法使听众非听下去不可。"

五四新文学式的小说可以直接从故事开始,而说评书的人的故事却必须先给故事的元素一个具有确定性的交代,甚或还可先给一段具有概括力的定场诗词(西江月是定场词中的一个常用的词牌)。赵树理对说评书人的这一观察,也是说评书的人给他的评价。把《灵泉洞》搬到书场的评书艺人陈荫荣,在1959年4月撰文称赞:"'评书好说头难起',一上场必须铺平垫稳,交代清楚,首先叙出枝儿来,中段再生叶子,以后就开花,结尾就结了果。《灵泉洞》正是枝搭叶,叶搭枝,一环扣一环地叙述发展的。"

这样一部作为长篇评书的《灵泉洞》构成了《"锻炼锻炼"》的具体语境,后者写作于前者的写作间隙,它们共同分享着要小说"成为能说的"这一主意。可是,当赵树理在被催稿时声称"暂且走出'灵泉洞'"的时候,他到底走出了多远的距离？

说他作快板的话

那就从评书以为难起的头开始。同《灵泉洞》相比,《"锻炼锻炼"》的开头没有那种"故事前边的交代",而且用的不是"无平仄辙韵的限制"的散文的言说方式:"'争先'农业社,地多劳力少,动员女劳力,作得不够好……"在这样五言一句,两句一行,共18行的韵文结束以后,小说才进入散文的表达:"这是一九五七年秋末'争先'农业社整风时候出的一张大字报。在一个吃午饭的时间,大家正端着碗到社办公室门外的墙上看大字报,杨小四就趁这个热闹时候把自己写的这张快板大字报贴出来,引得大家丢下别的不看,先抢着来看他这一张,看着看着就轰隆轰隆笑起来。"

在这里,开头的韵文得到了清晰的命名——"快板大字报":载体上属于"大字报",文类上属于"快板"。《〈建国十年文学创作选:曲艺〉序言》把快板及快书、鼓曲都列入唱的唱词,把评书及相声列入说的散文,而又有"散韵结合,有说有唱的作品",根据说与唱的比例分列到其他类别之中。按照此书的文类框架,《"锻炼锻炼"》正属"散韵结合,有说有唱的作品",其中韵文("快板大字报")两则计33行、66句,依据其与全文篇幅的比例关系,应划入评书之中。然而评书的韵文(定场诗、收场诗等)都是古典化的诗词与骈句,且与散文化说的部分一样都采用说书人的视角,不会采用快板的韵律与表达,且不会转入被叙述人物的口吻。再者说来,评书只演不唱,而快板总是自带着演唱的节拍,在《"锻炼锻炼"》中,当争先农业社副主任杨小四把大字报贴出来之后,就有社员张太和主动要求"给大家从头念一遍":"张太和说快板是很有工夫的,他用手打起拍子有时候还带着表演,跟流水一样马上把这段快板说了一遍,只说得人人鼓掌、个个叫好。"因此,赵树理"钻出'灵泉洞'",不仅钻出了《灵泉洞》所讲述的故事,还钻出了它所依凭的评书。也因此,他的钻出其实是一次返回,回到《灵泉洞》所取代的那个从未实施的计划中的小说——《续李有才板话》,也回到这一续作的前身——《李有才板话》,回到板话这一"板"(韵、唱)与"话"(散、说)的结合。

1943—1946年,赵树理3部具有代表性作品的写作同时也是3次具有示范性的文类实践。《小二黑结婚》在封面将自身标识为通俗故事,《李家庄的变迁》在作品内部通过主人公的讲述将自身引向了评书，而在故事与评书之间，1943年12月出版的《李有才板话》，则将自身所属的文类名称直接写入了标题之中。"板话"是赵树理自造的词语，因此《李有才板话》才在第一章来追溯"书名的来历"。在介绍了李有才作为阎家山贫苦农民的身份，展示了其随时根据"发生件什么事，有个什么特别人"即兴创作快板的本领后，这一章来到了其结论性的部分，来到了抗战以来的许多变化——"李有才也就跟着这些变化作了些新快板，还因为作快板遭过难。我想把这些变化谈一谈，把他在这些变化中作的快板也抄他几段，给大家看看解个闷，结果就写成这本小书"。

"作诗的人，叫'诗人'，说作诗的话，叫'诗话'。李有才作出来的歌，不是'诗'，明明叫作'快板'，因此不能算'诗人'，只能算'板人'。这本小书既然是说他作快板的话，所以叫作《李有才板话》。"

《李有才板话》是板话文类的第一个作品，它以其自身的构成代表着板话这一文类本身。黄韦在《胶东文艺》第5期（1947年11月下旬出刊）上发表的《关于板话》一文就带着充分的文类意识，将板话确定为"从李有才和农民的快板里发展而来的一个新的艺术形式"，只是这个板话指的还是"可以演唱的翻身农民的斗争诗歌"。

《李有才板话》中的快板绝大多数都依赖于口头传诵，但在第九章《斗争大胜利》中，它从口头转入了文字。这是在村西头的恶霸阎恒元通过村干部张得贵鼓动与威胁村民退出反压迫组织农救会的时候，李有才编写了快板在村子里到处张贴，"连老恒元门上也贴了几张"——

　　第二天早上，满街都有人在墙上念歌：
　　工作员，换不换，

农救会, 永不散,

只要你恒元不说理,

几时也要跟你干!

这样才算把得贵的谣言压住。

在这里, 快板跨越了共同体的界限(阎家山贫困的东头和富裕的西头的界限)而变成了直接斗争并取得胜利的武器(贫苦农民的誓言战胜了土豪恶霸的谣言)。这显然是一张快板大字报, 只是它还没有取得这样的称谓, 因为连第一张得到命名的大字报也要到1957年5月17日才会产生。毛泽东在1957年6月6日的《中央关于加紧进行整风的指示》中把大字报回溯与建构为"延安整风时期的传统", 因此在这一时期(1941年5月—1945年4月)内出版的《李有才板话》, 当"在墙上念歌"这一情节之前的一个段落里区长说阎家山所存在的问题"在事实上整了我们一次风", 这首墙上的歌也就在事实上开了《"锻炼锻炼"》里所出快板大字报的先声。在这一意义上,《"锻炼锻炼"》正是"续李有才板话", 它的两个"快板大字报"的作者杨小四与高秀兰正是李有才的后学或转生。在赵树理即将进入《"锻炼锻炼"》之前, 1958年5月《人民文学》刊登了以写快板闻名、后曾被赵树理以"助业作家"相称的毕革飞的论文《漫谈快板》:"赵树理同志的'李有才板话'……不论在思想上或艺术上在工农兵群众中都起到了极其良好的影响。在它的影响下数不清又出现了多少'李有才', 也数不清用'李有才'这个教员培养提高了多少个生活中的'李有才'。"

这样说来, 杨小四与高秀兰就是李有才所培养的生活中的李有才。只是, 李有才是依靠自己的"特别本领"找到一种能够应对并介入变化的表达形式, 杨小四与高秀兰是被变化自身召唤入一种先于他们表达而存在的形式之中——其实即使没有李有才的前导,他们也可能张贴快板大字报:因为他们所面对的变化是整风。

1957年4月27日,中共中央发布《关于整风运动的指示》,宣布在全党发动"反官僚主义、反宗派主义、反主观主义的整风运动";8月10日,发布《关于向全体农村人口进行一次大规模的社会主义教育的指示》,号召农民群众和乡社干部开展以社会主义自我教育为主旨的农村整风;9月14日,又发布专门针对农业生产合作社的指示,要求"继续进行一系列的整顿工作",其中首要的是"整顿干部作风"。在1957年10月9日闭幕的中共八届三中全会上,毛泽东指出整风创造了包括大字报在内的四种"最革命最生动最民主的群众斗争形式"。再回溯到6月6日的《中央关于加紧进行整风的指示》,毛泽东为当时刚得到命名不足一个月的大字报总结了三点作用,而由于"指示"这一体制与词语的巨大效应,这三点毋宁说就从总结变成了对大字报写作的规定:"一可以揭露官僚主义等错误观点,二可以暴露一部分有反动思想和错误思想的人的面貌,三可以锻炼党团员及中间派群众(他们应当在大字报上批评错误思想和反动思想)……"

显然正是基于这一语境和这一指示,赵树理才会在《"锻炼锻炼"》中让杨小四在"一九五七年秋末"贴出大字报,并让村支书王镇海"认真地说:'大字报是毛主席叫贴的'"。而根据《光明日报》1957年5月26日的报道,大字报一诞生就有诗、词、新乐府,甚至章回小说等多种多样的形式。随后,快板就被纳入大字报自身的文类分类之中,如在1957年10月22日召开的上海市工商界整风运动报告大会上,中国民主建国会副主任胡子昂就谈到"群众对大字报创造多种多样形式,有漫画,有快板,有专栏,有相互批评,也有自我批评"。《人民日报》于1958年2月2日发表社论指出，"我们国家正面临一个全国大跃进的新形势……文教卫生事业也要大跃进"，中国作协于3月初号召开展文学"大跃进"以后，时任上海文艺出版社总编辑的天鹰于3月26日撰文说出现了"民间文学和大字报相结合"的新风。这便产生了大字报快板与大字报快板诗的称谓：柯蓝在《人民文学》1958年5月号上的新闻特写《听错了耳朵》中，开篇就请读者"先看一篇自编自写的大字报快板诗"；李准则在《长江文艺》1958年7月号上的新闻特写《遍插红旗遍地开花》中写到，在河南登封"快板成了群众语言"，当有农民出现不良现象，群众就给他写个大字报快板。就在这同一个7月，赵树理只是颠倒了一下大字报快板，于是就有了《"锻炼锻炼"》中的两张快板大字报。

这两张快板大字报当然是也必须是对毛泽东关于大字报的三点规定的执行。尤其是第三点，它与《"锻炼锻炼"》的标题有共同的用词，更是将这篇小说固持在了它所指示的方向之中。只是，指示的这三点之间有一种承接关系：揭露是大字报的首要功能，但基于反动和错误思想的大字报使揭露变成了自我暴露，用大字报对暴露出的思想进行再揭露，将巩固革命和正确的立场，因而有"锻炼"的作用。而《"锻炼锻炼"》在叙述中对它们进行了重新组织：第二点中的自我暴露被置换为对他人的暴露，第一、二点之间的承接被转化为并列，而两张快板大字报与并列关系的第一、二点呈现为交错对应的状态。小说中先出现的是与第二点相对应的杨小四的大字报，它暴露的是争先农业社两个具有"自私自利的思想"的社员小腿疼与吃不饱的面貌："她们一上地，定是工分巧，做完便宜活，老病就犯了……"然后才是与第二点对应的高秀兰的大字报，它揭露的是中农出身的争先农业社主任王聚海的主观主义与"和事不表理"的工作之道："争先"社,难争先,因为主任太主观……只求说个八面圆,谁是谁非不评断……其实这两张大字报与毛泽东给大字报规定的第一、二点原本是依次对应关系,因为与杨小四大字报出在"整风时候"不同,高秀兰的大字报贴在"这次整风开始"。这使《"锻炼锻炼"》呈现出了与原有的《火花》上的短篇小说不同的一种形态:根据《文艺报》的《山西文艺特辑》总结,"《火花》上的好小说,一般的特点是按照事件发生和发展的先后次序,从容不迫、有条有理地展开"。赵树理的叙述没有遵循故事发生的时间次序,也正因此,他颠倒了大字报的政治含义的逻辑次序:对有"错误思想的人的面貌"的暴露处于优先的位置。所以后来在1959年6月号的《火花》上,虽然赵树理自陈《"锻炼锻炼"》的主旨是在"批评中农干部中的和事佬思想":"中农当了领导干部,不解决他们这种是非不明的思想问题,就会对有落后思想的人进行庇护,对新生力量进行压制。"但在小说里,中农干部的"是非不明的思想问题"并没有解决,反倒是自私自利、落后思想先得到了处理。在杨小四主持的社员大会上,小腿疼与吃不饱"坦白得很彻底",而王聚海这个中农干部还没有任何反省的表示,在村支书王镇海作为党的代言人给予他的忠告中,整个故事便戛然而止:"要不是你的认识给她们撑了腰,她们早就不敢那么猖狂了! 所以我说你还是得'锻炼锻炼'!"

《"锻炼锻炼"》小说的结尾回到小说的标题。由此,在板话的"板"所发挥的暴露与揭露的作用之外,板话的"话",乃至整个板话本身,就变成了"锻炼"这一功能运行的场所,在那里甚至发生着对"锻炼"一词的语义学争夺。"锻炼"原本是王聚海常用的词语,意味着从不成熟到成熟,从年轻人到老资格的一条漫长的道路。在他那里,杨小四"还得好好锻炼几年",高秀兰开始"连锻炼也没法锻炼",在张贴了针对他的大字报后,才被评价以"以后好好'锻炼锻炼'还许能给社里办点事"。他不过以此为借口"对新生力量进行压制",但他显然没有觉察与醒悟,从高秀兰张贴大字报开始,在整风中,"锻炼"已变成党团员及中间派对于正确思想与革命思想的选择、坚持与巩固。杨小四与高秀兰通过"在大字报上批评错误思想",体现了他们作为党团员对责任或义务的承担,而这一针对他人的批评表明他们正在进行并已初步完成对自己的"锻炼"。"锻炼"从一种代际性的差异、时间中的成长变成一种思想性的冲突、认识上的斗争。赵树理甚至扩大了毛泽东在《中央关于加紧进行整风的指示》中所规定的"锻炼"的主体范围,王聚海这个被揭露的中农干部最后被召唤向"锻炼"的可能性之中。当然,小说并没有写王聚海是否接受"锻炼",而如果他接受,他又以何种方式进行。根据中共中央1957年4月27日的指示,整风运动"应该是一个恰如其分的批评和自我批评的运动",而在时人的理解中,大字报就是一种批评和自我批评的工具,且是一种比座谈会和辩论会更优越的工具,因为它可以突破时间、受众范围及理解的精确度的限制。在这一意义上,王聚海或许可以用一张自我批评的大字报来证明自己是一个"锻炼"的主体,但小说终究没有回到大字报,没有回到它在开篇处展示的快板。这使它作为对《李有才板话》的延续,背离了《李有才板话》的写作模式,最后一章是《"板人"作总结》,在临近结尾的段落里用快板来描述变化的最后一个环节大胜利。

余论:"不一定人人都要写"

《李有才板话》说着"作快板的话","板"与"话"相始终,它们分享同一个变化,并在变化里相互补充与验证,但《"锻炼锻炼"》将快板大字报放置在文本的前半部,由此,它的"话"为"板"——快板大字报这种"板"确定了一种表达的限度。

首先,是大字报的限度。虽然《中央关于加紧进行整风的指示》把大字报视为一种"锻炼",但它只是针对思想的批评,而对于赵树理来说,重要的是行动,尤其是生产中的行动。所以《"锻炼锻炼"》虽从整风时候的大字报入手,但自文本的中间处村支书王镇海的那句"生产和整风是分不开的"开始,小说便把整风嵌入生产之中。杨小四与高秀兰通过大字报将自己标识为"锻炼"的主体,但他们的"锻炼"——用高秀兰的话说"学着办事"——最终是通过开社员大会布置生产、设定计谋让小腿疼与吃不饱成为偷棉花贼,再通过开社员大会处理偷棉花问题才真正得以完成。于是可以看到,在布置生产时他们被给予"青年人究竟没有经验"的议论,当处理偷棉花问题时他们获得了"这些年轻人还是有办法"的赞许。他们以"有点开玩笑"或者说带着些阴暗成分的方式,不仅动员了"平常装病、装忙、装饿"的社员下地劳动,而且在不改变每个劳动日的劳动定额的情况下提高了生产效率。

其次,是快板的限度。毕革飞在《漫谈快板》中把工农兵写快板的目的平分为两种:"好的颂扬,坏的批评。"赵树理则通过《〈建国十年文学创作选:曲艺〉序言》强调包括快板在内的"唱词的主要性能是歌颂",他看到"发表在报纸、刊物、小册子、墙报、黑板报、大字报上的唱词中,歌颂伟大现实的作品占了绝大多数"。由此,批评就被排除出了快板这种唱词的主要性能。在《"锻炼锻炼"》中,高秀兰批评王聚海的快板只得到王聚海一个人"吃了一惊"的反应,杨小四批评小腿疼与吃不饱的快板则被放入了喜剧式的场景:一次是在张贴之际获轰隆轰隆的笑声,一次是在被表演之际获得鼓掌与叫好声。这是小腿疼与吃不饱的喜剧,也是快板自身的喜剧,它彰显了内在的不平衡格局。一方面,同其他大字报相比,杨小四的快板有形式的差异,它"编得顺溜写得整齐"。虽然叙述人声称它不是因为这一点"才引得大家这样注意",但这不过是说这一点所引起的是未到"这样"程度的"注意"。由此,它将催生出这样的忧虑:形式上表述能力的差异是否会带来实质上批评效果的差异?另一方面,杨小四的快板没有也无法诉诸它的批评对象直接的阅读与感受。吃不饱知晓杨小四对她的批评是通过张太和对这段快板的表演,小腿疼了解杨小四对她的批评是通过吃不饱"加油加醋"的转述。小腿疼当面对杨小四的质问尤其刻画出了这种快板所面对的沟通困境:"你又是副主任,你又会写,还有我这不识字的老百姓活的哩?"——"会写"与"不识字"之间的沟堑将如何才能够真正地弭平?即使可以如李准在《遍插红旗遍地开花》里所描述的,通过扫盲运动形成"人人学文化,处处读书声"的局面,并让"快板成了群众语言",那么又如何化解"学文化"程度的差异所导致的表述能力差异呢?赵树理清楚地知道,"念过旧诗的人写出来的快板,和没念过旧诗的人写的快板是不一样的"。

在《"锻炼锻炼"》内部出现于1957年的这种快板的限度,折射出的是在这一作品被写作的时刻群众创作的限度。赵树理注意到"从一九五八年下半年起,不论工矿、农村和大小城市的街头巷尾,处处张贴着群众的诗、画,连大字报中也出现了大量的、艺术性很强的妙文",而就在《"锻炼锻炼"》发表两个月之后,《火花》1958年10月号登载了其记者采写的通讯《在"李有才村"》,以李有才为隐喻形象,报道山西的北马村"个个是诗人",但对赵树理来说,恰恰是李有才标明了"个个是诗人"的不可能性,因为李有才写快板依赖的是"特别本领"。事实上,虽然赵树理一直都主张文艺的通俗与普及,当《在"李有才村"》发表时他也正发出"彻底面向群众"的呼吁,但对他来说,重要的仍然是文艺生活的彻底普及,而非文艺创作的彻底普及;普及意味着创作主体范围的扩大,而并不意味着人人都成为创作的主体。在1959年2月发表的《谈文艺卫星》中,面对1958年伴随生产高潮出现的文艺高潮,赵树理提醒:"文艺和其他事业一样,人人都有学习的机会,但不一定人人都要写……写作……这种兴趣不可能要求每个人都有……使人在头痛的情况下写文章,只能造成一种假繁荣。"

如果连快板都"不一定人人都要写",那么小说就更是一个不需要人人都来掌握的文类。1957年2月,一位宣称正在写作长篇小说的少年给茅盾与赵树理写信,求取精神上的帮助与技术上的指导。赵树理在刊登于1957年5月号《文艺学习》上的回信中,要他努力学习专业知识,"不要这样多的幻想"。由于这封回信激起了怀疑与反对的声音,赵树理在1958年10月号《文艺学习》以《青年与创作》为题做了申述,向整个社会说明,虽然专业作家都经过从爱好者向业余写作者、再由业余写作者向专业写作者的转变:"但是每个爱好者又不一定都变成业余写作者,每个业余写作者后来也不一定都专业化,不是因为他们没有才能,而是因为社会要求没有那么多,个人志趣也不一定都趋向写作。"

正是在这里,赵树理保持了与《火花》、与《文艺报》的《山西文艺特辑》,尤其是与特辑里陈笑雨主张的区分。对他来说,"成为一个人民的专业或业余作家",并非——而且也不需要——"人人有份,人人有可能"。不仅在文类上,也在这一意义上,《"锻炼锻炼"》接续了《李有才板话》,它证明:无论是编快板还是写小说,它们都是可以普及但又有着普及限度的"特别本领"。

(本文原载《文学评论》2019年第5期,作者系华东师范大学国学汉学院副教授)

"说理人"与"实干家"的结合

——山药蛋派党员干部形象塑造的启示

刘芳坤

自1947年"赵树理方向"浮出水面,到1958年《文艺报》推出《山西文艺特辑》,一个后来在文学史上被称作山药蛋派的作家群逐渐确立。赵树理和晋绥五作家践行了工农兵文学的道路,更重要的是,竖立起从解放区到共和国文学发展中的党员干部形象塑造谱系,并见证了解放区文学进入当代性这一重大时刻。以往研究界重视的是山药蛋派作为一个乡土文学流派的在地性,故而更为看重其农民形象塑造的意义,并由此强调作品中民间伦理的表现。然而,若从政治伦理与民间伦理的转化与融合方面来讲,山药蛋派作品中党员干部形象的塑造也许更具况味。因为山药蛋派的大众化写法主要表现在广大群众接受政治服务的功能,而党员干部形象即是实现"信服""接受"的核心环节,是让文学作品达成叙事能效的枢纽。

在谈到文艺的立场对象问题时,《延安讲话》指出了"过去的"和"未来的"干部之分,"文艺工作的对象是工农兵及其干部",学生出身的干部应通过思想改造走入工人农民。山药蛋派作为践行《延安讲话》的典范,其作品全方位地描述了中国共产党领导下中国农村的变革,不仅展现了农民在这一历史进程中的真实情绪,更描绘了干部由"过去"走向"未来"的形象特征。《李家庄的变迁》中的共产党员小常是学生出身,这位"说真理的好人"第一个将铁锁这样的"草木之人"视为"朋友"。在《李家庄的变迁》叙事中,赵树理并没有压抑领路人小常的学生特质,他写在铁锁的眼中小常"十分漂亮精干,反觉得自己不配跟人家谈话",可以说在这篇风格明朗的小说中亦展现了知识分子带着自身的明朗特质融入了大众革命,并以自己的吸附力为革命助力。后来,小常深入李家庄从事减租减息的根据地建设,成为广受农民爱戴的干部。这一看似简单的书写方法,在中国现代文学以知识分子为主体的党员干部形象塑造谱系内,却具有非凡的意义。20世纪20年代,一批左翼作家即开始了革命者形象塑造的实践,但纵观茅盾、蒋光慈、胡也频等共产党员早期的文学创作,知识分子往往带着个人的局限性进入革命阵营。大革命失败后,一批忧郁、轻狂的党员形象更以"革命+恋爱"的方式登上文学舞台。及至左联成立,丁玲的作品仍然表现出"韦护的两面",殷夫的诗歌写下了"我已不是我,我的心合着大群燃烧",可以说,知识分子如何在革命中容纳身心始终是作家思考的问题。赵树理在《延安讲话》指导下的创作克服了这一形象谱系的难题,毫无违和地展现出"未来"干部的风采。小常的"说理人"优势在小说中表现得比较突出,他能够将阶级分析、《论持久战》以及乡村组织治理的理论转译为农民喜听乐闻的道理,最终让李家庄在正确的理论指导下实现变迁。一方面,在新民主主义革命具有明确的指引后,小常们不再彷徨,已经找到了自身在工农中的位置;另一方面,书写主体不再侧重表现知识分子个人主义的情绪和追求,不再将个性与社会、个人与时代的抵牾作为叙事张力的建构途径。正如小常所言:"总得叫大家都干起实事来,才能算有力量的组织。""说理人"最终与"实干家"相结合,赵树理由此开辟了一条在实际工作和关系中谱写党员干部形象的路径,从而让长期以来还在启蒙—抒情谱志中寻觅的"青春期"党员形象进入盛年强干阶段。

众所周知"老百姓喜欢看,政治上起作用"是赵树理创作的价值观,而其在"政治上起作用"方面的着力点不仅在于充分汲取农村民间艺术滋养自身的创作,更重要的是,他认为:"我在作群众工作的过程中,遇到了非解决不可而又不是轻易能解决了的问题,往往就变成所要写的主题。"党员干部在作品中往往承担起解决问题的任务,赵树理及其后继者们的书写除了在"说理人"上下功夫外,更重要的是让政治专业化,而非让专业政治化。《实干家潘永福》展现了政治专业化的图景,潘永福作为农村基层干部总是在处理具体的问题,潘永福首先是农民中的好手,其次才负有领导责任。小说从"慈航普度"开始,5个渡口的老一代船工都是潘永福教会的,这样善于活计的潘永福在搭建桥梁、修建水库和开辟农场的过程中都发挥了自身的专业素养。小说中最为形象的刻画在于,潘永福形成了一套"无差别逻辑":"屋里和野地差别不大,水里和干地差别不大,白天和夜里差别不大,劳动和休息差别不大",苦干实干的干部形象在赵树理的笔下得到了栩栩如生的展现。山药蛋派作家均有长期的基层生活经验,其作品绝非单向度自上而下的宣传。在先进干部形象的塑造方面,叙事往往用动作性的书写战胜名词性的描绘,可以说是最早的极简写作践行者。马烽用新、短、通概括自己的创作追求,即"题材新、篇幅短、语言通俗"。马烽在20世纪50年代自愿从北京返回山西汾阳贾家庄深入生活积累材料,他的一系列代表作均诞生于此时。《我的第一个上级》和《停止办公》均在防灾的场景中塑造了优秀的党员干部形象,小说中的老田和杨书记对工作的专业态度也体现出马烽深入生活的杰出成果。《我的第一个上级》用大半部篇幅描述一次防汛过程,作者对风向、雨量、河道、堤堰的叙述着实令人赞叹。此外,马烽善于用生活中的喜感强化小说的叙事效果。《我的第一个上级》开始出现在读者面前的是一个低头驼背、戴草帽、穿棉裤的怪老头,通过这种欲扬先抑的手法,使得后来老田跳入洪水勇于牺牲的形象更加鲜明。《停止办公》则通过不断抖包袱的写法:杨书记不断打破自己停止办公的约定,甚至从澡堂跑出来继续工作,在幽默浅白的字面背后是一位为群众服务不眠不休的好干部形象。

由于从实际问题出发,山药蛋派文学提供了研究20世纪50—70年代中国农村社会丰富的材料,这是以往任何一个文学流派所未能达到的社会学和政治学意义,例如赵树理的《登记》写新婚姻法实施、马烽的《新任队长钱老大》写农业机械化、西戎的《纠纷》反映男女同工同酬问题等,山药蛋派的书写不仅仅满足于转型社会的心理状态,也不仅仅关乎制度化的某些教理,这一流派为中国当代现实主义文学填写了浓墨重彩的一笔。在党员形象塑造上,他们秉持不虚美不隐恶的传统写作风骨,在树立典型的同时写出了部分党员干部的局限性。《登记》中的民事主任自私顽固、王助理敷衍了事,直接导致自由恋爱的青年无法正常登记。《新任队长钱老大》中的赵二刚脱离农村生产生活实际一味推行机械化,不能充分调动群众的积极性。《纠纷》中的李秀英急躁风火,反而激化了男女社员在劳动计分方面的矛盾。西戎在《也谈深入生活问题》中指出必须克服对生活观察“深有余而入不足”,人物形象不够入木三分的原因在于作品看似表现了生活中的问题,但是作者缺乏重视“对人的分析和感应,特别是人与人之间所发生的种种微妙复杂的矛盾和心态变化”。山药蛋派文学已经超越了一种虚构,它实现了历史经验的对事和文学经验的对人结合,作家可以说抱着政治家、社会学家的态度从事文学创作。马烽创作于1978年的《李德顺和他的女儿》,反映了地方政府在推荐下乡知青上工农兵大学执行过程中存在的舞弊现象,但这篇小说超越了伤痕文学暴露叙事的格局,塑造了一个表面唯唯诺诺,但内里坚韧顽强、保持党性的基层干部形象。李德顺的女儿获得推荐上大学的名额,但公社副主任高源从中作梗,他通过各种手段威胁身为县委秘书的李德顺泄露党内文件为自己的政治前途牟利。李德顺不为所动,因为他深知"那样以来,县里的形势会比现在还要乱",并且他得到了妻女的谅解,全家人达成"不能拿原则做交易"的共识。最终李小秀未能达成进入大学的愿望,但是这篇小说体现了在不良政治生态中普通人的人格坚守,作者不仅具有强烈的问题意识,更侧重在历史废墟之上重建理想达成的信念。

山药蛋派笔下的农民形象往往表现出时代转折过程中旧的因袭,而干部形象在他们的笔下更多以青年的姿态出现,承载了社会动员的叙事效能,体现了新社会发展的历史动力。孙谦在电影文学剧本创作中塑造了一批积极有为的干部形象:《丰收》中党支部书记陈初元、《一天一夜》中的县委工业部部长李玉如、《千秋大业》中的团支部书记郑山花等。剧本中经常使用光作为核心意象:办公室的灯光、建筑工地的电光、村道上的火光、红旗下的阳光,无不烘托了这些干部能够带领群众前进的治理能力。此外,山药蛋派的第一人称叙事也值得重视,马烽的《我的第一个上级》《韩梅梅》《三年早知道》、西戎的《我掉了队后》《在住招待所的日子里》、束为的《第一次收获》《十年前后》《缺粮户》等作品中的"我"逐渐退出了情节角色,本身作为干部的"我"作为讲述者和见证者的功能被凸显。正如哈贝马斯所指出的那样,"合法性意味着某种政治秩序被认可的价值",作品中第一人称非限制性视角的合法性提供了政治秩序价值认可的过程,山药蛋派对政治合法性及复杂性的传达,继而他们在作品中描画出的特定环境下的干部形象及境遇,在中国当代文学史上是不可取代的。

"说理人"与"实干家"结合的干部形象是山药蛋派作品之所以具有伦理力量和审美力量的缘由,如今我们再度审视这种发乎于社会生活内在经验的创作是非常具有建设性的。首先,将文学作品作为历史记忆的一种材料来看,山药蛋派提供了一种道德的想象力,甚至可以说是康德所谓的生产性想象力。大批作品无与伦比的在场性超越了许多叙事文本的历史再造和经验。任何历史事件都有其内部和外部的复杂特征,科学、制度无法解释伦理,个体在现存环境中需要何种能动性?山药蛋派的洞察力在今天仍具广泛适用性。其次,正因为这种叙事特点,人的主体地位才具有了彰显的途径,这往往是笔者在阅读山药蛋派作品时的第一个震撼。"说理人"将人物立于民间社会伦理的同时,也将他们放置于历史发展的本质规律揭示者的位置上,"实干家"则展现出新人在历史发展中的驾驭感和韧性。最后,当下中国仍处于改革的进程之中,这一进程一方面提供了足够丰富的写作现实素材,另一方面在此期间的体制、政策、情态、心态也给作家的创作带来了挑战。为此,重新审视山药蛋派的现实主义文学,可能会在"写什么"和"怎么写"的两个方面都给予我们一定的启示。

(本文原载 2021 年 5 月 24 日《文艺报》,作者系山西大学教授、中国赵树理研究会常务理事)

赵树理山药蛋派创作风格与地域文化关系浅论

赵树婷

在中国现代文学史上,赵树理无疑是一个独特的存在。他是山药蛋派文学的创始人,为农民写作的"铁笔""圣手",曾经开创了"赵树理方向",成为解放区作家学习的榜样。从20世纪40年代至今,学界对赵树理的研究一直没有停止,经历了高潮—停滞—再升温的过程。可以这么说,中国作家中,很少有像他那样顶着"方向"的光环而存在,同时也引起文艺研究界的不少论争,比如关于山药蛋派是否存在,赵树理及其方向的评价问题,这成为几十年来赵树理研究的难点。赵树理也因此成为中国现代文学史上具有重要影响力的作家之一。在国际上,赵树理也是一个享誉世界的中国作家。他的作品从20世纪40年代开始被翻译传播到海外,50年代达到高潮,主要集中在日本、苏联、韩国、美国和欧洲其他一些国家。

赵树理的山药蛋派创作风格

赵树理及其作品之所以引起国内外学者长达几十年的关注与研究,很大原因源于他独特清新的创作风格,即以太行山区农村生活为题材,运用乡土气息浓厚的民间语言进行创作,语言质朴,如同田地里新挖出的山药蛋一样，因此被称为山药蛋派。20世纪50年代，马烽、西戎、李束为、胡正、孙谦"晋绥五战友"相继回到山西，因他们通俗化、大众化的创作风格，山西地域文化的特色，也成为山药蛋派的中坚力量。赵树理是山药蛋派文学的创始人，这成为他身上最大的标签。关于这一问题，20世纪80年代曾遭遇质疑。戴光中在《山西文学》上发表《"山药蛋派"质疑》一文，依据文学流派应该有共同的理论主张和相似风格原则，质疑赵树理与后来的马烽、西戎在描写人物重点和对待传统的态度方面存在差异，认为山药蛋派这一文学流派不存在。此文一出，山西学者艾斐、程继田、李国涛等人发表文章予以反驳，一时引发文艺界的广泛论争，掀起赵树理研究的一波热潮。艾斐、李国涛等人明确提出山药蛋派的独特品格，是一个以写农村生活见长的革命现实主义流派，也是一个以通俗化、大众化语言为基本风格的山西味很浓的乡土文学流派。愚以为，这里其实暗含着一个极为重要的因素，就是地域文化是这些被称为山药蛋派作家在创作题材与风格上呈现一定相似性特征的一个重要原因。至少在山西以外的文艺界，人们觉得他们的创作风格是十分相似的。

在海外，对于赵树理的这一创作风格，许多学者也注意到了。日本学者竹内好在《新颖的赵树理文学》一文中指出，"赵树理具有一种特殊的地位，它的性质既不同于其他所谓的人民作家，更不同于现代文学的遗产"。赵树理文学以其"本质的新颖独创"吸引着人们，是对现代文学、人民文学的双重超越。他说："粗略翻阅一下赵树理的作品，似乎觉得有些粗糙。然而，如果仔细咀嚼，就会感到这的确是作家艺术功力之所在。稍加夸张的话，可以说其结构的严谨甚至到了增一字嫌多、删一字嫌少的程度。"日本学者小野忍在《赵树理：二十世纪作家评传之一》中说，赵树理的小说"承继、发展了中国说唱文学的传统,形成了一种独特的表现形式"。他所说的"独特的表现形式"主要是指"主题的明确化、描写的单纯化、采用民间故事的形式"等创作手法。

赵树理创作风格、创作理念与地域文化的关系

赵树理这种创作风格的形成,追根究底,与他自小的成长经历与生活环境是分不开的。

首先,是晋东南地域文化的影响。一方水土养一方人。特别是过去,由于山水阻隔,交通相对封闭,信息交流不畅,一个区域就是一个相对独立的单元,表现在文化上有着与其他区域不同的特征,称为地域文化。这种地域文化必然会对生活于这一地域的人产生影响,特别是对社会和生活天生感受敏锐的作家群体来说,影响更甚。他们的思想、品格、精神、气质无不受所处时代、地理环境以及地域文化的影响。赵树理的家乡在山西沁水,处于晋东南偏僻的山区,其东为太行,西为太岳,南有中条山、析城山、王屋山,东西横亘数百里,东边与太行山主脉相接,三山之间形成一个封闭型盆地。他出生的尉迟村是个只有50户人家的偏僻小山村,曲曲弯弯的沁河流经该山村。这里气候干旱少雨,但有山有水,是一典型的农耕文明区,长期以来农民过着自给自足的生活,与外界交流较少,生活相对封闭,因而受近代文明冲击较轻,也就保持了相对独立、完备的地域文化特征。翻看地方志,沁水流域历来"敬神信巫,有不平必质于神。故乡多庙祀,醮赛纷举"。农民封建迷信思想较重。赵树理祖父祖母信奉三教圣道会,母亲及姥姥家是清茶教的虔诚信徒,父亲迷信传统的阴阳卦术,种田之余,给人看病、占卜。赵树理的小说《小二黑结婚》中二诸

葛诸事都要回家翻翻皇历,占占卜、算算卦,这一形象就是以他父亲为原型而创作的。赵树理在这样的生活环境中长大,耳濡目染,对《玉匣记》《麻衣神相》《奇门遁甲》等算命先生的经典书籍了解不少。赵树理长期在晋东南地区生活、工作,地域文化特征在他身上留下了深深的烙印。迷信的生存环境,将赵树理约束得胆小怕事,而耳闻目睹了民众深受封建迷信之害,培养了他与人为善、助人为乐的品质,他一生乐善好施成为习惯,求真崇实是他的性格特点。

其次,赵树理的早年经历直接影响了他创作理念的形成。赵树理出生于一个地地道道的贫苦农民家庭,父亲很喜欢地方戏曲上党梆子、民歌、民间音乐等民间艺术。受其熏陶赵树理在孩提时代就成为一个小戏迷,曾缠着母亲给他读有关杨家将、岳家军的戏本。稍大一些,"只要方圆十里八里有戏,总要跑去端了老鼓才罢休,趁天明再回来上地劳动,一天到黑不觉得累人"。不仅如此,赵树理跟随父亲学会了各种乐器和曲调,8岁学会打上党戏梆子,15岁会打上党戏鼓板。有时也参加八音会的民间演出活动,敲鼓、打钹、击节、吹笛、唱戏,没有一样不会。他还练就一门绝技,一个人可以打鼓、钹、锣、镲四样乐器,而且舌头打梆子,口带胡琴还不误唱。赵树理对戏曲艺术以及民间文化的这种痴迷,对他后来文学创作及创作风格的形成影响很大。他一生不仅创作了大量的曲艺作品和戏剧作品,而且还创造性地把戏曲艺术的表现手段和语言技巧运用到小说创作之中。如小说喜欢讲故事,故事有头有尾,最后大团圆结局;喜欢用白描手法,不注重外形及心理刻画,喜欢给人物取外号。他小说中有一些脸谱化的人物形象,如二诸葛、三仙姑、糊涂涂、常有理、小腿疼、吃不饱、能不够等,以绰号凸显这些人物个性化的特征,都源于中国传统戏曲中脸谱化人物形象的塑造方法。

除此之外,赵树理从小喜欢听评书,父亲是当时农村为数不多的识字人,很会说书,小时候父亲给他讲过不少《三侠五义》中的故事。加之赵树理早年上过短期私塾,常去邻居家借书来看,《西厢记》《聊斋志异》《施公案》《包公案》《七侠五义》等当时流行的小说或唱本他都读过。20岁时考入山西省立第四师范,开始大量接触新文学,同时涉猎一些西洋文学,如屠格涅夫和易卜生的小说。这一阶段,赵树理遇到影响他思想发生转变的两个人——王春和常文郁,他开始接受五四新文化。后来在王春和常文郁的影响下,赵树理接触并加入中国共产党。四一二事变后,赵树理因共产党员身份遭到逮捕,有过一年的牢狱生活,从物质到精神方面受到重创。这之后,他过起了颠沛流离的流浪生活,用他自己的话说"像萍草一样的漂泊"。这一阶段他对中国新文学表现出了极大的兴趣,特别震惊鲁迅对中国农民习性的准确把握,"哀其不幸,怒其不争",开始关注问题小说,并尝试创作新诗和小说,先后创作了长篇小说《盘龙峪》和抗日宣传剧《打倒汉奸》。全面抗战爆发后,赵树理正式参加革命,在太行根据地从事抗日文化工作,1939年赵树理担任《黄河日报》(路东版)副刊主编,并给副刊取名《山地》,后来又担任《人民报》副刊《大家干》、《新华日报》(华北版)副刊《中国人》报等报刊主编,利用这些文艺阵地宣传革命思想,这时他有意识地运用老百姓能够接受的通俗化语言创作。正是这一时期的大量耕耘,他的通俗化、大众化创作风格逐渐形成。1941年他创作完成章回体小说《再生录》,运用旧形式表现新内容,以一个家庭为中心,表现了敌占区人民所遭受的抢掠抓丁之害。用事实为敌占区人们指出一条道路:要想生存下去,必须参加游击队,抗战到底。同年8月,他与王春等人成立通俗化研究会,力主文艺的通俗化、大众化,引发根据地文艺界的激烈争论。1942年在太行山区党委会召开的文艺作品普及和提高讨论会上,正当大家激烈争论的时候,赵树理不慌不忙地从怀里掏出一本黄连纸封面木刻的小册子,给大家介绍一本"真正的华北文化"《太阳经》,他高声朗读:"观音老母坐莲台,一朵祥云降下来,杨柳枝儿洒甘露,搭救世人免祸灾……"众人一片哄笑,赵树理严肃地说,我们的写作,就应当向这本小书学习,因为老百姓对它是熟悉的。他说这种小册子数量很多,在群众中很普遍,像敌人的挺身队一样沿着太行山爬了上来,毒害着人民。他说长期以来,农村一直被这样的封建迷信占领着,我们要夺取封建文化的阵地,就必须创作老百姓喜欢看、看得懂的文学。这种创作主张,与毛泽东《延安讲话》确立的"二为"方针不谋而合。

《在延安讲话》精神的指引下,赵树理为大众写作的创作理念更为坚定。他更加有意识地为农民大众去创作,以农民喜闻乐见的形式,书写自己身边熟悉的人和事,这种文艺为现实服务,为农民创作的通俗化、大众化风格,对后来马烽、西戎、李束为、胡正、孙谦等作家的创作影响很大。

再次,赵树理这种通俗化、大众化风格的成功,与他书写的是自己熟悉的人和事有关。赵树理一生大部分时间在家乡农村生活、工作,后来到北京后,创作时还是觉得写故乡的人和事比较熟悉。在《新食堂里忆故人》一文中,他说:"我的故乡,在太行山南端的西边。我不但在那地方生长、上学,而且直到全国大解放以前,都在那个山区工作。因为有这样的历史,我在解放以后虽然离开了那里,但一有机会,总想回去看看。"他自己说他所写的小说,大部分取材于这个地区。1958年,他又回到故乡,在新建的食堂吃饭时,看到食堂地基,回忆起了许多人的事。他说,食堂"这地方叫南院门口","南院的前院里住着我的一户本家,原是弟兄三个,论年岁都和我父亲的年纪差不多。老大叫喜贵……老三叫各轮,青年时期要算当地的劳动英雄"。后来因为没好地种,成为梁上君子被人打死了。他说:"这两位老兄,被贫困夺去了生命,连个后代也没留下。"接着,他又回忆起了食堂的东头是"窑头上","住的弟兄姓吕……他们的命运都比较悲惨。食堂的南边有一户姓冯的,父子两代都没有一垄地。孩子名叫福归,也是在外讨饭饿死的。我写的小说《福贵》有一部分就是他的生活"。福归哥的房背后,有个院子叫东头院,住着姓吕的弟兄四个,"他们都爱好民间音乐,八音会的乐器长期存在他们家里,我爱打打锣鼓大半也是在他们家学会的"。东方院的东北,当年有一株大核桃树,河南遭了水灾逃荒到这里的人,开始差不多都在这里住过。"我写《李有才板话》中的'老字辈'人,好多取材于这里。"这里赵树理提到的都是和他父亲差不多同龄的人,有的是叔伯辈,有的他叫哥,他十分熟悉他们所处的生活环境,能够体恤他们生活的艰难,也了解他们身上存在的优缺点,可以说,赵树理小说创作源于他对自己日常生活的细致观察,因此才能对笔下的人物形象刻画得入木三分。

赵树理说他个人熟悉农村生活的方法就是和人共事。在《下乡杂忆》中他说,他和太行山这个老解放区的农民在新中国成立前,共同抵抗过国外、国内的敌人,共同消灭了地主阶级的剥削制度,他写过他们的这些斗争,所以才把这地方作为他熟悉的群众生活的根据地。后来在1951年,他重新回到抗日战争时期机关驻扎过的一个山村时,感觉十分亲切。他是和以前共过事的人们继续共事,10年前共的是民族民主革命之事,10年以来共的是社会主义革命和社会主义建设之事。这也是他为农民创作理念形成的一个主观原因。

赵树理创作理念在小说中的具体表现

(一)说故事的叙述模式

赵树理出生在农村,成长于农村,他天然了解农民生活和生产的方方面面,农民喜欢听故事,他就用讲故事的形式构思自己的小说。他曾对鲁迅的问题小说特别感兴趣,他给父亲讲《阿Q正传》,想通过父亲之口传播给农民。可是父亲觉得很没意思,因为没有太强的故事性,远不如《三国演义》《水浒传》有趣。赵树理就开始思考,新文学虽然从文言文到白话文在语言上有了很大转变,但与普通民众之间仍有距离,并没有得到赵树理父亲及周围人的青睐。因为当时的农民大多不识字,没文化,他们主要通过看或听传统戏曲演出来接受知识和文化。他们喜欢听有头有尾连贯的故事,至于思想上深不深刻并不关心。那么文学如何走入普通大众,成为他思考的一个重要问题。这直接影响了他之后创作理念的形成。他说他"不想上文坛,不想做文坛文学家。我只想上'文摊',写些小本子夹在卖小唱本的摊子里去赶庙会,三两个铜板可以买一本,这样一步一步地去夺取那些封建小唱本的阵地。做这样一个文摊文学家,就是我的志愿。"

《小二黑结婚》是赵树理的成名作,也是代表作之一。小说运用民间故事的形式和地道的口语,讲述了一对农村青年自由恋爱的故事。1943年作品一经发表,就在人民大众中引起了很大的反响。故事取材于太行山的一个真实事件。真实事件中年轻人岳冬至因自由恋爱被村里的旧势力杀害。赵树理将这个事件改造为皆大欢喜的大团圆结局,符合中国传统古典小说的构思模式。赵树理很会讲故事,常常把许多小故事连缀在一起,或者用大故事套小故事的方法进行叙述。他也很注重故事情节的迂回曲折,上下连贯和故事的完整性,这是中国古代小说的叙事方式,符合农民群众的喜好。《小二黑结婚》整个情节就是一个首尾相连的大故事——小二黑与小芹由恋爱到结婚的故事,其中又包孕了许多小故事。每个小故事都以人物为中心,对人物进行特写,以此环套环式地结构情节,从而组成一个青年人追求恋爱自由的大故事。小说一开头,从不宜栽种和米烂了两个故事引出二诸葛和三仙姑,然后单表三仙姑,从她40多岁还有本事吸引住青年人的隐情上引出小芹,由小芹引出金旺兄弟,进而又引出二黑,二黑与小芹谈恋爱,受到金旺兄弟的陷害,于是又有了后来的斗争会……情节步步展开,节与节之间连续性很强,一个人物引出另一个人物,环环相扣。人物随情节的发展而发展,性格在情节的迭进中逐步深化。小说结尾把各个人物都交代得清清楚楚,既做到有头有尾,完整叙事,又引人入胜。《小二黑结婚》在最初出版时,彭德怀评价是"从群众调查研究中写出来的通俗故事",并称这样的故事并不多见。

赵树理的许多作品都是用民间故事的形式来写的,在《地板》中,他通过一个地主出身的小学校长讲出"粮食是劳力换来的,不是田地换来的"这样一个经济学原理,没有一句经济术语,却把既无趣味又很抽象的经济学原理扩展成一个故事。赵树理自己也习惯于把自己写就的作品称为故事。1950年完成的《登记》,开头便说:"今天让我来说个新故事。这个故事题目叫《登记》,要从一个罗汉钱说起。"还有一篇《表明态度》,开头这样交代:"这是我1951年夏天在长治专区草拟的一个电影故事,后来因故搁置,今天看来也还可以当个故事看看,所以又把它拿出来了。"1958年发表《灵泉洞》时定位为长篇评书,后来又说《灵泉洞》上半部是写历史故事的。不得不说,赵树理是一个优秀的讲故事专家。他将中国古典小说的这种叙事技法运用得出神入化,深受农民大众喜欢。

(二)口语化的语言风格

20世纪四五十年代前农民基本上不识字,为了创作农民看得懂的文学,他将故事化繁就简,以说—听模式代替写—读模式来确立自己的叙述方式,从而形成自己的表达体系,他完全运用农民口语进行创作,语言十分通俗,既有农民的幽默,又富有乡土色彩。

在《小二黑结婚》中,40多岁的三仙姑在自己有皱纹的脸上涂白粉,赵树理这样描写:"看起来,好像驴粪蛋上下上了霜。""驴粪蛋""下霜",都是农民所熟悉的,拿来做比喻,容易唤起农民的直觉联想,不仅生动形象,而且富有农民式的幽默,农民一听就会笑出声来。

再如在《李有才板话》中,赵树理写老杨去往模范村时,用了李有才编的快板:"模范不模范,从西往东看;西头吃烙饼,东头喝稀饭。"这个快板5岁的小孩都说得很溜。小说开头他这样介绍:"在老槐树底,李有才是大家欢迎的人物,每天晚上吃饭时候,没有他就不热闹……他还有个特别本领是编歌子,不论村里发生件什么事,有个什么特别人,他都能编一大套,念起来特别顺口。这种歌,在阎家山一带叫'圪溜嘴',官话叫'快板'。"如李有才为西头老户主阎恒元编的是:"村长阎恒元,一手遮住天,自从有村长,一当十几年。年年要投票,嘴说是改选,选来又选去,还是阎恒元。不如弄块板,刻个大名片,每逢该投票,大家按一按,人人省得写,年年不用换,用他百把年,管保用不烂。"这样押韵的大白话,不仅通俗而且幽默,使他的作品别具一格。

读赵树理的小说就像听人拉家常,完全是口语化的叙述语言。在《李有才板话》中,一开始介绍书名的来历:

阎家山有个李有才，外号叫"气不死"。

这人现在有五十多岁，没有地，给村里人放牛。夏秋两季捎带看守村里的庄稼。他一身一口，没有家眷。他常好说两句开心话，说是"吃饱了一家不饥，锁住门也不怕饿死小板凳"。

再如《李家庄的变迁》中小喜从龙王殿出来道："我看说不成！他们这些野草灰不见丧不掉泪，非弄到他们那地方不行！"小毛在后边跟着道："不要紧，咱慢慢说！山不转路转，没有说不倒的事！"

赵树理还善于运用农民群众中流行的俗语来为自己的作品增加艺术特色。如在《李家庄的变迁》中：

小毛道："家有千口，主事一人。有你男人在场，叫你做什么？走吧走吧！"说着就往外推她。

二姐把小毛的手一拨道："不行！不是凭你的力气大啦！贼是我捉的，树是我砍的！谁杀人谁偿命！该犯什么罪我都领，不要连累了我的男人。"

除此以外，他的语言还富有浓郁的地方色彩。如在《邪不压正》中："这地方的风俗，遇了红白大事，客人都吃两顿饭——第一顿是汤饭，第二顿是酒席。第一顿饭，待生客和待熟客不同，待粗客和待细客不同——生客、细客吃挂面，熟客、粗客吃河落。""河落"又叫饸饹，是山西农村群众常吃的一种杂粮面食。遇红白大事，客人吃"河落"是山西特有的民情风俗习惯。

在《李有才板话》中："李有才道：'……小保领过几年羊（就是当羊经理），在外边走的地方也不少……'小胖说：'我们这互助组用的是继圣和宿根两家的场子打麦。继圣家场里的辘轴坏了，宿根家的辘轴有点不正，想请你给洗一洗（就是再碾得圆一点）。'"

这里赵树理运用夹注形式，将富有地方特色的方言向读者进行了口语化解释，让读者一看就明白。有学者拿赵树理与周立波的农村书写做比较，周立波在其小说《暴风骤雨》中运用了大量方言土语，可谓随处可见，以至于初版时很多读者觉得"应该更多地加些注释"才能看懂。后来在再版时因为注释增加，变夹注为页下注。周立波的解释，像是汉语词典对方言的解释。在这里，读者感受不到叙述者的存在。而赵树理的夹注不同，他更像给读者面对面讲述，怕你不懂，随时做出解释，是叙事者用读者听得懂的语言翻译那些方言。这就是赵树理大众化语言的高明之处。他没有像其他解放区作家那样刻意去学习、运用农民大众的语言，他与农民大众本身就是融为一体的。他自己在《也算经验》中说，他既是农民出身而又上过学校，自然是既不得不与农民说话，又不得不与知识分子说话。与乡间父老乡亲说话时，一不留神就带出"学生腔"，常常被他们议论，"碰惯了钉子就学了点乖，以后即使向他们介绍知识分子的话，也要设法把知识分子的话翻译成他们的话来说，时候久了就变成了习惯。说话如此，写起文章来也在这方面留神。"

他写的都是他熟悉的人和事。"《小二黑结婚》中二诸葛是我父亲的缩影，兴旺、金旺是我工作地区的旧渣滓；《李有才板话》中老字辈和小字辈的人物是我的邻里，而且有好多是朋友；我的叔父，正是被《李家庄变迁》中六老爷的'八当十'高利贷逼得破了产的人；同书中阎锡山的四十八师留守处，就是我当日在太原的寓所……这便是我写作材料的来源。"

综上所述,赵树理是土生土长的农民作家,但他又是接受过五四新思想启蒙的知识分子,他更像是链接读者和作品的一座桥梁,自觉地运用农民听得懂的语言,以农民喜闻乐见的文学样式,来翻译、转述和改写五四以来的启蒙话语,用以启蒙民众。"老百姓喜欢看,政治上起作用"是他一生追求的创作理想。他始终坚持为农民写作,时刻考虑的是农民的审美习惯与欣赏水平。加之,他一生大部分时间在晋东南农村度过,后来又下乡干群众工作,在"作群众工作的过程中,遇到了非解决不可而又不是轻易能解决了的问题,往往就变成所要写的主题",他将之称为问题小说。因此,晋东南地区的人、事、风物人情,构成了他作品的主要内容,他创作的作品体现的是晋东南的地域风情。同时,晋东南地区的风土人情、地域文化也深深地影响着他,也就是说,晋东南地域文化是他身上最深的烙印,直接影响着他人格的形成,影响着他笔下书写的对象和内容,也是他山药蛋派创作文风形成的重要原因。二者相辅相成,相互成就。

(作者系山西省社会科学院文学研究所副研究员、中国赵树理研究会常务理事)

试谈赵树理的文学路子

李拉利

从1943年9月华北新华书店出版《小二黑结婚》以后，"群众""通俗故事""农民"和"晋东南地区"等关键词就成了赵树理的文学标签，这些词在解放前后最终发展成为"赵树理方向"（陈荒煤）、"人民作家"（荣安）、"太行人民的儿子"（王中青）等，但是这些评价只能说明赵树理创作显在的部分特点，却不是全部的赵树理，甚至在某些地方与赵树理的路子有微妙的对立。

《小二黑结婚》以后，赵树理更是自觉、自信地追求自己的文学理念与政治生活的同构性，即用小说——确切地说是民间通俗故事、快板、评书、戏剧等"形式的政治"来为抗日、减租减息、妇女翻身等"政治的形式"服务，在文学内外都取得了不错的成绩，最终形成一条他驾轻就熟的文艺路子。如果说通俗、政治性，还不能把赵树理和一般的文艺工作者或者民间艺人相区分的话，那么他在这些"形式的政治"中放入了一个特别的装置，使得这些民间的、政治的书写接通了五四新文化的资源，这个时候，性质就变了，赵树理文学因此具有了一种五四"人的文学"的经典性。这个装置就是"新启蒙"："通俗化不仅仅是抗战宣传的手段……它还得负起'提高大众'的任务……也可以说是'新启蒙运动'一个组成部分——新启蒙运动，一方面应该首先从事拆除文学对大众的障碍；另一方面是改造群众的旧的意义，使他们能够接受新的世界观。"这是写在《延安讲话》前8个月,《小二黑结婚》前一年的文章,从中不难看出,赵树理作为"异类"的另一个维度——离五四启蒙主义近而离延安文学远。如果说赵树理的亲民一面是他作为从民间归化党和政府的文艺工作者自下而上的书写姿态的话,那么当他作为启蒙者的时候,他就成了横站在新旧文学传统之间,面向无论是官还是民、是知识分子还是文盲,自上而下的文化与文明的提高者,甚或鞭策者。针对的是农民自身和基层领导干部的封建思想,这个时候,赵树理的文学作品有了一种经典文学所必具的普遍性与超越性的品格。赵树理说过,"《三里湾》中的'糊涂涂'是根据哪个人做架子写的?我答不上来,因为中国农村里有'糊涂涂'性格的人很多,说占农村人口百分之五六绝不夸大,不过他们不完全是'糊涂涂',只是带有'糊涂涂'的性格"。糊涂涂如此,吃不饱、常有理、小腿疼,早期的三仙姑、二诸葛也应该是这样的模式。这些绰号,既是传统章回体小说中彰显人物性格特征常见的手段,也是赵树理得心应手的艺术技巧,但是经过了五四启蒙意义的改造,被赋予了思想和思想改造的内涵。这些绰号,就是赵树理所聚焦的问题,思想问题,但同时,赵树理在作品中那种为了改良现实世界而虚构的"文学的世界",是贴着他所经历的生活、工作的现实,而且是在服务政治的主观意愿上贴着写。在写作《小二黑结婚》之前,赵树理就文学作品为什么人写、怎样写、宗旨何在等问题写了许多文章,如谈文人相轻的恶习,反对将"茂林事件"说成"毛驴事件"的浮夸文风,主张"一篇真实的报告,胜于千百篇空头议论",主张用文艺关注"沉陷在贫穷和愚昧的深窟中"的"亲爱的同伴",对农民要有了解之同情,而不是嘲笑其"落后"。在这些文章中体现出赵树理创作的路子,正越来越有意识地走向"群众",走向太行山地方"农民",走向"通俗故事",走向

"赵树理方向"。从这个角度来看,《小二黑结婚》及其之后的作品,确实体现了"赵树理方向"所认可的"政治性是很强的","创造了生动活泼的,为广大群众所欢迎的民族新形式","具有高度的革命功利主义和长期埋头苦干、实事求是的精神"。

1948年10月,赵树理发表小说《邪不胜正》之后,有不少批评意见,比如"善于表现落后的一面,不善于表现前进的一面""忽视新人物的英雄形象"。对这类问题,赵树理并不计划回应,因为他坚持"到底是写人民内部矛盾呢,还是写敌我矛盾呢? 我觉得写作的题材是什么性质的矛盾就写什么矛盾,不必机械地画一条界限"。但一年多后,在"有个同志"的劝勉下,对于来自文艺界对《邪不压正》的"本行话""内行话",赵树理做了话说得非常客气,但意思上是一种拒绝接受的回应。他打了个比方,说创作好像做了件棉衣,有不同的裁缝(同行)给出不同的批评,"然而却不能因此就断定那件棉衣根本要不得或者恰合适,等到穿棉衣的穿上去,你问他怎么样,他如果只说不好挺胸脯或者腰松一点,那就还马马虎虎能穿;如果说穿不上或者说穿上很凉快,那就算吹到底了"。在这里,赵树理提出一个重要的评判标准——"穿棉衣的",也就是作为他理想读者的农民。这个时候,赵树理是有底气不接受内行批评的,因为说起对农民的了解,这些文学的内行都不如赵树理。换句话说,赵树理用文学对农民的书写,除了思想、政治觉悟、文学技巧这些专业素养之外,还有一个专业支撑,那就是他是农业知识、农村实践和农民心理方面的专家。对赵树理这两方面的专家身份,王春称之为"三件宝":"家庭和他生长的农村环境,给赵树理同志带来三件宝,保证他一辈子使用不尽:头一宝是他懂得农民的痛苦。""第二宝是他熟悉农村各方面的知识、习惯、人情等等。""第三宝是他通晓农民的艺术。"作为文艺内行的批评,如裁缝对棉衣的批评,但不一定了解农民,也就是"穿棉衣的"。赵树理是文学家,同时也是农民,对他的批评只是文学内行话是不能让他服气的,他可以轻而易举地用非文学的行话来反驳文学的内行话:

> 一种是实事求是,一种是用概念。从概念出发,他就会提出"这像社会主义的新农村吗"这样的问题。其实,这不是像不像的问题,你跑去看一看吧,你跟我到一个大队去住几个月吧,你就不会这样提问题了。
>
> 在中间住几天再说。

作为山西沁水农村长大的"骑在驴背上的秀才",赵树理太了解农民了,"他们每个人的环境、思想和那思想所支配的生活方式、前途打算,我无所不晓。当他们一个人刚要开口说话,我大体上能推测出他要说什么——有时候和他开玩笑,能预先替他说出或接他的后半句话"。这些人和他们的生活成为赵树理此后关注的重点,无论他们是"沉陷在贫穷和愚昧的深窟中",还是成为翻身群众,赵树理都是他们中的一员,不同的是,他与他们劳作、娱乐之外还能用和他们距离较远的文字,如实并且传神地将这一切记录下来——这是赵树理的独特贡献,从文化的大小传统关系来说,二者之间的交流往往没有壁垒来得明显,农民书生赵树理,确实是"通天彻地"的一个异类:当其他写农民的作家在作品中只能遥望或者想象农民的时候,赵树理却用农民的"吹吹打打""说说唱唱"的艺术方式,如故事、戏曲和秧歌等,渗透到农村广阔天地的沟沟坎坎和农民心里的盘盘算算。作为书写现代中国"被作践垮的"农民和翻身农民的"铁笔""圣手""当代语言艺术大师",赵树理不但用民俗文学的方式重塑新文学的文体,从而使得小说、诗歌、戏剧、散文在他这里有了界限不清但更接地气的存在方式,而且在"然而""于是"之类的词的去留上也用心斟酌,务使其为农民书写的宗旨落到实处。

为农民书写而发展出"民族形式";"政治上起作用",而产生"革命功利主义"。这是赵树理的路子,但如果止于此,那么赵树理就仅仅是一位和农民打成一片的乡土作家,是党的一般文艺工作者,就会随着他所关注问题的解决而成为历史性存在,其作品价值也仅仅具有历史地位而已,而不是可以被不断阅读,被重复阐释,甚或被我们作为解决当下文艺和现实问题资源的经典性存在。但因为赵树理的新启蒙追求,把他的问题弄得复杂了,使他的文学路子不再是简单的文化普及工作,而具有了以文学介入生活、介入政治的文学事功的主观努力。

从上述路子来看,赵树理文学与现实政治之间,有一种天然的镜像关系。镜像关系本来是单向生成的,也就是说,从现实生成文学可以,从文学生成现实则不行。正如实体决定镜像,而镜像不能决定实体一样。但是赵树理的经典性或者说主观能动性在于,他要制造双向镜像关系:从现实到文学,再从文学到现实——更好的现实。实际上,所谓赵树理难题,很多时候就因为赵树理对其文学的这个双向镜像功能期待所致。紧扣这个虚实相生的镜像关系,才能更好地理解赵树理文学。简言之,赵树理小说,以问题连接政治现实,以启蒙连接文学理想,他的"新启蒙"的"新","四个水"和"三件宝",都从这里生发出去,可以说,赵树理的路子及其生成的镜像关系,是支撑赵树理文学大厦的承重梁。

赵树理的小说是文学,顶多有一种宣传的政治效能,"改进现实工作"也只能是间接的,不像政令那样,令行禁止。先造就人,再促进工作，当然不如政令直接、高效，这是小说的不足，但优势是，对民族进步的大方向把得比较紧密，避免了急功近利，避免了人亡政息，避免了反反复复翻烙饼式的历史浪费。文学的现实功利性是文学在落地过程中七转八转以后的效果，不是文学的第一副面孔。文学既然只能作用于人，以人为目的，那么文学的直接呈现就只能是审美——引人入胜的故事、简洁有力的语言、喜闻乐见的形式、润物无声的本领等。现实功利性，不过是审美效果，这就是文学"不用之用"。不同作家"不用之用"的艺术方式不同，有"三件宝"和"四个水"的赵树理的方式是以问题为小说内外之间的公约数，然后围绕着这个问题，进行一番人物想象、情节构思、文本打磨等"道成肉身"的劳作。所以说，赵树理作为"骑在驴背上的秀才"，先有一双发现问题的眼睛，后是一双编故事的妙手。这两点及其先后顺序就是小说的现实功能与审美功能的关系，在公社化时期变得紊乱了，但是他还在努力坚持这个顺序。比如说，赵树理在一次会议上，面对农民剧作家提出的几个写作问题时，他并不直接回答，而是接连反问了几个现实问题："人民公社今后在生产上会怎样发展？""你对公社的作用怎样估计的？"最后，赵树理的结论是，"文艺作品给人的教育，主要还是思想的教育"；"作家的世界观"是第一位的；作家和作者都遵循"行动受着思想的指导"的行动规则。所以说，赵树理理解的小说的问题，到底是思想问题、小说的功能，还是思想的交流、碰撞、提高？因此，小说无论故事如何不同，都是思想外在形式的不同。作家的思想、作用于读者的思想、生活中先进与落后的斗争，在小说中，表面上是故事情节、矛盾冲突，实际上就是作家的先进思想对落后思想的斗争。小说出版，就像石子投入平静的水面，经过阅读的小说，从影响个别读者到影响整个社会。

对赵树理来说，思想源于经验，是现实生活、生产活动中锻炼的结果，而不是书本教条。对作为民间艺人的他来说，就是源于"三件宝"。公社化时期，农村生产资料公有制导致生产的公私对立，进而产生了新旧思想对立的价值判断，这个判断必然成为文艺两条路线的基准。问题是，即使是"大跃进"的最高方式人民公社要解决的也只是所有权和生产环节的公有制问题，之后的分配、消费等在赵树理看来农民式的具体问题，以及此问题之上的社会地位、情感因素，才是农民感兴趣的实在目标。这些建立在个人能力和兴趣基础上的环节并非公有，也不可能公有，但是这些个人化的领域不能简单被作为私有、自私而忽视，因为这涉及个体的获得感、成就感、被认可度，进而涉及积极性、主动性问题，最终和公有的产量相关。赵树理在公私思想认识上，是颇符合农民式的朴素辩证法的。从规律到思想，从思想到故事，从故事到政治效果，制约着赵树理"老百姓喜欢看，政治上起作用"的文学事功顺序，也决定着他首先是文学家，其次是党的文艺工作者。尽管赵树理主观意愿上是"政治水"挂帅，实际写作中却是"文学水"高于"政治水"。

正是因为赵树理的路子和现实的不合拍，他进退失据，直到"失去了写作的资格"。写作资格的丧失不是因为他不会写，而是因为对写作"彻底面向群众""与国计民生有补""不熟悉的东西不要硬写"的路子规范。从自己出发，从生活出发，赵树理因此获得了踏踏实实的文学成绩。至于他写作格局的狭窄、路子的重复、思想和理论深度的不够问题，这是作家在动笔前后自我学习、提高素养的问题，但在动笔写作的时候，忠于良知和事实的职业操守无疑是必要的。正是这个职业操守，为当代文学的头17年中高度一体化的文学话语增添了不一样的声音，而这个声音在本质上和别的声音一样。现在检点赵树理文学的经典性所在,民族形式、政治事功之外,还可以加一个,这一点或许更重要,那就是他从社会主流价值观和自己的创作个性出发,为走出一条平衡二者的文学之路而不断努力的精神。

用文学反映现实问题,用形式的政治寓教于乐,在1949年前后,一直是赵树理的现实主义文学观,并且发展出一套运用自如的创作路子。现有研究多从文学与政治的关系角度诠释此路子,随着角度的变化而有不同的结论。简言之,从偏重文学的角度则易于发现赵树理现实主义的深刻性与经典性,从偏重政治的角度则易于发现赵树理思想与理论的片面和不足。实际上,这些研究如同点点孤岛,是赵树理的文学观和理想在20世纪四五十年代历史长河中的具体形态。对这些历史形态的研究固然重要,但对它们关系的研究更重要。从20世纪40年代开始,赵树理已经在一系列文章中阐明了自己的文学主张,之后的作品都是对这个主张的实践、丰富。无论是早期太行文联对他的贬低,还是后来"赵树理方向"对他的期许,都和他的文学事功意图有关。所谓文学事功,就是他文学形式的政治对社会政治形式的呼应,是他的"革命功利主义"。这是赵树理的文学使命,也是他的政治理想。正如他所说,要做"于国计民生有补的事"。进,以文学跃进的方式写小说(讲故事);退,以非文学的方式"上书"。但这是一种理想,或者说他所谓的"有补"、普及与提高,并非他所理解的《延安讲话》中的普及与提高,不仅仅是理解够不够的问题。用问题小说来启蒙民众,来配合政治,兼之形式上、语言上的大众化,这是赵树理"通天彻地"的文学路子。但是这个路子在1949年后,用他的话说是从1951年开始,就不怎么顺溜了,尤其在1958年、1959年让他"进退失据"的公社化时期。进退失据的"据",就是他一边是通俗,一边是启蒙;一边连着普及,一边连着提高的文学路子。他曾经以此来配合政治，干预生活，甚至作为生活问题的解决方案。失据之后，一时之间腾挪不开了，"小说写不出来了"。写不出来又必须写的时候，就出现了一些非赵树理文学路子的文字，1958年未完成的《灵泉洞》，有反语意味的《"锻炼锻炼"》，1959年的几封信和"意见书式的文章"都是，可以说，赵树理1949年前后的路子和公社化期间"进退失据"的文学、非文学的作品，都是他的文学路子，也是他以文学参与建设社会主流价值的事功理想。

（作者系长治学院中文系副主任、中国赵树理研究会常务理事）

地理基因 · 地理意象 · 地域审美

——对赵树理小说创作的一种认识

乔林晓

一

从地理基因的视角切入赵树理的小说文本，不失为一种接地气的方法，或许能够清楚地看出其本色，用形象的话语表述，亦即山药蛋的土色与土气；还可以撇开意识形态光环的笼罩，丢弃对其身份的纠缠不休的讨论，抵达赵树理文本的核心内容。

地理基因论主张从文学的发生出发，探讨特定的自然地理环境和人文地理环境，在其作品里留下的显性或隐性的印迹。地理基因背后，有深厚的人文蕴涵和地域审美，与时髦的深入生活说相比，它更强调地理环境的潜在影响。自然，这里不再称深入生活，而是地理感知和地理经验的获取。

地理基因是"作者埋藏于作品中的自我本真"，在作家身上发生影响，在作品里表现为鲜活的地理意象，进而呈现为鲜明的地域审美。山西地理特点简要概括为：四山锁闭，盆地如珠，河流如串，较为封闭的地理环境形成了赵树理特殊的地理敏感，比如其作品中触目可见的山、沟、涧、坡、湾、堡等带有太行气息、山西味道的地理意象。有学者在阐释地理基因时，同时提到文化基因，"是由于特定的、长远的文化传统而形成的"，"地理基因一般是属于文化基因的，它深深刻上文化烙印,存在于人的无意识中,导致了文学的地域差异"。长期居于内地,又由于对土地的重视(山西是农耕文明的发源地)形成了赵树理崇实求真的地域文化精神和审美取向。《小二黑结婚》甫一发表,彭德怀便题词称赞:"像这种从群众调查研究中写出来的通俗故事还不多见。""调查研究"就是对其崇实求真品质的别样陈述。陈荒煤在《向赵树理方向迈进》中,概括赵树理作品有三方面值得学习:政治性很强;创造了为群众所欢迎的民族新形式;具有高度的革命功利主义精神,全心全意为人民服务。拂去其政治话语的表层,其崇实求真的文化精神与审美取向分明可辨。赵二湖从赵树理身上乃至作品中也看到一种东西:"在他身上,有两个原则是不可突破的,一是和党保持一致;二是不胡编乱写,实事求是,那个时代,这二者本身就是自相矛盾的东西,赵树理也始终在这种矛盾中纠结、苦恼着。越到后期,这种纠结就越多地反映在作品中,不批评他该认为批评的东西,但要歌颂他要歌颂的东西,如《套不住的手》《实干家潘永福》等。"这种崇实求真的文化精神,成就了赵树理。

二

赵树理的作品中,往往写到旱灾:《地板》中,有"大前年遭了旱灾,地租没有一颗","又遭了旱灾,天不下雨满地红";《孟祥英翻身》中,"一夏天不见雨,庄稼干得差不多能点着火";《开河渠》和《求雨》内容大同小异,一样表现了老百姓在旱灾面前不同的求生方式。旱象成了老百姓无法回避的问题,长期笼罩在心头,挥之不去,从而也影响了其生存和生活方式。严酷的生存环境,最容易在赵树理这样的读书人(书生)身上生发出人本主义的亲民意识,对民众生活的关注,仿佛一根红线,贯穿在其所有作品中,又因为触目所见的贫富差距,还使他产生了对社会制度的根本怀疑,相应地衍生出具有草根情结的政治意识,这两种意识在赵树理的小说文本中呈现出以讲故事为技巧解决问题的所谓问题意识。三种意识的背后,都有鲜活的地理意象做支撑。比如,亲民意识之于烙饼、门、手等暖色调的意象;问题意识之于卦象、快板、罗汉钱、黑箱子等与日常生活切近的中色调意象;政治意识之于村公所、区公所、旗杆院(会场)等与政治密切相关的权力意象。

地理意象出自地理经验,是作者主观情愫与客观物象相拥抱的结果。20世纪40年代,恰逢战乱,土地也满是苦寒与战乱的色调。土地意象在诗人艾青笔下是饥馑、阴暗的代名词,土地牵连出农民受蹂躏的痛苦:"饥馑的大地,朝向阴暗的田,伸出乞援的颤抖着的两臂。"(《雪落在中国大地上》)"在北方,乞丐用固执的眼光凝视你,看你吃任何食物,和你用指甲剔牙齿的样子。"(《乞丐》)这是一种漂泊的情愫和忧郁的气质,是身为知识分子的艾青从地理感知中触摸到的,而极具农民气质的赵树理从土地深处,经验出实实在在的农民生计。烙饼,这个极具晋东南特色的食物,凝聚着赵树理丰富的感知与经验。《李有才板话》里,烙饼成了丈量贫富差距的一把尺子。李有才几句顺口溜:"模范不模范,从西东往东看;西头吃烙饼,东头喝稀饭。"生动、贴切,道出了触目惊心的社会现实,模范村背后是真真切切的贫富差距。另一篇写于20世纪50年代的《"锻炼锻炼"》中,也有烙饼意象。作品的时代背景为农业社时期,绰号吃不饱的李宝珠,是一个爱挑挑拣拣、很难共事的人。这不仅表现在外面,也表现在与丈夫张信的日常生活里。"吃饭穿衣的标准由她规定——在吃饭方面,她自己是想吃什么就做什么,对张信是她做什么,张信吃什么","张信完全变成了她的长工"。更有意思的是,"张信上了地,她先把面条煮得吃了,再把汤里下几颗米熬成粥让张信回来吃,另外还做些火烧干饼锁在箱子里,张信不在的时候,几时想吃几时吃"。在外,一旦认定死理,竟敢和干部打斗。这也是触目惊心的真实,这个可爱、可怜又有几分可恨的文学形象,丰富复杂,充满立体感。

《李家庄的变迁》中,烙饼扮演着独特的功能。村里发生纠纷,由当事人双方请村里头人、族长或有影响的人吃烙饼,吃的同时进行评理。裁决做出,输的一方要付烙饼费用,并承担责任,其功能类似于其他地区的吃酒和吃讲茶。其仪式可谓中规中矩:

> 到了晌午,饼也烙成了,人也都来了,有个社首叫小毛的,先给大家派烙饼⋯⋯
>
> 吃过了饼,桌子并起来了,村长坐在正位上⋯⋯小毛说:"开腔吧,先生! 你的原告,你先说!"

这是一幅生动真实的农村风俗画,也是故乡记忆的别样表达。作者在展现烙饼意象的同时,也在展示传统的具有地理特色的民俗文化心理,可以说是一种综合的文化现象。烙饼在这里,充满地理经验,已经不是单纯的食物,而是一种文化符号。其背后,有贫富差距,有精神压迫,也有权力统治,不起眼的烙饼还"担负着文化批判与社会批判的双重功能"。

衣食住行是农民生计的根本,也是赵树理地理经验之根本。晋东南普通百姓,居住条件清苦,其门的意象独具特色:

> 门朝南开,靠西墙正中有个炕⋯⋯前边靠门这一头,盘

了个小灶,还摆着些水缸、菜瓮、锅、匙、碗、碟;靠后墙摆着些筐子、箩头,里面装的是村里人送给他的核桃、柿子……因此你要一进门看正面,好像个小山果店;扭转头看西边,好像石菩萨的神龛;回头来看窗下,又好像小村子里的小饭铺。

可笑、有趣又辛酸,这就是李有才生活的全部。

《三里湾》里,对门意象的着力描写,则隐含着逃避、隔离,甚至与外部世界断绝的心理:

> 马家的规矩与别家的不同:三里湾是个老解放区,自从经过土改,根本没有小偷,有好多院子根本没有大门,就是有大门的,也不过到了睡觉的时候,把搭子扣上防个狼,只有马多寿家把关锁门户看得特别重要——只要天一黑,不论有几口人还没有回来,总得先把门搭子扣上,然后回来一个开一次,等到最后的一个回来以后,负责开门的人须得把上下两道栓关好,再上上碗口粗的腰栓,打上个像道士帽样子的木楔子,顶上个连槲柮刨起来的顶门杈。

门让我们想到家,想到安全与温情,门把我们与外面的陌生世界隔离开来,进入门,仿佛就是进入了一个避风的港湾。马多寿独特落后的身份,关门的谨小慎微与惊慌失措,给人几分滑稽可笑,他的家俨然是一座封建堡垒,关门闭户,似乎在做自我保护乃至自我挣扎,甚至是与政权和政策做对抗,与外面浩浩荡荡的合作化大潮背道而驰,但关门的另一面,是他对家庭价值的珍惜、对自我生存环境的极力维护。有学者已经指出中国革命与法国革命的相似之处。中国的合作化运动对家庭的消解,不啻法国革命摧毁了包括家庭在内的中间性组织。这样,中央集权和个人之间出现了权威的真空,个人不经任何中介,赤裸裸地站在国家的门前,个人想象性地拥有了国家权力,却可悲地沦为没有力量的孤零零的个人或大众的一员。由此,政治威权顺理成章地填补了个人和中央集权之间的权威真空,人类精神失去常态,并使个人出现逃避自由的心理机制。

普通群众对合作化的抵触情绪,赵树理早就有敏锐的觉察,中共中央1951年9月召开第一次农业互助合作化会议,他反映"农民不愿意参加合作社,连互助组也不愿意参加"。"会议讨论期间,各方代表基本上唱的是一个调子,都说农业合作化好,唯独赵树理唱了反调。陈伯达听了赵树理的发言,批评赵树理的观点右倾保守。"在实际工作中,赵树理也遇到过类似的情况,一个叫郭海莲的贫农党员,农业社开渠要经过她家的地,动员她入社,她不入。拿社里的地和她换,她也不换。赵树理做了许多说服动员工作,一无所获。郭海莲寻死觅活地大闹,赵树理也没有办法。如此,小说文本出现分裂,显性文本是赵树理按照主流意识形态定制的,隐性文本则是作者下意识的产物。其分裂症候的深层原因,一是严酷的社会现实,二是赵树理分裂的内心世界。

另一篇佳作《套不住的手》,借手的意象,歌颂农民赵秉正热爱劳动的可贵品质。这双手确实和一般人的不同,"手掌好像是四方的,指头粗而短,而且每一根指头都伸不直,里外都是茧皮,圆圆的指头肚儿都像半个蚕茧上安了个指甲,整个看来真像用树枝做成的小耙子"。"蚕茧""耙子",都出自农村,用来比拟手,颇为接地气,又新奇别致,也算赵树理的独特创造。现代作家萧红,也写过《手》,她以女性特有的敏感体验同为女性的主人公王亚明压抑而扭曲的内心世界。这双"蓝的、黑的又好像紫的,从指甲一直变色到手腕以上"的手,被同学称作"怪物"的柔弱女子,却自重自爱,刻苦勤奋,与农民汉子赵秉正一样,令人称道。萧红以女性的柔婉将心比心,赵树理却是与主人公赵秉正有一样热爱劳动的可贵品质:"年轻时候,种过地,干过泥木瓦活儿,跟牲口赶过脚;还登台演出过上党梆子,甚至也具备农村土发明家的才能,两只手能变出许多魔术来,"即便进城后,也"像潘永福那样,习惯走路,而不是坐车"。对烙饼、门、手等意象的熟稔与捕捉,显示出赵树理宗教一般的亲民意识和"为农民而写农民"的坚定立场。

赵树理笔下赵秉正的这双手,也只有裸露于天光之下,与土地打成一片,方有生命力,一旦上了手套,有了套子,就失去其本来面目。由一双不起眼的满是老茧的手,牵连出一个时代农民的本色与品质,可谓大手笔。

三

"作家的审美情趣、思维方式、精神气质与美学形态,作品里的意象形象,语言词汇、叙述方式与形式技巧等,都与其身上的地理基因存在千丝万缕的联系。"1949 年,赵树理在与李普交谈中提出"文摊说":"我不想上文坛,不想做文坛文学家。我只想上'文摊',写些小本子夹在卖小唱本的摊子里去赶庙会,三两个铜板可以买一本,这样一步一步地去夺取那些封建小唱本的阵地。做这样一个文摊文学家,就是我的志愿。"李普以为赵树理是一个富有生活经验和生活能力的人,并且饱有劳动的知识和经验——这是他能写出有生命力作品的主要原因。考察赵树理的作品，其情节结构、叙述方式乃至完整的故事架构，正是由卦象、罗汉钱、快板等近似小道具的意象（问题意识）和村公所、区公所、旗杆院等具有草根政治的意象（政治意识），联袂搭建起来，进而形成具有地域审美品格的现代评书体小说。这分明借鉴了中国古典文学中通俗小说的艺术智慧，《杜十娘怒沉百宝箱》《蒋兴哥重会珍珠衫》一类的作品，正是借助百宝箱、珍珠衫搭建故事架构，展开文本叙述的，而古代通俗小说、戏曲里，也有从一桩真实血案，生发出一个离奇故事，经由清官介入完美收场，比如《十五贯》等。《小二黑结婚》这个近似轻喜剧的艺术文本，故事原型正是一桩乡村血案。卦象的阻碍，村公所的介入，艺术构思恰到好处，而手、门、烙饼等的暖色调意象，则从生活的细微处着眼，充实了前两者搭建起来的故事架构，使得整个文本血肉丰满。"人情世故、风俗信仰和外来政治对百姓信仰的改变，都有涉猎，与细小中检出时代精神。"

汪曾祺认为，《登记》从罗汉钱下笔，可谓构思精巧。这看法无疑抓住了赵树理小说艺术的要害。从《小二黑结婚》开始，接连出现《李有才板话》《登记》《传家宝》《地板》等，都是赵树理借助卦象、快板、黑箱子、罗汉钱一类的小道具，苦心经营而成的。《小二黑结婚》末尾，出现《怎么到底》一节；《李有才板话》结尾也出现《"板人"作总结》一节，这不算画蛇添足，而是完美收场。如此安排，分明有讲故事的意味。彭德怀就把《小二黑结婚》定性为通俗故事，而赵树理本人也不止一次申明自己是在讲故事：《登记》开头便说"诸位朋友们：今天让我来说个新故事。这个故事题目叫《登记》，要从一个罗汉钱说起"。《表明态度》也交代，"这是我1951年夏天在山西长治专区草拟的一个电影故事……今天看来也可以当个故事看看"。谈到《邪不压正》，赵树理也说，"我所以套进两个故事，是因为想在行文中讨点巧"，"把上述一切用一个恋爱故事连串起来,使我预期的主要读者对象(土改中的干部和群众),从这一恋爱故事中,对那各阶段的土改工作和参加工作的人都给以应有的爱憎"。晚期作品《卖烟叶》里,也有"闲话少说,让我先讲一个卖烟叶的故事,试试灵不灵"。此外,赵树理尤其强调讲故事的技巧,"农民要求故事连贯到底,中间不要跳得接不上气"。还认为,"一个简单故事可以成为高级作品"。赵树理试图通过讲故事,建立起所谓说—听模式,这种"形式的政治"最终通过"声音的政治"达到目的,恰如赵树理自己所云"老百姓喜欢看,政治上起作用"。这种价值观自然跟赵树理本人的经历和山西乃至晋东南的文化传统有深厚关联,用文学地理学术语表达,即为地理基因。

"对于作家而言,地理基因是一个丰富而多变的形成与发展过程,并不是说它在童年时代就已经全部完成。作家在一定的地理环境下出生与成长,家人、家族、社区、地域、经历和所接受的教育,都会对作家产生程度不同的影响,所以,地理基因是在综合条件下形成并发展起来的。"赵树理早期创作,比如《悔》《白马的故事》,心理描写颇为细腻,分明有西化的色彩。真正写作立场、价值观念乃至审美取向的成熟,是在参加革命工作。写出《小二黑结婚》时,作品主题明确,故事顺畅,基调明朗,可谓问题意识、政治意识、亲民意识完美结合的文本。中华人民共和国成立后,意识形态的加压,文本基调不再明朗,读者对象跟着也有微妙变化,赵树理曾夫子自云,由先前的"老百姓"加上"土改中的干部和群众"。由此,出现故事不再顺畅,主题也比较含混的写作倾向。在《三里湾》中,问题意识又退到后景位置,集中表现合作化这一政治性运动。

小说开首即从旗杆院说起,但不是说其本身,而是背后的政治意味,所以简要描述其历史后,直奔主题:

近几年来，旗杆院房子的用处有点调动：自从全国大解放后，民兵集中的次数少了，武委会占的前院东房常常空着，1951年村里成立了个农业生产合作社，开会、算账都好借用这座房子，好像变成了合作社办公室。可是在秋夏天收割的时候，民兵还要轮班集中一小部分来看护地里、场上的粮食；这时候也正是合作社忙着算分配账的时候，在分配问题上仍然有冲突……到1952年，到处搞扫盲运动，县里文教科急于完成扫盲工作，过左地规定秋收不放假，房子又成了问题，后来大家商量了个解决的办法是吃了晚饭上一会课，下了课教室还归民兵用。

　　时间、地点明确交代，不像小说创作，倒像社会资料。三里湾的干部多，会也多，旗杆院这种"前后相连的两院房子"恰好做会场用。作为中国本土的开会模式，与西方由雅典城邦民主延伸出来的公共领域的传统迥异。开首即交代会场，显然放弃了以往驾轻就熟的话本体叙述方式，而代之以宏大叙事，古人云："立片言以居要，乃一篇之警策。"作者是要以宏大叙事统摄全篇。从地理基因的视角看，这是社区环境作用下的结果，同时也有受意识形态作用的主观冲动。将旗杆院意象置于开头，颇为突兀，与《小二黑结婚》等作品里，村公所、区公所的意象水乳交融于文本中颇有差别。20世纪40年代，《小二黑结婚》一问世，就得到彭德怀的高度赞誉。进入20世纪50年代，胡乔木诘难他写不出"振奋人心"的作品，《三里湾》或许就是对这种诘难的有效回应，但事实并不令人"兴奋"。身为文人的孙犁，在谈到新中国成立后赵树理的作品时，认为："他的创作迟缓了，拘束了，严密了,慎重了。因此,多少失去了当年的青春泼辣的力量。"另一位著名文人沈从文直言看不懂《三里湾》,"笔调不引人,描写人物不深入,只动作和对话,却不见这人在应当思想时,如何思想。一切都是表面的,再加上一堆名目好乱,这么写小说,是不合读者心理的"。或许赵树理已经意识到了这一点,在创作出《三里湾》后,作者再一次申明自己热爱的民间文学:"中国过去就有两套文艺,一套为知识分子所享受,另一套为人民大众享受。……我写的东西,大部分是想写给农村中的识字人读,并且想通过他们介绍给不识字人听的,所以在写法上对传统的那一套照顾得多一些。"但同时又强调自己的知识分子属性和世界进步文学:"因为我虽出生于农村,但究竟还不是农业生产者,而是知识分子,我在文艺方面所学习和继承的也还有非中国民间传统而属于世界进步文学影响的一面。"这里可以看出,地域审美取向除了受地理基因之社区环境等客观因素制约外,作者的主观冲动也不可小觑。或许正是主观冲动,赵树理萌发出了向宏大叙事靠拢的倾向。显然,这种靠拢是不成功的,孙犁说其"迟缓了,拘束了",沈从文直言"如照赵树理写农村,农村干部不爱看",正是抓住了问题的要害所在。当然这只是主观意愿,内里包含着紧跟形势的迫切冲动。赵树理心灵深处,依然酷爱民间文艺,晚年总结自己的创作生涯,第三次提到"三个传统",并申明以"民间艺术传统"为主的正当性。

这种略带封闭的地域审美取向,自然有其偏颇之处,周扬曾敏锐地指出,赵树理"有独到之见,也有偏激之词"。追随乡村百姓的审美趣味,形成"老妪能解"的朴素文风,但同时又滋生出对外国文学作品"看起来总觉得别扭的"门户之见,"也缺乏一种大气或史诗气度……更缺乏对于农民复杂人性和文化的书写与穿越"。这些缺陷,显然源自其狭隘的地域审美视界和文学观念。

晚期赵树理(20世纪60年代),放弃了以问题意识(评书体)结构小说的笔法,也放弃了把政治意识推居前沿、以宏大叙事结构小说的笔法,特别重视亲民意识,推出几篇近乎速写的作品,比如《套不住的手》《实干家潘永福》等,不写新人物,专注农村社会熟悉的老农民。作品娓娓道来,以细腻、真切中见其真实性情;农民普通的日常生活,简朴、无伪的生存方式,都在他笔下跃跃跳动着,这可以看成是文学地理学所推重的故乡记忆,中国古代风俗人情笔记里的艺术智慧分明可见。倘若能熬过非常年代,走出那个强大的政治文化语境,以赵树理深厚的中国古典文学功底,应该会写出属于自己的《乡里旧闻》。

(作者系山西省社会科学院文学研究所副研究员)

模范的时间性,《三里湾》中的合作化进程和生产时间

章毅诚

赵树理写《三里湾》的时候,模范这种提法相当流行,比如有劳动模范、卫生模范,各种模范,数不胜数。虽然赵树理的《三里湾》这部作品属于虚构写作,但是小说中的模范具有很明显的普遍性:三里湾就是个模范村,村子里的模范人物也不少。从某种程度上讲,赵树理所塑造的模范表达了一些合作化的必要因素,包括集体生产时间等。赵树理的小说中,这些生产时间的特色不仅仅是政治经济学理论层面上的反映,而是变成了一个具体社会关系中说服力的问题。《三里湾》中的三张画,不但展示了现实模范的时间性,而且是能够说服村民的模范。

集体化与共时化

赵树理是怎样把合作化看成是一种时间性问题的呢? 的确,我们可以从历史学、政治经济学或者文学理论的角度来看这个问题。首先,在一定程度上,赵树理把三里湾村扩社的进程看成是一个不同经济成分相互配合的集体化的过程。譬如,第十章《不能动一个人》的调动工作情况;第十一章范登高家庭副业所造成的冲突;或者第十

九章王金生所安排开渠的计划,在这些例子中赵树理一笔不苟地描述了时间上的工作计划、劳动分配、收获时期等。在这方面,赵树理的小说内容涉及合作社要集体化的必要性。在时间上,组织整合多种不同经济成分,甚至对日常生活也要有所安排,这就意味着要综合考虑各种不同生产、生活中的节奏、时间性,并且把这些要素变成一种集体的、共同的时间,简称共时化(synchronization)。

如果从历史学或政治经济学的角度来讲集体生产的时间性,学者常常会把它看成一种共时化的过程,一个特别有影响力的例子就是马克思《资本论》第一卷第四篇第十二章《协作》中,马克思分析工业生产方式如何带着有改变社会关系的能力,包括规模生产的集体化结果。在马克思看来,规模生产所引导的集体化就是共时化的重要成分。在很多方面中国农业合作化和赵树理的小说《三里湾》都不像马克思所分析的那样,不过在某种程度上,赵树理所描述的合作化问题还是涉及了马克思所分析的集体化与共时化的逻辑。在《三里湾》中,集体化不但是一种宏观上的经济或生产方式问题,而且是如作者所强调的那样,是一个微观的社会化过程,也就是说,小说中所虚构的共时化进程是一个社会关系不断展开的过程。更具体地说,赵树理关于集体化或共时化常常提到的问题就是:如何说服个体从事集体协作劳动,怎么说服个体加入互助组或者加入合作社。

从说服力这个问题来看,我们可以了解赵树理是如何把共时化看成是一个社会关系的问题。赵树理20世纪50年代的很多作品都提到这种问题,包括他的电影剧本《表明态度》、短篇小说《求雨》、泽州秧歌《开渠》等。《三里湾》当然不是个例外。譬如,在第三十章如何说服王申老汉入社的问题,就变成一个非常具体的共时化问题(其实在这个情况之下不如说非共时化)。王申老汉,据作者的解释"一个人做惯了活,活儿做得又好,所以不愿意和别人合伙……人家做过的活儿,他做那个得在修理修理,一边修理着一边说'使不得,使不得'"。换句话说,王申老汉由于个人习惯的问题难以接受合作社集体工作的现实。不过,副村长张永清把王申的态度当作批评的对象,说他"想走蒋介石路线"。听到这种批评,王申说:"全社的人要都是(张永清)的话,我死也不入! 我就要看他怎么把我和蒋介石那个王八蛋拉在一起!"由此,如何说服类似王申的人物加入合作社是一个集体化、共时化的问题。那么在小说中赵树理呈现了哪种有说服力的方式呢? 在笔者看来,当时赵树理解决说服力最有创意的方式就是通过建立模范。

模范、时间与小说

在1952年12月赵树理开始写《三里湾》的几个月之前,他写了《郭玉恩小传》。郭玉恩是当时导引了川底村的互助组和合作社,后来赵树理也把郭玉恩的合社成了《三里湾》构思相当重要的资源。2008年,学者马社香与郭玉恩的儿子郭志发谈了赵树理和他父亲的经验。据马社香讲述,赵树理曾经在1952年跟郭玉恩合作过,他们一起在川底村进行田野调查。当时,为了发展合作社所需要的社会形式,他们一起研究了已经存在的、类似于合作化的所谓大家庭和小家庭的形式。不过在《郭玉恩小传》中,赵树理最重视的形式就是郭玉恩这类的模范。因为赵树理当时把模范当作发展合作社的关键方式,笔者认为,《三里湾》中的那么多模范的设置,包括劳动模范、青年团员模范等并不是巧合。其实,《三里湾》里面的模范就呈现赵树理对模范的一些思考,包括在社会的共时化过程中模范是如何扮演重要角色。

1944年,太行区杀敌英雄、劳动模范大会将郭玉恩称为劳动英雄。赵树理写的小传最后把郭玉恩的成功归因于"四个特长",其中两个跟产生时间的关系相当密切。赵树理就把郭玉恩当作一种指路牌,能够指示如何往新的集体产生的康庄大道上行进。首先,赵树理赞成"他的计划性强":"一年有一年的计划,一个季节有一个季节的计划,即在每一个小段中也都是作着第一步想着下一步,不让工作脱了节。"其次,赵树理所重视的是郭玉恩"接受新事物快"的能力。对赵树理而言,郭玉恩办合社的速度像他接受新生产技术与设备一样相当快。在这个意义上,他所显示的时间性也有加快的特色。

如果说赵树理的模范表达出某种快速和共时化的时间逻辑的话,那么赵树理的模范跟大家所熟悉的一般中苏社会主义历史上的劳动模范到底有什么区别呢?苏联的斯达汉诺夫也不是一种崇拜快速与顺利提高生产的样板呢?在笔者看来,赵树理的模范之所以不同于斯达汉诺夫这类模范的原因,就在于赵树理也把他的模范嵌入一种颇有复杂性的社会现实。因此,赵树理所促进的时间性就在某某社会情况之下才有说服力的时间性。在他的《郭玉恩小传》中,除了上面的两个特长以外,郭玉恩的另外两个特长是:第一,他具有分析其他农民思想的能力;第二,他很有耐烦地说服农民的谈话方式。换句话说,赵树理所推崇的模范的时间逻辑跟一种社会内在逻辑是分不开的。在这方面,赵树理的模范跟斯达汉诺夫这类超人生产性的模范不一样。

《三里湾》的三张画

在《三里湾》最有效率的模范也许不是劳动模范,甚至并不是一个人物。在笔者看来,小说中既重要又有说服性的模范是画家老梁所称的《明年的三里湾》的画。其实,这画属于老梁三张系列的画,它们的题目是:《现在的三里湾》、《明年的三里湾》(就是开渠之后的村子)和《社会主义时期的三里湾》。最后呈现的是一种农村完全机械化的未来。原来,老梁听了玉生的建议而把这三张画画出来。在第十九章,王玉生看到老梁在画一张三里湾的时候,"玉生说:老梁同志! 现在还没有的东西能不能画?"老梁说:"你说的是三里湾没有呀,还是世界上没有?"玉生说:"比方说:三里湾开了渠……"听了这个对话之后,支部书记王金生说村子里正展开宣传扩社和开渠的活动,所以他就委托老梁在动员活动之前把画画完。金生想了想又说:"还可以再多画一张! 将来我们使用了拖拉机,一定又是个样子!"他这么一说,就有好几个人又补充他的话,要求老梁画卡车、公路等。对这些王金生不以为然,他就用县委的话来解释:"不要把那些说得太容易了,让有些性急的人今天入了社明天就跟你要电灯电话……要告群众说那些东西要经过长期努力才能换得来。"之后,在第二十五章扩社和开渠会议之时,村里的年轻人看老梁的画展,《明年的三里湾》所显示的开渠最能唤起观众的共鸣,而《社会主义时期的三里湾》却引来村民的议论。譬如,看菜园的老王就说:"这可不行! 把菜园子搬到村边来,卖菜的来了路不顺!"由此可见,老梁三张画的说服力不一致。这差异意味着什么呢?

《三里湾》中的三张画曾经受到了不少评论家的关注。譬如,在英文论坛中,不列颠哥伦比亚大学的教授Richard King把赵树理的三张画称为"在共产主义统治之下文艺特有的'人类未来神话'"。在某种程度上这种解释是可以理解的,不过如果我们在说赵树理的话,神话这种概念笔者难以接受。在笔者看来,赵树理之所以那么仔细地呈现对这三张画不同反应的原因,就是为了显示模范的时间性与说服力之间的关系。与其说神话,不如说三张画表达的是文艺动员的能力与限制。在时间上,三张画所呈现的是不同时期的三里湾。然而,《社会主义时期的三里湾》所表现的千变万化难以解释,不免引起观众的怀疑。从这个意义上来说,赵树理的模范并不强调无限快速的发展,有效率的模范,而是这个模范要跟社会发展的节奏关系密切。因此,《明年的三里湾》还抱有模范郭玉恩所有对社会的敏感性:这两个模范都促进生产时间的加快和共时化,不过他们所主张的改变方式还脱不开所存在的社会逻辑。

总而言之,赵树理所理解的模范不但把当时政治经济学的合作化问题与虚构写作的实践联系在了一起,而且在某种程度上,赵树理通过模范的时间性这个概念把农业集体生产与文艺工作放在一个辩证法的层面。赵树理所想象的《明年的三里湾》呈现了文艺工作在合作化过程中能够扮演的角色。这就是赵树理通过虚构写作给予的富有理论价值的贡献。

(本文为2019年第五届赵树理学术研讨会论文,作者系美国哥伦比亚大学博士生)

乡村的意义与愿景

——谈《三里湾》中的乡村共同体叙事

赵栋栋

　　赵树理善于书写自己所熟悉的中国乡村。20世纪60年代法国电影理论界曾经提出过结构作者论,这种电影理论强调导演(作家)所有的文本有着某种内在结构性关联和一致性,强调一个导演(作家)"一生反复书写同一个故事"。如果拿这样的观点来衡量赵树理的创作非常具有启发性。赵树理的小说似乎总是和中国农村密切联系在一起。他笔下的农村对于读者而言有着一种似曾相识的熟悉感,又有着一种若即若离的陌生感。赵树理创作的长篇小说《三里湾》就是这样的一部作品。

　　在这个文本中,赵树理写出了一种熟悉。这种熟悉既是作为读者的感受,也是作为文本内容而出现的。这种熟悉表达的是赵树理对于自己所熟知的乡村的真诚,同时他又期待其改变的复杂内心。赵树理把三里湾作为一个传统和现代相互交融的共同体进行构建。这种对乡村的构建模式迥异于当时的农村题材小说。

作为熟人社会的三里湾

　　三里湾村中有绰号的人很多:常有理、能不够、糊涂涂、铁算盘、惹不起等。赵树理在行文过程中并没有向读者解释这些绰号的来历,甚至文本中的青年人也需要向老一辈人问询这些绰号的来由。灵芝问她妈妈:"妈! 有些外号我就不懂为什么要那么叫。像老多寿伯伯,心眼儿那么多,为什么叫'糊涂涂'呢?"文本中的青年人尽管"不懂为什么要那么叫",但是他们一直在使用这些绰号来完成相互之间的交流沟通。也就是说,这些绰号作为"名",尽管其"实"不确定,但并没有影响其指称功能。读者在阅读文本的过程中尽管需要对这些绰号望文生义,根据表面义去猜测人物的性格特征,但是并没有一丝陌生感。在中国的很多传统乡村,为什么忽略姓名而只叫绰号的情况普遍存在? 原因就在于乡村中的人是相互熟悉的。在《乡土中国》中,费孝通先生认为中国乡土社会是一种熟人社会:"乡土社会在地方性的限制下成了生于斯、死于斯的社会。常态的生活是终老是乡。假如在一个村子里的人都是这样的话,在人和人的关系上也就发生了一种特色,每个孩子都是在人家眼中看着长大的,在孩子眼里周围的人也是从小就看惯的。这是一个'熟悉'的社会,没有陌生人的社会。"正是由于熟悉,所以姓名在彼此的交流沟通中是无用的。在作为熟人社会的传统乡村,小孩出生伊始就产生了许许多多的既可以是作为亲属的,也可以是作为乡邻的叔叔伯伯。根据其性格特征,父母早就为牙牙学语的孩童准备了这些叔叔伯伯的名字(绰号)。姓名只有在陌生人之间相互沟通时才有用,"你好,我叫×××"。不仅是姓名,就连文字、法律等才是陌生人社会中的必需品。

从文本《三里湾》中,我们很少可以看到常有理、能不够、糊涂涂、铁算盘、惹不起这些人的真实姓名,仅基于此,我们就可以说赵树理通过这部小说为读者展示了一个传统的乡村中国。在三里湾这个乡村中,人物相互之间的交往就是基于熟悉——人们彼此之间的熟悉、人物对环境的熟悉。

(一)人们彼此之间的熟悉

除了上述的人物绰号是人们彼此之间熟悉的表现外,文本中青年人的恋爱结婚也是熟悉的表征。文本中共涉及两对四位青年:玉梅、灵芝、有翼和玉生。这两对终成眷属的青年人都是三里湾村的,并且他们之间感情纠葛的解决似乎是为了推动文本的核心事件之一的扩社。灵芝有文化,她喜欢同样有文化的有翼,但是又生气有翼一味听母亲常有理的话,不能自主。于是她转而喜欢上了玉生。灵芝和玉生确定关系的情节非常简单。"灵芝问:'你爱我不?''你是不是和我开玩笑?''不,一点也不是开玩笑!''我没有敢考虑到这个事!'……'以前没考虑过,现在请你考虑一下好不好!'玉生说:'我的老师! 只要你不嫌我没有文化,我还考虑什么的呢?'玉生伸出了双手,灵芝把自己双手递过去让他握住,两个人四个眼睛对着看,都觉着事情发展的有点突然。"

玉梅和有翼关系的确立也是非常快的。"有翼说:'我还是没有病! 我只问你一句话! 说得干脆一点! 你愿不愿意和我订婚?'……玉梅说:'愿意不愿意,还要看以后各方面事实的变化。'"经过有翼革命,玉梅决定嫁给有翼。这绝对不是我们常见小说中的恋爱模式! 这两对年轻人敢于看似如此仓促地决定自己的婚姻,肯定于其作为熟人相互之间长期的了解是有着密切关系的。

(二)人物对环境的熟悉

文本中人物对自己所生存于其中的环境也是非常熟悉的。比如,玉梅到旗杆院的小学教室搬桌椅。小说写道:"她来得最早,房子里还没有一个人,黑咕隆咚连个灯也没有点。可是她每天都是第一个先到的,所以对这房子里边的情况很熟悉——她知道护秋的民兵把桌子集中在北墙根做床子用。她知道板凳都集中在西墙根把路留在靠门窗的一边。她知道煤油灯和洋火都放在民兵床头的窗台上。"在这里,人物对其生活环境表现出了高度的熟悉感和可把握性。

赵树理对这种人物之间的称谓、人物行动基于熟悉和人物对环境的谙熟于心的书写是有意味的。这种意味就在于《三里湾》这个文本独特的叙事模式——乡村共同体叙事。

乡村共同体

德国社会学家斐迪南·滕尼斯在《共同体与社会:纯粹社会学的基本概念》中认为,共同体和社会是"人类群体生活"的两种形态。共同体是建立在血缘、地缘和宗教等自然基础上的,社会是建立在"个人、个人的思想和意志"基础上的。滕尼斯认为,共同体主要依赖"人的本质意志","思维和行为在成长中才学会了的形式和内容与由身体状态所制约的和从祖先继承下来的经历、思维和行为方式,构成为统一体",也就是说,共同体是由人的出身所决定的一种意志。

小说《三里湾》围绕三里湾这个传统自然村落展开叙事。文本开篇介绍了三里湾的核心区域旗杆院,介绍旗杆院的旗杆,介绍"三里湾的'举人'是刘家的祖先,至于离现在有多少年了,大家谁也记不得"。三里湾的核心区域尚是如此,可见,这个自然村落是在漫长的历史中自然发展而来的,有着自身的边界和文化传统,是村民的生存单位。在滕尼斯看来,村庄是最为典型的共同体形态。滕尼斯强调共同体的自然性和历史性,强调共同体关系的一般根源是"与生俱来的无意识的生命的相互关系",是一种基于出生且先于个体选择的

"原始的或天然的状态"。在小说文本中,赵树理叙述的核心事件有三:秋收、扩社和开渠。无论哪一个事件,都是为了延续三里湾这个村庄的自然性和历史性。三个核心事件的终极指向是确定的——农业生产的扩大和群体生命的延续。这个终极指向成为三里湾这个共同体的一般来源。三里湾村民的行动和思维正是滕尼斯所说的"在成长中才学会了的形式和内容与由身体状态所制约的和从祖先继承下来的经历、思维和行为方式"。

但是,赵树理笔下的三里湾也还是不同于滕尼斯共同体的意义的。这个三里湾共同体是作家赵树理人为构建的产物,而滕尼斯的共同体是社会学意义上的自然产物。从区别的意义上来讲,三里湾是赵树理文学叙事的理想形态,是一个关于共同体的理想。所以,我们应该在文学的目的和价值的层面上去发掘《三里湾》的意义。

中国当代文学中的乡村范式

传统中国是以乡村为核心的,因此以乡村为对象的小说文本在中国文学发展脉络中占有重要的位置。从中国当代文学发展的角度而言,乡村作为文学书写对象是从20世纪三四十年代之交的民族形式论争之后开始的。20世纪40—70年代,中国当代文学中存在以乡村为主体的文学叙事范式。在中国,乡村社会进入文学书写是与现代文学的构造同步的事情,但是五四时期文学书写的乡村与毛泽东时代文学书写的乡村是有着根本性不同的。五四文学中的乡村,作为一种景观,是与启蒙密切联系的。乡村寓意着蒙昧,甚至呈现出压制乃至扼杀个体的专制。毛泽东时代文学中的乡村,被叙述者放置于土改和社会主义改造运动当中,与英雄人物、乡村共同体和社会主义理想三者相互勾连,成为一种颇具意味的书写对象。丁玲、周立波、梁斌、柳青等作家的文本都是如此,赵树理的小说在表现这一特征上更为明显。从这些作家的创作维度而言,作为范式的乡村书写确实是存在的,尽管存在个体差异。

这种范式的存在,有两个层面的问题值得注意:第一个层面是建构性。中国当代文学将乡村作为自然单位的这种建构性包含着作家们如何叙述中国的理论问题。文学叙事视野中的乡村始终是20世纪文化研究批评概念范畴中的景观,是一种理论性建构的结果。第二个层面是经验性。每一个自然村落在漫长的历史进程中形成了属于自己的自足性和历史性。研究者只有既看到乡村的经验性又看到乡村的建构性,才能明确乡村是一种想象共同体。本尼迪克特·安德森在《想象的共同体:民族主义的起源与散布》中说:"所有比成员之间有着面对面接触的原始村落更大(或许连这种村落也包括在内)的一切共同体都是想象的。"安德森用"想象的"来说明乡村成员关系的非面对面,即同一乡村的不同成员,其关系是观念性的因而也是想象性的产物。差别在于,作为叙事单位的乡村是一种叙述性的产物,作为实际存在的乡村是一种经验性的产物。无论是叙述性的还是经验性的,乡村是无法脱离意义这一环节而成立的,问题是叙述性的乡村和经验性的乡村之间的关系如何确立? 想象的共同体在想象的层面建立共同体关联是需要经验基础的,否则很难理解它如何唤起"深沉的依恋之情",也就是说,想象的共同体必须诉诸经验的共同体才能够构建出来。在《三里湾》中,赵树理是如何处理作为经验性和建构性的三里湾的呢?

赵树理的乡村共同体叙事

从文本叙事内容来看，《三里湾》在整个赵树理的文学文本序列中是唯一表现自己乡村理想的作品。赵树理一直被称为农民作家，乡村青年们的婚姻自主问题、乡村权力结构问题、乡村世界中的迷信问题、土改中的基层干部问题和农业合作化运动中的农民积极性问题都集中进入了他的创作视野中，并被作为问题小说呈现了出来。《三里湾》尽管属于问题小说这一序列，但是这一文本与其他文本不同的是，它所涉及的问题并不仅仅是已经具有确定政治方案的群众工作中的某个环节问题，而是集体化运动这一整体方案的历史和现实可能性问题。

1955年毛泽东在《关于农业合作化运动》中向全体中国农村提出社会主义运动的方案。文学创作构成了这一历史运动的中心场域，支持和反对农业合作化运动分别成为当时文学书写的主题，但是随着后来合作化运动被否定，人们对于前一阶段文学书写的评价也发生了根本性变化。在政治和文学的对抗性二元阐释框架中，曾经的文学经典却成了"政治压制文学"的牺牲品，而其一阶段中带有批评色彩的作品便成为"文学反抗政治"的典范。《三里湾》与合作化运动之间的关系似乎是跳出支持和反对的二元对立的，研究者需要发掘文本中赵树理有意味的态度。

这一态度体现在赵树理是如何处理三里湾这个共同体的。处理的方式和作者的身份密切相关。这时的赵树理具有国家干部和在京作家的两重身份。携带着这两重身份，1951年赵树理开始在晋东南农村调研农业生产合作社的试办情况。1952年，他到川底村参与合作化试验。这次的调研和试验是赵树理重回农村的行动。作为在京作家,北京的生活与体验让他对城市有一种陌生感,迷失了创作的方向,这一次的重回使赵树理可以在一段时间远离农村携带城市经验之后重新审视农村。对于作家而言,这是一种既熟悉又陌生的新感受,从创作的角度而言则是一种超越性的观察农村的视角。同时,作为干部,这次回乡行动也可以有效地参与中国农村的合作化运动并了解真正参与者——农民的真实态度。

《三里湾》就作品倾向和写作主题而言,是一部赞成合作化运动的作品,但是这种赞成伴随着理性思考。这种思考关涉中国农村的历史、现实和未来走向如何被看待和设计的问题。换言之,《三里湾》是一部带有规划性质的文本。赵树理通过一个乌托邦的设计,以文学的方式为当时的中国领导层和农民描绘了一幅完满和谐的未来图景。小说叙述的目的就是要告诉人们如何经由现实而走向未来。

(一)人物

20世纪四五十年代,中国文坛上出现了一批以中国农村生活形态与变化状况为题材的小说文本。20世纪40年代周立波的《暴风骤雨》、丁玲的《太阳照在桑干河上》,20世纪50年代周立波的《山乡巨变》、柳青的《创业史》、梁斌的《红旗谱》,20世纪60—70年代浩然的《艳阳天》和《金光大道》等。这些小说文本以农村小说名之,旨在表现中国农村的土地革命和社会主义改造运动。在这些文本中,乡村几乎总是被作为叙述的对象,如《山乡巨变》中的清溪乡、《创业史》中的蛤蟆滩、《艳阳天》中的东山坞以及《金光大道》中的芳草地。同样,赵树理在《三里湾》中也描写了三里湾,但是赵树理笔下的三里湾不同于其他作家笔下的乡村。其他作家笔下的乡村是小说人物活动的环境,赵树理笔下的三里湾则是小说的主人公。

当读者阅读《三里湾》时,如果按照惯常的现代小说标准,会发现这是一部缺乏中心人物的小说。它不像周立波、柳青等人的文本,其中的核心人物作为行动元推动故事情节的发展。《三里湾》中缺少统摄小说意义构造的人物,只存在与主要事件相关联的人群。赵树理称自己的创作方法为"重事轻人"。整部小说有三个核心事件:秋收、扩社和开渠。秋收时需要更新旧石碾,扩社中存在范登高、马家和袁家的反对,开渠中受着马家"刀把上"那块地的阻碍。解决这些矛盾过程中并没有一个卡里斯马式的中心人物,而靠的是乡村中的群体性力量。小说不仅缺少现代小说意义上的主人公,甚至还缺少主导性的情节而只存在事件。同样,作为诸多事件发生地的三里湾也并非现代小说意义上的环境。也就是说,这部小说缺少着彼此塑造的现实主义小说的三要素。三里湾没有成为构成人物本质性格的典型语境,事件也不能突出人物性格,甚至三里湾中没有一个中心人物。所以从文体的角度出发,我们可以说赵树理的《三里湾》正创造着一种不同于当时现实主义小说的新的小说文体。现实主义小说肯定是有中心人物的,《三里湾》的中心人物是作为空间的三里湾。小说以事件作为组织叙事的基本脉络,事件的诉求与目标都是为了呈现作为意义单位的乡村三里湾。就文本而言,三里湾的空间性得到了凸显。这个乡村的构件:旗杆院、王家、马家、打谷场中的生活与劳动被做了充分的细致描写。

(二)空间

纵观小说,我们可以将其分为三个部分:一夜、一天、一月。

9月1日夜晚:小说所有的人物几乎全都登场,三里湾的主要生活场景、不同人物关系和正在酝酿的矛盾冲突都呈现给了读者。

小说接着写一天:早晨的"换将"透露出了范登高的"阻碍",上午的何科长参观凸显出了三里湾农业生产合作社的具体构成,午饭后的秋收各场的差异暗示出了合作社的必要性,晚上会议前出现的三张画和一系列"出题目"预示了扩社后的美好愿景。这一天展现三里湾这个乡村的各个空间构成部分的同时,使小说矛盾的爆发点显现了出来。

小说第三部分写一个月:菊英分家、有翼革命,解决"刀把上"那块地的问题,开渠成为现实;范登高做检讨,天成交出土地解决了党员干部不愿扩社的问题;灵芝和玉生、有翼和玉梅、满喜和小俊的结合表现了扩社、开渠这样的大事对三里湾日常人际关系变化的推动。

从小说的结构安排上看,真正的叙事主体确实是三里湾:第一部分写了三里湾既有的格局,它以家、村、社为构成单位,个人是这些单位的活动主体,又带动这三者的变化;第二部分突出合作社的全景和三里湾构成部分之间的矛盾,正是这些矛盾的爆发使原有格局发生了变动;第三部分写新的家庭和新的合作社的形成过程,"新"的形成促使单干小家庭和旧式大家庭的瓦解,个人、家和社之间的新的组合模式建立起来了。综上所述,三里湾不是小说中故事发生的场域,而是一个在产生新机制的主体。赵树理的这部小说真正关注的是三里湾这个空间及其内在组织形态。所以说,赵树理的《三里湾》采用了迥异于当时现实主义小说的新文体——乡村共同体叙事。在这种叙事中,人们习惯的小说主体——人物被置于这个空间和内在组织形态中,他们成为这些组织单位的构成要素而非独立于其外的意义支点。人物在这些社会空间中穿行,事件的解决不是依靠外力迫使空间解体,而是通过人与人的分化组合重构空间的意义,换句话说,小说中的人物只有被置于三里湾这个空间之中才有意义。人物只有靠着空间彼此黏合,空间内在各构件的变化需要赋予人物行动以意义,人物行动推动空间内部各构件的变化。这是所谓共同体的含义。外部的人事对于这个共同体内部的运转起不到关键的作用。

《三里湾》中涉及的外来人员有4个：县委会老刘同志，参观三里湾的何科长、副区长张信和画家老梁。这其中，最有意味的是老刘同志，小说叙述他一直住在三里湾参与管理工作，但是老刘同志的管理工作不是居高临下式的发号施令，而是一直在倾听、观察、了解，并在必要的时候支持进步力量。他在小说叙事中的主要功能是制衡范登高的落后思想，并促使其转变。这样的行动有两次：9月5日的小整党会议和9月10日的扩社开渠动员大会。这两次会议都是由三里湾村民自己组织安排的，老刘同志在会议上并不是站在更高的位置上主导整个村庄工作的，但是在金生等人碍于乡亲面子不能做斗争时，他直接批评了范登高。可见，老刘同志并没有直接介入三里湾的工作，而是作为一种外部的威慑性力量而存在的。这样的叙事技巧是赵树理为维护乡村共同体的主体性而有意为之的。

所以说，《三里湾》的主体是三里湾这个乡村共同体，其有着不受外界干扰的自我运行的组织机制。滕尼斯在区分共同体与社会的时候，强调了社会中起关键作用的是"个人、个人的思想与意志"。这里的"个人意志"强调一种基于个人思维的选择性。这种选择性突出的是独立性和自由性，而这些在共同体中是不显现的。

(三)时间

虽然在小说叙事中出现了一夜、一天、一月等一系列的看似无社会意义的物理时间，其实这里的时间具有两重意义：分开来看时间，一夜的生活、一天的生活、一月的生活，三里湾这个空间中人的日常生活与劳动是周而复始的，这是一种传统；连起来看时间，一夜——一天——一月，从小说三部分的容量而言，作者很明显在"加速"，这表明：

在赵树理的理解中,社会主义改造与建设在乡村传统社会中应以由慢到快的速度展开,从文本中事件被叙述的节奏看,关乎改造与建设事件的解决的确是文本后半部分快于前半部分。比如,前文所提到的灵芝对自己理想的恋爱对象的选择到确定玉生为自己的结婚对象就可以表明这一点。理想的恋爱对象的选择是与三里湾这个空间中秋收这一事件相联系,而扩社和开渠这两个事件与秋收相比,应在之前完成且重要于秋收,更是保证下一次秋收的必需条件,需要在上冻之前迅速完成,于是理应加快。作为扩社和开渠重要保障的有翼革命和"刀把上"地块问题的解决,需要灵芝和有翼的积极行动,于是他们迅速地"立户口"。由此可见,这种加速是赵树理的一种叙事策略。

分开看的时间表明一种稳定性,在这个乡村共同体中,一切都是传承的。对空间中的人而言,传承就是生活,就是生活的意义。他们不需要变化。变化是要时间来表征的,不需要变化就不需要时间。赵树理对时间的展示其实就是在展示共同体的稳固。三里湾这个空间中最稳固的是旗杆院。乡村三里湾的主人随着时间的流逝不断更替,但旗杆院是稳定的。旗杆院经历过多个主人,现在它的主人是农民。空间的延续和人群身份的变更,在这里隐约显示着赵树理对革命的理解:革命似乎不应该全面打破乡村的古老秩序,而应是对传统乡村的一定程度的修复与重建——消灭土豪劣绅而代之以共同体中的农民自我管理。显然,赵树理依靠乡村共同体叙事重建了共同体的传承,那就是劳动者与土地、生存空间之间那种稳固的依赖关系和意义空间。

《三里湾》中的这个乡村共同体有其传统但并非古老的乡村。三里湾的中心旗杆院的功能已经多次变化。空间功能的变化很明显是一个时间问题。旗杆院这一空间功能的变化如果放置在时间中进行考量是飞速的,所以赵树理要对时间进行加速。农民成为旗杆院的主人,农民当下在积极思考与行动着。他们要秋收、扩社、开渠,这是社会主义这一历史新事物对乡村格局的改变。加速的时间表明了三里湾要从之前的循环往复开始进入快节奏的现代时间。传统的夜晚,人们是用来休息的,马家关上了大门,但是玉梅要来上学扫盲、玉生要为秋收做准备,要进行社会主义建设。夜晚对这个空间中的部分人而言没有变,对于另一部分人而言现代了。在这里现代与传统交汇在一起,并不对立甚至对抗,表明社会主义建设在三里湾是与传统生活秩序融合并转化的。

(四)乡村共同体叙事的意义

小说文本中的扫盲行动、农业生产工具的革新意识和行为、外来人员老刘同志的威慑等都是推动三里湾内部发生变化的外部力量。扫盲是为了提升三里湾中不识字青年的知识能力,为领会政策做准备;农业生产工具的革新是为了农业生产更加有效和便利;老刘同志的行为是为了对党员思想的纠偏。这些都是和三里湾的秋收、扩社和开渠之间关系密切的。秋收事件就是三里湾这个共同体的利益,如何顺利完成使村民们满意的这一年的秋收就是共同体内部机制变化的契机。扩社和开渠是来年秋收的有力保障。种种外部力量都推动了扩社和开渠,进而推动了共同体的发展,但都非强力。

小说文本以三里湾取代同时代小说一如既往地将人物作为叙事主体,乡村作为人物活动及推动其性格形成的环境的书写套路,而是将三里湾这个空间作为叙事主体,而将当时中国政治经济建设的核心事件——社会主义建设和农村改造作为环境。如此叙事的目的就在于作者在思考曾经对中国历史发展做出过卓越贡献的乡村如何直面社会主义。赵树理几乎没有接触过对中国现代化产生深远影响的外国小说文本和思想资源,所以他做出的思考完全是在我党的政策影响和教育下独立完成的。他将三里湾作为一个共同体,其目的是强调它的自然性、历史性和独立有机性。这样的共同体的运行机制发生变化只能是其内部的结构发生变化。内部结构的变化是出于组成部分受到外界影响和自身利益的思考才可能发生的。外部因素迫使共同体强行变化是不明智的。所以,在赵树理看来,乡村共同体与外部因素最理想的关系是相互融合,基于利益考虑推动其内部机制变化。

结　语

《三里湾》是赵树理尝试思考和书写中国传统乡村在社会主义建设和改造这种政治语境发展路向的问题小说,其中包含了作为共同体的中国乡村现实和之后发展理想两个层面的问题,因此其历史内蕴是丰富的。三里湾作为一个传统空间,其具有自身的历史性,同时又被放置在中国和社会主义的大语境之中,这其实是赵树理对本身具有自然性的村庄在遭遇非自然性的外部风云之时,它们如何保持自身独特性,又同时相互包容的思考。赵树理思考的问题同时也是一个传统和现代遭遇时,双方如何相处的问题。对这些问题,《三里湾》做出了溢出,甚至迥异于中国现代文学的回答。从这个层面而言,《三里湾》是具有经典性的,它为我们提供了一个思考现代社会与文学体制关系的契机。

（本文为2019年第五届赵树理学术研讨会论文,作者系长治学院中文系赵树理研究所主任、中国赵树理研究会理事）

《"锻炼锻炼"》与"三农"问题的互文性阐释

杨根红

在解放区民主革命、土地改革以及社会主义革命和建设的历史进程中,赵树理的小说无疑具有独特的认识价值及审美意义。这既缘于其农民知识分子的自我身份定位,又关涉其文本创作的价值指向。根深蒂固的问题意识及务实、重实效的生存法则,使其文本创作与彼时农村进行的社会主义运动复杂而又紧密地缠绕在一起。通过对赵树理短篇小说《"锻炼锻炼"》的进一步解析,我们不仅可以反观当时农业合作化运动的具体历史场景,也能对政治意识形态、作家的创作动机以及文本的现实呈示之间的复杂关联有一个客观合理的认知。

一

1995年赵树理在琚寨下乡时曾给中国作协写过一封信,原文如下:"我于十一月三日出发赴太原,正赶上山西省委召开农村工作会议,得于会议中听到各地方(县及基点组长)的报告。十三日随长治地委赴会的同志们到长治专区,十九日才到潞安县的琚寨乡。这个乡是潞安县的模范乡,有三百户以上的大社,现在正准备转为高级社,今天就要开党团员大会,研究全面规划问题。这里也和其他模范地区一样,经常住有外来的人。现在这里住有国务院法制局的一个调查小组、北影一个新闻摄影组、河南一个参观团、山西省委一个考查三定的组和副县长、县委宣传部长等多人。谈材料成为干部负担的现象在这里依然存在,现在正想法克服。我初到这里,一切情况都不熟悉,也不愿再为干部增加任务,所以就旁听一些谈材料、解决问题的会议。我觉得这样足以深入到他们的生活中去。我想在这里住一个较长的时期(一两个月)然后再到别处。"根据山西长治县琚寨村故居收藏的赵树理相关第一手资料,我们可以得知:赵树理于1955年11月19日到潞安县琚寨乡下乡,1956年12月1日出席琚寨乡转高级农业社大会并讲话。琚寨成了他了解农村、了解农民的窗口,他在老百姓当中爱说快板,更爱说顺口溜,给当地一位中医编的快板曾在报刊上刊载。还自编歌曲《歌唱琚寨乡》教当地老百姓唱。早在1953年5月11日,中共山西省委就发出了《关于加强农村支部工作以巩固整党成果的指示》,决定在山西全省逐步推广琚寨支部的工作经验。1955年3月15日,《人民日报》以《必由之路》为标题报道了琚寨村走社会主义道路的先进事迹。

从上述两则相关材料,我们可以推知,1952—1956年,琚寨村办农业生产合作社的经验、成绩在全省乃至全国都产生了广泛的影响(国务院1958年12月授予琚寨乡农业社会主义先进单位的奖状)。赵树理写《"锻炼锻炼"》是在1958年,我们从文本中很难读出当时农业生产合作社热火朝天的冲天干劲及取得的丰硕成果。那么,1956—1958年,当时的农业社发生了什么变化?赵树理在文本中到底想表达什么?

二

正如有些研究者所述,赵树理被赋予农民、知识分子以及党员干部三重身份的重合与特定文化场域中的国家意志、民间存在法则之间的撕扯和弥合,造成了其文学及自身命运的起起伏伏,以及独特的审美空间。赵勇在谈到赵树理的三重身份与其小说创作之间的复杂关联时认为,"这种尴尬与痛苦表面上是身份的撕裂与缝合问题,实际上是价值立场和写作立场的坚守与摇摆问题,最终则演变成了赵树理小说文本中的种种症候:故事的走向不再清晰,主题的呈现比较含混,政治话语既跟不上节奏,民间话语也踩不到步点……"也如有些研究者所述,赵树理的现实主义创作艺术既与革命现实主义相疏离,也与浪漫主义似乎无缘,而将其命名为重亲历与经验的朴素的现实主义,赵树理正是这样一位深深植根于土地,站在农民立场上,以小说写作的独特方式反映农民的愿望、理想、情感和诉求的作家。

《"锻炼锻炼"》刊载于《火花》1958年第8期。按作家自述,这篇小说的创作动机主要是批评农村基层政权中的和事佬思想倾向。小说的题目就很有意思,"锻炼锻炼"本来是争先农业社主任王聚海的口头禅,他始终认为副主任杨小四与女副主任高秀兰年轻,没有经验,不能挑大梁,还需要在工作岗位上"锻炼锻炼",结果杨小四在主任与支书去城关一个农业社参加整风大辩论不在场的情况下,依靠副支书、高秀兰、王盈海以及张太和等人成功地完成了一次布置摘棉花的任务,同时对社里的以小腿疼、吃不饱为代表的懒惰落后妇女有效进行了一次整风批评教育,于是,社里群众都认为主任王聚海应该"锻炼锻炼"。

这篇小说最成功的地方或许在于作者塑造了两个活灵活现的农村落后妇女形象小腿疼与吃不饱,而且在看似波澜不惊的琐碎叙述中暗含着人物灵海波动的汹涌激流。先看小腿疼,这个妇女自私自利,仗着社领导是自己的本家亲戚,自己年龄稍长,所以无所顾忌,胡搅蛮缠,属于农村典型的泼妇形象。"她的小腿上,在年轻时候生过连疮,不过早在二十多年前就治好了。"在"生疮的时候","丈夫伺候她",治好后"为了容易使唤丈夫"说自己留下了腿疼的病根,"高兴时候不疼,不高兴了就疼","她的丈夫死后儿子还很小的时候有好几年没有疼,一给孩子娶过媳妇就又疼了起来"。在家装病役使丈夫,尽耍婆婆威风,但也对儿子疼爱有加。大字报事发后,一开始气势汹汹要找杨小四算账,"小腿疼一进门一句话也没有说,就伸开两条胳膊去扑杨小四",后来听说真要把她送到乡政府法院,就怯了场;闹事也懂得掌握火候与分寸,有主任王聚海在中间调解时尽管她行为上有所收敛但嘴上还不服软,她对杨小四说:"我不是要打你!我是要问问你政府规定过叫你骂人没有?"一阵詈骂之后,支书王镇海站出来批驳她,并有两名社员"拉住她两条胳膊"往乡政府走,这时小腿疼的确心生战栗,恰好主任王聚海出面让她"定了定神"。等到发现连主任也不可能保护她时,她赶紧趁机退场,"我可走了!事情是你承担着的!可不许平白白地拉倒啊!"说完抽身就走,却忘了装腿疼。

　　再看吃不饱这个人物形象。吃不饱原名李宝珠,30来岁,凭借自己天生丽质,结婚后依旧朝三暮四,还想着与丈夫张信离婚,另攀高枝,在家飞扬跋扈,对丈夫颐指气使,极尽刻薄之能事,好吃懒做,背着丈夫偷吃,自私胆小又爱撺掇。小腿疼第一次与杨小四发生冲突以及开社员大会布置生产任务时与王盈海发生的冲突,不能不说是吃不饱怂恿、撺掇的结果。吃不饱一直担心有人给她贴大字报,看到大字报后,立刻就去了小腿疼家,把大字报的内容给小腿疼报告了一番,"又添油加醋说了些大字报上没有写上去的话,一顿把个小腿疼说得腿也不疼了,挺挺挺挺就跑到社房里去找杨小四";等到晚上开社员大会时,也是吃不饱推着小腿疼的脊背让她去搅会场,而自己"只坐在圈外"。在偷棉花被抓,人证、物证俱全的情况下,吃不饱的老实交代充分彰显了这个色厉内荏的农村落后妇女的性格本质。"吃不饱见大风已经倒了,老老实实把她怎样和小腿疼商量,怎样去拉垫背的、计划几时出发、往哪块地去⋯⋯详细谈了一遍。"

在塑造这两个农村落后妇女的性格特征时,赵树理并没有接续新文学乡土文学国民性批判的路径,而是设身处地地深入彼时农村社会现实语境中对这两个落后妇女给予了善意的嘲讽,甚至以农村的伦理道德关怀作为化解危机的"润滑剂"。在处理偷棉花问题的社员大会上,尽管小腿疼还想狡辩,但面对群众要送她去法院的咄咄逼人的阵势,小腿疼的气焰可以说彻底被消灭了。"小腿疼着了慌,头像货郎鼓一样转来转去四下看。"这时,她的儿子、儿媳也慌了,劝她说:"娘你快交代呀!"尤其是在矛盾的紧要关头,作者再三安排了她的儿子、儿媳帮她求情,恳求大家准许她交代的细节,"全场冷了一下以后,小腿疼的孩子站起来说:'主席!我替我娘求个情! 还是准她交代好不好?'"这一细节暗示出的恰恰是作者并没有把人民内部矛盾深刻化到阶级斗争的高度,而是以同情、理解的姿态突出了农村人情伦理的脉脉温情。

三

由此,我们可以进一步追问,这篇小说中的人物最终到底是谁经受了"锻炼"? 文本结构紧凑,充分发挥了作者驾驭中短篇小说体式的特长,时间安排在一天半之内,以两张由当地农村曲艺快板顺口溜的形式承载内容的大字报结构起小说的主要矛盾冲突,一张是针对两个落后妇女的,另一张是针对王聚海的,中间串联起的事件是王聚海认为做好社工作必须摸透每一个人的性格,对症下药,以柔克刚,以杨小四为代表的一方认为有些落后社员撒泼耍赖恰恰是因为摸透了王聚海和事佬的性格,必须以强硬的方式整治,而矛盾最终以软着陆的方式得到妥善解决——生产任务完成了,落后妇女也受到了教育,冲突双方皆大欢喜。追踪整个文本描述的人物群像的行为、思想以及情感转换的蛛丝马迹,不难发现,冲突的双方都得到了"锻炼"——作为农村基层干部,做群众工作时既要坚持原则,又要精通人情世故。毋庸置疑,这就是赵树理解决农村工作问题的一种独特方式。这种诉求既缘于其乐天知命、通达幽默的性情,也彰显了其问题小说的劝人观念。

这篇小说在艺术架构上也凸显了赵树理对晋东南地区民间曲艺、快板,以及说唱、评书等传统艺术的熟稔,同时又对传统章回体小说进行了现代性转换。小说先从快板式的大字报起笔,紧接着介绍两个主要落后人物的性格、行为,然后迅速推进故事运行的节奏,在张弛有度、参差错落的矛盾情节设置中,彰显出人物的主要性格特征及作品的思想意蕴。作者的叙述语言与人物语言高度一致,经过提炼的晋东南口语让人不自觉地重返历史现场,与其笔下的人物一同经历是是非非。尤其是晋东南地区口语的运用,诸如"使唤""说倒了""摆弄""平塌塌"等语汇的运用,不仅使小说显得生动俏皮,也使文本烙上了深刻的地域民间文化色彩。

当然,在整篇小说幽默风格的背后,从小腿疼、吃不饱及消极怠工的其他妇女身上所潜隐的彼时农村农民生存的真实状况,也不难发现赵树理极度悲怆的一种内心情怀。《中国共产党七十年大事本末》一书中所罗列的农业合作化时期的相关数据毫无疑问是赵树理文本思想蕴含的有力佐证：我国农业合作化后，由于受"左"倾指导思想的影响，农业生产并没有明显提高。全国粮食产量1958年为2亿吨，20年后的1978年才达到3亿吨，年平均产量只增加了约500吨。1977年，全国农村依旧有1.5亿人口的口粮不足。1978年，全国有139万个生产队年人均分配不到50元。农民的温饱问题依旧没有得到解决。正如陈思和所述："作为一个真正的现实主义作家，赵树理抛弃了一切当时粉饰现实的虚伪写法，实实在在地写出了农村出现的真实状况。""农民就是这样消极怠工和自私自利，农业社'大跃进'并没有提高农民的劳动积极性，只能用强制性的手段对付农民……艺术的真实，就这样给后人留下了历史的真实性。"这也是一件至今仍旧让人深长思之的事情。

综上所述，赵树理深深扎根于农村，以其亲历体验为基础，对彼时晋东南农村的现实生存境况进行了符合意识形态要求的艺术编码，也延续了其小说揭露农村基层干部中坏分子的一贯主题，然而在与农民命运休戚与共的情感驱使下，作者在塑造文本中的农村基层干部和落后人物性格特征时，也在不经意间折射出了彼时农民生存状况的窘迫及农业生产面临的严峻态势。

（本文为2019年第五届赵树理学术研讨会论文，作者系长治学院中文系副教授、中国赵树理研究会理事）

《小二黑结婚》经典之谜

吕轶芳

1943年9月,赵树理创作的小说《小二黑结婚》问世。由于小说的主题,反映了"新的时代""新的天地",塑造了"新的人物",展示了"新的作风""新的文化",而与毛泽东《延安讲话》精神高度契合,所以立即在太行太岳抗日根据地引起了轰动。像小二黑、小芹那样,反对封建包办婚姻,追求婚姻自主,积极参加抗日斗争成为农村青年的追求。《小二黑结婚》不仅是赵树理的成名作,也成为中国20世纪文学中的经典作品。

关于《小二黑结婚》的艺术成就,学界都从不同角度给予了深入研究和高度评价,本文就不再赘述了。那么站在21世纪20年代的角度看待这部经典之作,它的魅力还依然存在吗?它是否已经过时了呢?笔者认为魅力永存,并没有过时。

在进入21世纪新时代的今天,它依然是乡村小说写作的经典范本。乡土小说作为小说写作的一个重要题材,依然是作家书写的主流对象。只是时代变化了,历史前进了,写作的主题也在变。写作的主题从20世纪40年代反映农村斗争为主题的书写,发展变化到目前反映农村脱贫攻坚、全面小康、乡村振兴为主题。那么《小二黑结婚》对于当今反映以乡村振兴为主题的乡土小说或农村题材小说有哪些借鉴之处呢?

一是浸润式的书写方式。《小二黑结婚》的成功在于赵树理对农村的浸润式的书写,他笔下的晋东南农村只用寥寥数笔便可勾勒出全貌,小说中人物的语言、神态都是农民地地道道的风格,故事也是基于真实生活。调查研究、群众路线是党的优良传统,赵树理正是这方面的高手。1943年春,在北方局党校调查研究室工作的赵树理,在左权县调研中了解到,横岭村民兵队长岳冬至和智英祥搞恋爱,被混进村政权的坏人害死了。案件破获后,经过艺术加工,他创作出了短篇小说《小二黑结婚》。看了《小二黑结婚》的人都说有一股浓浓的乡土气息迎面扑来,这个评价是到位的,先不讨论写作的艺术,至少他的书写是让读者信服的,认为他就是在写农村,让人看了不脱跳、不走神、不出戏。这便是一部好小说成功的基础。所以在今天我们首先要学习《小二黑结婚》这部小说的浸润式写作模式,让自己深处农村那个大环境里面,写出来的东西才能神似。切不可道听途说,闭门造车,急功近利,短短数月大笔一挥文章即成,导致写出的乡村题材"土味"不足,"城市风"太浓,这样的小说根基都是塌方的,更别说提高质量和水平了。

　　二是鲜活的典型人物塑造。《小二黑结婚》脍炙人口的主要原因在于刻画了众多活灵活现的人物形象,正所谓人物立住了,作品便成功了一半。除了憨厚勇敢的小二黑、机灵俏皮的小芹成为大众耳熟能详的人物形象外,有一个人物已经矗立于文学悲剧女性之林,那就是那个老来俏的三仙姑。一说到三仙姑大家便会想到那个把头发梳得光亮,一把年纪了还穿着绣花鞋,满是皱纹的脸上扑着厚厚的粉,头上还插着一朵花的老妖精形象,而且对她觊觎小鲜肉小二黑,拆散自己女儿美好姻缘的行径恨得咬牙切齿,但是赵树理并没有把三仙姑这个人物做简单的表面化书写,而是将她放在历史的大洪流中,有了悲剧女性的意味,与张爱玲笔下的曹七巧有着异曲同工之效。后世的研究者经常把她们二人做比较研究,感觉三仙姑一出来,曹七巧也就不那么面目可憎了。反观我们现在的许多作品,句子都读得很优美,故事也讲得很动人、很离奇,但是读完小说给人的整体感觉是混沌的、茫然的,因为没有一个能够让我们记得住的人物,小说里的人物都只是一个模糊的影子,每个人的面孔都那么相似,所以便成了被忘却的对象。

三是生动形象的语言描写。赵树理小说的成功,关键是语言,通过人物对话来推动情节的发展并且展现人物的性格。《小二黑结婚》的语言是非常成功的,每个人物在出场前都达到了"未见其人,先闻其声"的效果。诸如有一段小芹和金旺的对话:"金旺来了,嬉皮笑脸向小芹说:'这会可算是个空子吧?'小芹板起脸来说:'金旺哥!咱们以后说话规矩些!你也是娶媳妇大汉了!'金旺撇撇嘴说:'咦!装什么假正经?小二黑一来管保你就软了!有便宜大家讨开点,没事;要正经除非自己锅底没有黑。'"短短几句话就将小芹的机灵果敢和金旺的泼皮无赖形象表现得淋漓尽致。三仙姑叫"前世姻缘",二诸葛叫"命相不对",这是多么口语化的表达,平易风趣又富于生活气息,但仔细品读就会发现,这句话在承载通俗性的同时也具有艺术性,而且极具晋东南的方言特色。这也是《小二黑结婚》所呈现出来的独特的语言魅力和语言之美。虽然单独看一句话似乎平淡无奇,组合排列起来却赋予了人物和故事极致的美感,而这也正是我们现当代一些小说的短板,虽然部分句子读起来很唯美,但是缺乏人物所独有的味道。我们要学习赵树理在小说创作中的选词技巧以及方言功底,增强文章的语词功力。

四是写作角度出新意。同样是写农村题材,为什么赵树理的《小二黑结婚》短短1万字便可以成为经典。那是因为赵树理在20世纪40年代的中国农村选了一个全新的主题和全新的人物阶层。新的主题即自由恋爱,新的人物即根据地新农民,他的作品向包办婚姻为主的封建意识残存浓厚的广大农村投入了一颗新鲜的炮弹,受到了解放区新农村的热烈欢迎,所以《小二黑结婚》一炮打响。赵树理的作品和张爱玲的作品同时受到了读者的追捧,他们笔下的婚恋题材,在自由恋爱方面,与五四新文化运动所提倡的自由恋爱,有着一种惊人的相似。赵树理在文本中彰显的政治意识形态,以及对五四出走主题的回应,和张爱玲对金钱的异化、自由恋爱的泛滥及都市孤独的尽情展现,分别在乡土和都市两个维度对婚恋题材进行了改造,但很明显在那个农业经济时代赵树理的受众更多。

《小二黑结婚》之所以能成为经典的另一个重要原因,是他的小说戏剧味很浓。《小二黑结婚》还未出版,抗日根据地的农村剧团已将其改编成秧歌戏上演,至今仍是许多剧团的拿手戏、当家戏,深受群众喜爱。它曾两次被搬上银幕,获得很大反响。由《小二黑结婚》改编的第一部电影于1950年在香港上映,而由北京电影制片厂制作、干学伟和石一夫共同编剧导演的电影《小二黑结婚》于1964年在大陆上映,这次电影的改编更加成功。由《小二黑结婚》改编而成的歌剧,已成为继《白毛女》之后又一部新中国的经典歌剧,常演常新。

当然,除此之外,《小二黑结婚》的引人入胜也离不开赵树理本人的浪漫情怀。赵树理把悲剧写成喜剧,已成为评价《小二黑结婚》的争论点之一。赵树理认为,不忍心把小二黑写死,他要给残酷的抗日斗争中的人们生活的希望。无疑他是对的,但是这不并不意味着他的作品里就没有自己的情怀。《小二黑结婚》最终的大团圆结局,也有赵树理自己对自由恋爱、美好婚姻的向往在里边,真情与理想交织融合,便成为一部经久不衰的佳作。

但是为什么在今天,一些人会说赵树理的写作有些过时呢？那是因为时代在发展,农村产生了日新月异的变化,乡村面临城镇化的问题,昔日的农村与现当代的农村相比有着几许陌生的气息,而且赵树理的小说大多以中短篇小说著称,篇幅短小精干,适合广大的农村人阅读、传诵。如果我们与同期乃至当代的中短篇小说相比,他的作品依然是佼佼者。赵树理作为山药蛋派的领军人物,必然会被后世的研究者增加许多希冀的光辉,而他的作品也会在不经意间被拔高,但是当我们以更加理性的角度去品评赵树理的作品时,就会发现赵树理确实有其过人之处。在他创作最为旺盛的年代,赵树理几乎每年都可以创作一部或几部脍炙人口的中短篇佳作。他的这些创作不仅达到了"政治上起作用",而且还有很大的市场,也就是广大的农民群众。美国作家贝尔登曾预言,赵树理如果在美国早就成富翁了,可见赵树理作品的畅销程度非同一般。

赵树理的小说确实"土",但是正因为这浓郁的乡土气息才让他的文章愈加香醇浓烈。我们读乡村小说,无非就是要了解农村的人物和农村的文化,所以读赵树理的小说是再好不过的了。同时,对于今天的乡土研究来说,他的小说具有很大的史料价值,对于后世学者了解中国20世纪40年代的乡村,有着非常重要的参考价值。

（作者系山西作协创研部副主任、中国赵树理研究会副秘书长）

赵树理写《三里湾》

赵飞燕

2018 年 10 月 29 日,笔者有幸陪同日本和光大学表现部教授、(日)中国当代文学研究会会长加藤三由纪教授,在长治市赵树理研究会杨宏伟老师的带领下来到长治平顺县三里湾村(更名前为川底村)。《三里湾》是 20 世纪 50 年代祖父创作的一部讴歌社会主义农业合作化运动,生动反映农村、农民的生产与生活巨大变化的文学作品。小说面世后多次再版,并被改编为《花好月圆》电影在全国放映,获得社会热烈反响。

西沟驾校的秦栋斌副校长已在村口等候,随着他的引导我们来到了祖父当年创作《三里湾》的旧址,一处农家院落,门上挂着著名版画家同时也是祖父亲家的力群先生 1995 年题写的"赵树理创作三里湾的住所"匾牌,笔力苍劲浑厚。

进入院内三间不大的土坯墙平房,走进屋子,看到满屋的农具,许多农具上还标有"赵树理使用",有的篮或篓还是祖父用柳条亲手所编。认识祖父的人说过,他人极巧,干农活是把好手,好多农用篓筐都能编。

秦副校长特意叫来郭玉恩的六儿子郭志发为我们讲解,听着郭志发深情的讲解,笔者知道了祖父与川底村、与郭玉恩的故事。

1951 年 3 月 29 日,山西省委书记赖若愚在给华北局的报告中说,根据山西老区农村出现的新情况、新问题,山西省委决定在老区农村继续改良生产技术,推广新式农具的同时,"必须稳健地,但是积极地提高互助组织,引导它走向更高一级的形式。只有如此,才能基本上扭转涣散的趋势"。为此,经省委批准,1951年4月,长治地委在武乡县的窑上沟、东监章、西监章、枣烟,平顺县的川底,壶关县的翠谷,屯留县的东坡,襄垣县的长珍,长治县的南天河,黎城县的王家庄村,试办了10个农业生产合作社。

第一次去川底村,据祖父自述:"当我在1951年重新到了抗日战争时期我们的机关驻扎过的一个山村的时候,庄稼长得还像当年那样青绿,乡土饭吃起来还是那样的乡土风味。只是人们的精神要比以往活跃得多,因为我们有了中央政府,老乡们都以胜利者的姿态来欢迎我这个回来的老熟人。"由互助组转入农业生产合作社,各个方面都引起不同的思想反响,祖父就是在这个时候进的川底村,他亲自参加了建设初期的组建工作,亲自给当地农民做入社思想工作。

第二次(1952年4月),正好是川底农业生产合作社试办成功了,进行扩社期间,农民的思想发生了很大变化,说农业生产合作社办得好,是农民由穷变富的正确道路,很多农民报名要求入社。

他诚心诚意到农村实际中了解情况、体验生活,按照政策帮助农民办社,并通过办农业生产合作社提高自己的认识,设立的制度公约是他写的,还有经济核算后合理分配等,他都亲自参与。

看着展厅展柜里放着的各种记账条,笔者好似又看到了祖父在和村民们计算收成、工分等的情形,更看到了祖父为农民增加收入而开心的笑脸。

当年的合作社要修建水渠,川底村也有块类似三里湾中描写的

"刀把上"地块,农业生产合作社要开渠引水浇地,非通过它不可,而地却在贫农郭海莲名下。郭海莲的3个儿子都在外边工作,动员入社她死活不肯,社里用好地换这块地她也不干。为了做通她的思想工作,祖父曾搬到她家院里住,帮她担水、扫院、推碾子。她头疼,祖父还为她扎针抓药,终于感动了她,取得了她的信任,同意用三石谷子买一条五尺宽的地边挖渠。不料引水浇地,冲倒了她地里的几棵玉茭,她便大哭大闹,抱着郭玉恩的腿寻死觅活,祖父赶来劝解,也被她骂了一顿,说哄骗了她,直到农业生产合作社高价赔偿了她的损失才算了事。事后祖父笑着说,这个人财迷心窍,好不糊涂,就叫她糊涂涂吧!

还有一位叫郭过成的老党员,原是川底村最穷的人,在土改时给他分了最好的土地和牲口,入社时他不愿意,祖父参加了川底村召开的支部会,对他进行耐心细致的思想教育工作,使他愉快地加入了合作社。

在祖父的帮助下,郭玉恩的农业生产合作社办得很出色,大家选举郭建廷担任会计,他自知自己文化水平低有顾虑。祖父就注意从多方面培养郭建廷,先教郭建廷打算盘,从"三遍小九九"到"九遍小九九"教起,然后又教他归除乘法。郭建廷学得认真,脑子好使又虚心,很快就学会了。

农村记旧式账簿,用的10个字码写法也不同,也是祖父教他的。为了使他早日成为一个合格的会计,还几次送他到长治学习。郭建廷曾对祖父说:"我文化低,国家发的统一账簿项目太多,又和农村情况不符,我不好使用。我想能用一种没印栏目的账簿使用,比较好使。"祖父听后记在心上,当他到长治、太原开会时专门找这种账簿买,但都没有买到,后来他回北京开会,还惦记着郭建廷想要的账簿。一天,他转悠到西四南大街,在一个叫成文厚的商店,终于发现了这种账簿,他一下就买了30多本,寄给郭建廷,还附信说不要给他寄款。

还听村里老人讲,祖父在川底随身备有三种烟,有当时很流行、档次较高的金钟烟,价格便宜的火车烟和烟叶捻成的旱烟。金钟是招待地区或县上干部时用,火车是在跟社村干部开会交谈时用,而旱烟是在田间地头与老乡们唠嗑时用。三种烟被村民们乐呵地称为祖父的"三件宝"。

第三次去川底村是1952后秋冬。祖父在自述中写道:"去年1952年秋冬间,我为着了解农业生产合作社,曾到山西省平顺县川底村住了三个月。"祖父到川底不久,北京新闻电影制片厂来拍摄川底村试办农业生产合作社的电影,从春天种地到秋后到修水利,每个季节都有镜头。电影厂的同志吃饭是自己起火,一天三顿细粮。他们请祖父一起吃,被婉言谢绝,祖父坚持在社员家轮流吃派饭。后来他听到群众对拍电影的同志顿顿吃细粮有反映,就向他们提出建议,后改成每天早晨吃一顿玉米面窝窝头。刚把北京新闻电影制片厂的同志安排就绪,中山大学的学生就来这里实习,有个学生穿得太单薄冻坏了,祖父就贴上钱给他买了农家布,做了一套棉衣,还买了只鸡炖鸡汤给他喝。

这期间,祖父发现有许多小孩子在白天因无人照顾而挨饿生病,他心疼着急,几次同郭玉恩商量,想解决这个问题,提出两个办法:一是在社内建立农忙托儿所,让岁数大的妇女看孩子;二是互相变工看孩子。后来川底村办起了农忙托儿所。

郭志发老人和同行的老师讲述了许多祖父与川底村、与郭玉恩的故事,如为使村民过上好日子,全国劳模郭玉恩带领全村人的奋斗史;祖父如何与村民们一起参与秋收、开渠,又如何做通那些惹不起、吃不饱等社员的入社思想。从《三里湾》原著中的三张画与现在村庄的对比,我们可以看到当年的川底村、如今的三里湾村,已经发生了翻天覆地的变化。

祖父原先住过的土屋炕上,还摆放着祖父低头沉思写作的塑像,旁边有他喜爱的大鼓,墙上挂着三弦。看着屋内陈设,笔者不禁感慨身高近一米八的祖父是如何睡在这短窄的土炕上写作的。能不够、糊涂涂、一阵风、常有理、铁算盘就是在这样的条件下,从祖父沙沙的笔尖下走出来的!望着充满祖父生活气息的小屋,在加藤教授和老师们的一再催促声中,笔者久久不忍离去,唯有对着低矮的土炕上祖父的塑像深深鞠了一躬。

《三里湾》出版后,祖父的老友王中青和他开玩笑说:"老赵,《三里湾》销量这么大,这次发财了吧!"祖父淡淡地回应说:"你不知道,当时有三家出版社都要出这本书,我要想发财就交给人民文学出版社了。现在送到通俗读物出版社,就是为了书的成本降一点,农民花的钱少一点,销路广一点,只为广大农民能看到这本书,我是不顾及稿费的。"他认为"钱这东西,是'人民币',来自人民,还给人民"。

经过60多年变迁后,川底村早已不是祖父和郭玉恩生活时代的模样了,秋收、开渠、扩社、整社,早已成为历史回忆。2011年川底村为纪念郭玉恩与赵树理对村庄发展的贡献,申请将村名改为三里湾村。今天,为更好地发展经济,三里湾村对旅游资源进行了开发,建起了三里湾剧场,农家乐饭庄的各个包间用《三里湾》里的地名命名,每个包间都有故事。

在村广场上,耸立着郭玉恩与祖父的塑像,他们依然携手并肩,满含深情地关注着三里湾村。

（本文原载 2021 年 7 月 1 日《文艺报》,作者系赵树理孙女、中国赵树理研究会理事）